"一带一路"工业文明

"THE BELT AND ROAD" INDUSTRIAL CIVILIZATION

"一带一路"工业文明

"THE BELT AND ROAD" INDUSTRIAL CIVILIZATION
RESOURCE INTEGRATION

"一带一路"
工业文明

资源融通

李　娜　　陈秀法　　常兴国　　陈喜峰
崔敏利　　王秋舒　　张振芳　　何学洲　　◎编著
王杨刚　　王靓靓　　蒋　峥

电子工业出版社·

Publishing House of Electronics Industry

北京·BEIJING

"一带一路"工业文明丛书编委会

作者简介

李　娜

女，1981 年出生，籍贯山东滨州。2010 年毕业于德国慕尼黑大学，现就职于中国地质调查局发展研究中心，主要从事全球矿产资源信息化及地质矿产综合战略研究工作，获得国家地理信息科技进步奖二等奖 1 项。

陈秀法

男，1976 年出生，籍贯山东莒县。2005 年毕业于中国科学院地理科学与资源研究所，现就职于中国地质调查局发展研究中心，主要从事全球矿产资源信息系统建设和境外地质矿产综合研究工作，参与出版《南美洲地质矿产与矿业开发》等 5 本专著，获得国土资源科技进步二等奖 3 项。

常兴国

男，籍贯山东聊城。中国地质大学工学硕士，对外经贸大学金融学在读硕士，曾就职于中国矿业联合会、中矿资源勘探股份有限公司、浙江华友钴业股份有限公司，主要从事海外资源投资的分析和实践工作，曾获得中央国家机关青年岗位能手称号。

Preface
总序

　　2013 年 9 月和 10 月，习近平主席先后提出了共建"丝绸之路经济带"和"21世纪海上丝绸之路"的宏伟构想，这一构想跨越时空，赋予了古老的丝绸之路以崭新的时代内涵，得到了国际社会的高度关注。"一带一路"倡议是涵盖几十亿人口、惠及 60 多个国家的重大决策，是统筹国内国际两个大局、顺应地区和全球合作潮流、契合沿线国家和地区发展需要的宏伟构想，是促进沿线各国加强合作、共克时艰、共谋发展的伟大倡议，具有深刻的时代背景和深远的历史意义。

　　"一带一路"倡议提出以来，引起了世界各国的广泛共鸣，共商、共建、共享的和平发展、共同发展理念不胫而走，沿线 60 多个国家响应参与，将"一带一路"倡议与他们各自的发展战略积极对接，为打造利益共同体、责任共同体和人类命运共同体这个终极目标共同努力。

　　"一带一路"倡议作为增加经济社会发展新动力的新起点，适应经济发展新常态、转变经济发展方式的新起点，同世界深度互动、向世界深度开放的新起点，为我国更好地、更持续地走向世界、融入世界，开辟了崭新路径。首先，"一带一路"倡议其重要的特征之一就是"合作"，而工业作为最重要的合作方向，决定着沿线各国经济现代化的速度、规模和水平，在各国的国民经济中起着主导作用。"一带一路"建设将依托沿线国家基础设施的互联互通，对贸易和生产要素进行优化配置，为各国工业能力的持续发展提供出路。其次，"了解"和"理解"是合作的前提和关键，因此，对"一带一路"沿线各国工业生产要素、工业发展、特色产业、产业政策的理解和了解，对沿线各国的工业发展、产业转型升级及国际产能合作有着重要意义。

　　为了传承"一带一路"工业文明，加强"一带一路"国家和地区间的相互了解和理解，促进"一带一路"国家和地区的交流合作；为了让中国企业系统了解"一带一路"国家和地区的工业发展和产业特色，并挖掘合作机遇，助推中国企业"走出去"，使"一带一路"伟大构想顺利实施，在工业和信息化部的支持下，电子工业出版社组织行业管理部门及专家实施编写"一带一路"工业文明丛书。

"一带一路"工业文明丛书以"一带一路"沿线国家和地区的工业发展、产业特色、资源、能源等为主要内容，从横向（专题篇）和纵向（地域篇）两条主线分别介绍"一带一路"沿线国家和地区的整体状况，直接促进世界对"一带一路"沿线国家和地区的了解。其中，丛书横向从工业发展、产能合作、资源融通、能源合作、环境共护、中国制造、工业信息安全等方面展开介绍，探讨"一带一路"沿线国家和地区的横向联系及协调发展；纵向选择古丝绸之路经过、当前与中国有深入合作、未来与中国有进一步合作意向的地区和国家为研究对象，深入介绍其经济、工业、交通、基础设施、能源、重点产业等状况，挖掘其工业、产业发展现状和机遇，为创造世界范围内跨度较大的经济合作带和具有发展潜力的经济大走廊提供参考性窗口。

　　"一带一路"工业文明丛书以政府"宏观"视角、产业"中观"视角和企业"微观"视角为切入点，具有重大创新性；以"一带一路"工业文明为出发点，具有深远的现实意义。丛书分领域、分地区重点阐述，抓住了工业文明的要义，希望通过对"一带一路"沿线国家和地区工业文明脉络、产业发展特点和资源禀赋情况的分析，为国内优势企业挖掘"一带一路"沿线国家和地区的合作机遇提供参考，为促进国内特色产业"走出去"提供指导，为解决内需和外需矛盾提供依据，为"中国制造2025"的顺利实施提供保障。

　　"一带一路"工业文明丛书立足于工业，重点介绍"一带一路"沿线国家和地区的产业需求和工业发展；同时，密切跟踪我国工业发展中的新趋势、新业态、新模式与"一带一路"的联系，并针对这些领域进行全面阐述。丛书致力于将国内资源、能源、工业发展、产能等现状和沿线国家特定需求紧密结合，立足高远，定位清晰，具有重大战略意义和现实意义。

Foreword
前言

"一带一路"倡议提出3年多来，进展顺利，成果丰硕，受到国际社会的广泛欢迎和高度评价，对于促进沿线国家经济繁荣与双边、多边区域经济合作发挥了重要作用，而资源领域合作是"一带一路"框架的重要组成部分。自然资源是推动工业化进程的重要条件，是人类赖以生存和发展的物质基础，矿产资源更被称为"工业血液"，其储量的多少和分布，直接影响着工业的发展和布局。"一带一路"沿线地区蕴藏着丰富的矿产及其他自然资源，同时基于人口基数和工业化发展水平，沿线地区又是全球最大的资源消费区，产业发展空间广阔，合作发展意愿强烈，是全球资源优化配置的关键地区，也是中国建立新型资源国家关系，深度参与全球资源环境治理体系建设的关键地区。在全球矿业持续低迷的大背景下，"一带一路"倡议的推进将给矿业带来无限的发展机遇。

在"一带一路"倡议的大背景下，资源领域的单位和个人都在积极寻找与沿线国家进行合作的机会和模式，但迄今为止，中国企业在沿线国家的投资规模和数量都不大，成功率也不高，其中一个原因就是缺少对沿线国家资源储量、分布、潜力及投资环境等信息的了解。本书正是应此需求而编写的。

本书聚焦"一带一路"沿线国家和地区除油气外的优势资源，讲述其储量及分布特征、资源潜力、产业发展情况、资源供需格局及投资环境，并基于中国与沿线国家的产业合作基础，结合对中国企业在沿线国家投资情况的经验和教训，探讨中国与沿线国家在资源领域的合作前景，并对主要合作资源种类和国家提出建议。如果本书能够给那些希望借"一带一路"的东风在境外资源投资领域有所发展却又找不到方向的读者带来一些启发，将是我们莫大的荣幸！

本书主要包括三部分内容：第一篇"一带一路"资源概览，由李娜、陈秀法、陈喜峰、王秋舒、吕建升、何学洲编写；第二篇"一带一路"资源产业发展，由陈秀法、张振芳、崔敏利、蒋峥、王杨刚编写；第三篇"一带一路"资源产业合作，由常兴国、李娜、王靓靓编写。全书由李娜、陈秀法和王秋舒负责统稿。本书参考了大量文献，所用数据来自美国地质调查局、SNL、美国中央情报局等权威部门。本书在编写过程中得到了李玉龙、王淑玲、江晓庆、周丙峰等老师和专家的帮助，在此一并表示感谢！

　　由于时间紧迫，加之水平有限，本书不可避免存在一些错误和不足，希望得到广大读者的批评指正。任何意见或建议，请与电子工业出版社或者本书编著者联系。

编著者

2018 年 4 月

Contents
目录

第一篇

"一带一路"资源概览

第一章 矿产资源概览

"一带一路"是"地球的心脏地带",东端为亚太经济圈,西端为欧洲经济圈,中间为中国、中亚和西亚等国家和地区。复杂的成矿条件赋予本区域丰富的矿产资源,迄今为止,"一带一路"沿线国家已发现铁、铜、铝、金、钾盐等近200种资源。全面了解"一带一路"沿线国家的资源状况是开展资源领域合作的基础。依据成矿地质背景,本章将"一带一路"沿线国家划分为中亚地区、北亚和东北亚地区、南亚和东南亚地区,以及其他国家及地区四个区域,详细描述了资源潜力较大的26个国家优势矿种的储量及分布情况。

第一节

中亚地区

一、概况

中亚又称中亚细亚,是指亚洲中部地区,中亚有狭义和广义之分,本书所指的是狭义的中亚五国,即土库曼斯坦、吉尔吉斯斯坦、乌兹别克斯坦、塔吉克斯坦、哈萨克斯坦。在中亚五国中,哈萨克斯坦国土面积最大,国内生产总值和国力居中亚五国首位。中亚五国石油、天然气和铀资源丰富,在世界上具有重要的战略地位。中亚面积400.8万平方千米,总人口超过6000万,矿产资源丰富。

二、主要资源国矿产资源分布

中亚五国矿产资源丰富，油气、石油、铀、煤炭、铁、锰、铬、铜、钼、金、锑、锌、铝土等矿种的储量和产量均位于世界前列，资源潜力巨大，很多优势矿产与中国有极强的互补性，具有广阔的合作前景。

在中亚五国中，哈萨克斯坦矿产资源种类比较齐全，资源禀赋好，石油、天然气、铀、煤炭、黑色金属、有色金属等都非常丰富；其余四国均有自己的优势矿产，例如，乌兹别克斯坦的石油、天然气、铀矿、铜、钼和金矿在世界都占有一席之地，土库曼斯坦拥有丰富的石油和天然气，吉尔吉斯斯坦的铜、钼等矿产资源的储量在世界上也名列前茅。

（一）哈萨克斯坦

哈萨克斯坦作为世界上矿产资源最丰富的国家之一，优势的矿产资源有石油、天然气、煤、铁、锰、铬铁矿、镍、钴、铜、钼、铅、锌、矾土、金和铀，分布如表1-1所示。据哈萨克斯坦能源和矿产资源部和其他机构相关储量资料称，哈萨克斯坦的重晶石储量位居世界第一，铬储量位居世界第二，铀储量位居世界第三，铜、铅、锌、钼等的储量在世界上也占有重要的地位。

表1-1 哈萨克斯坦主要矿产资源分布

矿 种	分 布
铜	阿克托别布尔州、东哈萨克斯坦布尔州、卡拉干达布尔州
金	江布尔、阿克莫拉布尔州、东哈萨克斯坦布尔州
铁	卡拉干达布尔州、科斯塔奈布尔州
锌	东哈萨克斯坦布尔州、科斯塔奈布尔州、卡拉干达布尔州
锰	卡拉干达布尔州

1. 铬铁矿

资源量超过10亿吨，居世界第2位，仅次于南非；商品级矿石储量2.3亿吨，位居世界第1位。铬铁矿主要分布在乌拉尔成矿带晚古生代蛇绿岩带中（陈正，2012），多为透镜状铬铁矿矿床（《世界矿产资源年评》，2015）。

2. 金矿

储量合计约1500吨（李恒海，2010），列居世界第9位。主要分布在哈萨克斯坦北部、东部和东南部地区。

3. 锰矿

锰矿储量为 500 万吨（矿石）（*Mineral Commodity Summaries*，2015），位居世界第 8 位。锰矿主要分布在哈萨克斯坦中哈地区，多为泥盆纪火山沉积成因矿床（陈正，2012）。

4. 磷酸盐

2015 年储量为 26 亿吨，主要分布在江布尔州和哈萨克斯坦北部。

5. 铀矿

据国际原子能机构统计资料，2013 年，哈萨克斯坦回收成本在 80 美元及以下的可靠铀资源为 19.97 万吨，位列澳大利亚和加拿大之后，居世界第 3 位，主要分布在北哈萨克、伊犁河、锡尔河、中克孜勒库姆和滨里海地区，以砂岩型铀矿为主。

（二）乌兹别克斯坦

乌兹别克斯坦矿产资源丰富，固体矿产中金、铀、铜的储量在世界上都占有一定的地位。石油和天然气也具有一定的资源量。非金属资源方面，钾盐和岩盐也比较丰富。

1. 金矿

根据美国地质调查局 2015 年的统计资料，金储量为 1700 吨（*Mineral Commodity Summaries*，2015），位居世界第 11 位。金矿集中分布在克孜尔库姆、萨马尔罕和近塔什干 3 个地区。

2. 铜矿

铜也是乌兹别克斯坦的优势矿产，探明铜储量 2500 多万吨（陈超，2012），多为斑岩型铜矿，主要分布在阿尔玛雷克地区。

3. 铀矿

乌兹别克斯坦的铀矿储量在中亚地区仅次于哈萨克斯坦，在全球也占据重要位置。主要铀矿类型为砂岩型铀矿，分布在中克孜勒库姆沙漠地区。

（三）土库曼斯坦

土库曼斯坦的石油和天然气资源丰富，金属矿产资源缺乏，非金属矿产资源中钾盐、芒硝、碘、硫等较为丰富，此外，煤、硫黄、膨润土等也有一定储量。

1. 钾盐

钾盐为其优势矿种，资源量丰富，主要分布在土库曼斯坦东部的高尔达海相含钾盆地地区，总储量达近 200 亿吨（张永生，2005），矿床多为晚侏罗世海相固体钾盐矿床。

2. 芒硝

位于里海沿岸的格拉波嘎兹—埃拉基（Garabogaz Aylagy）湖，含有丰富的化工原料。土库曼斯坦每年的芒硝产量在中亚地区占有重要的地位。

（四）吉尔吉斯斯坦

吉尔吉斯斯坦是一个矿产资源丰富的国家，其中金、汞、锑、锡、钨、铜等为其优势矿产，产量在世界上也处于领先地位。

1. 金矿

储量超过 410 吨（曹新，2013），以原生金为主，类型以热液型为主，也有少量矽卡岩型、斑岩型和层控型（李恒海等，2010）；此外，砂金广泛分布但规模有限。

2. 汞矿

除中天山西部发现一处小型汞矿床外，其余的汞矿几乎全在西南部的费尔干地区（曹新，2013）。汞矿床类型主要以滑石菱镁片岩—热液型、层控—热液似碧玉岩型、碳酸盐岩—裂隙性三种最为重要。

3. 锑矿

吉尔吉斯斯坦锑矿相对比较丰富，矿床类型以热液型为主，成矿地层时代多为古生代志留纪、泥盆纪和石炭纪（李恒海，2010）。

此外，钨矿床也是吉尔吉斯斯坦的优势矿产，主要类型为热液石英脉型和矽卡岩型；锡矿也有一定的储量，主要类型为热液交代型、矽卡岩型和伟晶岩型；铜矿主要类型为斑岩型和矽卡岩型。

（五）塔吉克斯坦

塔吉克斯坦的优势矿产有锑、银、铅、锌、铀、汞、金、钨、锡、岩盐等。

1. 锑矿

塔吉克斯坦的锑矿资源非常丰富，据 2015 年 USGS 资料，2014 年塔吉克斯坦锑储量为 5 万吨，仅次于中国、俄罗斯和玻利维亚，位居世界第 4 位。锑矿主要分布在塔吉克斯坦北部地区，在地质上来说产于南天山成矿带，主要矿床类型为层控型和热液脉状锑矿床，主要成矿时代为泥盆纪和石炭纪。

2. 银矿

塔吉克斯坦的银矿资源丰富，是中亚五国最大的银生产地，全球排名第 2 的银矿大卡尼曼苏尔银矿就位于塔吉克斯坦，另外，银矿多与铅锌矿共伴生产出。

3. 铅锌矿

塔吉克斯坦铅锌资源丰富，铅锌矿主要集中在塔吉克斯坦北部的卡拉玛泽尔矿区，其中阿尔登—托普坎和大卡尼曼苏尔两个矿区就蕴藏着超过 10 亿吨的铅锌矿石（李恒海，2010），矿床类型包括矽卡岩型、热液型等多种类型。

此外，塔吉克斯坦的铀矿在中亚地区也占有重要地位，汞、金、钨、锡和岩盐等在该国也有一定的储量。

第二节

北亚、东北亚地区

一、概况

俄罗斯和蒙古是北亚和东北亚地区的重要组成部分，北亚、东北亚地区地跨亚洲和欧洲两个大洲，东滨太平洋，西临大西洋，北接北冰洋，人口 1.46 亿，面积超过 1866 万平方千米，地广人稀，地区战略地位重要。俄罗斯和蒙古矿产资源丰富，几乎拥有世界上已经发现的所有矿产资源。

二、主要资源国矿产资源分布

俄罗斯和蒙古矿产资源非常丰富，铁、铜、铝、锡、镍、铅锌、镁、金、银、钨、钼等金属矿产，以及云母、石墨、萤石、滑石、磷灰石等非金属矿产等的储量都十分巨大，石油和天然气资源也十分丰富，在世界上占有非常重要的地位。石油、天然气、铜等诸多优势矿种与中国具有非常好的互补性，未来中国与俄、蒙两国合作的前景广阔。

（一）俄罗斯

俄罗斯的国土面积超过1700万平方千米，地域十分辽阔，矿产资源极其丰富，元素周期表中的所有元素在该国都已发现和开采。俄罗斯已探明的资源储量约占世界资源总量的37%，居世界首位（李华，2012）；优势资源有金属矿产中的铁矿、锑矿、锡矿、铝土矿、金矿，非金属矿产中的金刚石、钾盐，能源中的石油、天然气和铀矿。

1. 煤炭

俄罗斯已探明的煤炭可采储量为1570亿吨，占全球的17.6%，仅次于中国，位居世界第2位。含煤盆地主要有3个：中南部库兹涅茨盆地、中东部坎斯克—阿钦斯克盆地和伯朝拉盆地。其中，库兹涅茨盆地是全球最大的含煤盆地之一，盆地中的煤炭主要发育在二叠系中。

2. 铀矿

据国际原子能机构的数据，俄罗斯可靠铀资源量达到21.65万吨（铀）（回收成本 ≤ 130美元 / 千克铀）（《世界矿产资源年评》，2015）。目前已发现100余个铀矿床，主要分布在4个地区，分别是斯特列措夫地区、乌拉尔地区、维季姆地区和艾尔康地区，矿床类型以火山岩型、砂岩型和交代岩型为主。

3. 金矿

黄金储量达到8000吨（*Mineral Commodity Summaries*，2016），占全球储量的近10%，仅次于澳大利亚和南非，位居世界第3位。大部分金的储量分布在东部地区（东北金矿省和远东金矿省）、西伯利亚南部（近贝加尔和南西伯利亚）及乌拉尔金矿省。金矿的主要类型为次火山热液型和低温热液型。

4. 铁矿

据美国地质调查局资料，铁矿石储量为250亿吨，铁金属储量为140亿吨（*Mineral Commodity Summaries*，2016），分别占全球的1/8和1/6，仅次于澳大利亚和巴西，位居世界第3位。铁矿大部分集中分布在库尔斯克磁异常区，小部分分布在东西伯利亚，还有一部分位于西西伯利亚的南部。铁矿石品位相对低于澳大利亚和巴西的铁矿石，磷的含量也低于澳大利亚和巴西的铁矿石。

5. 镍矿

镍矿储量为790万吨（金属量）（*Mineral Commodity Summaries*，

2016），位居世界第 4 位。俄罗斯的镍矿主要分布在摩尔曼斯克州和泰梅尔自治共和国，类型主要为岩浆型铜镍硫化物矿床；此外，在斯维尔德洛夫斯克州、车里亚宾斯克州和奥伦堡州镍也有一定的储量，类型主要为风化壳型硅酸镍矿床。

6. 锑矿

美国地质调查局预测其储量为 35 万吨（锑）（*Mineral Commodity Summaries*，2016），仅次于中国，位居世界第 2 位，主要分布在雅库特地区，类型主要为热液层状锑矿床和热液脉状锑矿床，锑矿床多含有金、银、铅和锌等。

7. 铂族金属

2015 年俄罗斯铂族元素（PGE）储量为 1100 吨（*Mineral Commodity Summaries*，2016），仅次于南非，居世界第 2 位。俄罗斯铂族金属主要分布在克拉斯诺亚尔斯克边疆区的泰梅尔区（约占 60%，著名的诺里尔斯克铜—镍杂岩体矿区就位于这里）、摩尔曼斯克州（约占 25%），此外，在科里亚特、楚科特、泰梅尔自治区、哈巴罗夫斯克边疆区和萨哈共和国（雅库特）也有少量分布。

8. 钾盐

俄罗斯钾盐储量为 6 亿吨（K_2O），约占全球的 1/6，排在加拿大和白罗斯之后，位居世界第 3 位。钾盐主要分布在伊尔库茨克州，多为氯化物；此外，在俄罗斯南部农业区也有一定的钾盐，主要是氯化物和硫酸盐（*Mineral Commodity Summaries*，2016）。

9. 铜矿

俄罗斯铜储量为 3000 万吨（铜）（*Mineral Commodity Summaries*，2016），位居全球第 7 位，主要分布在诺里尔斯克矿区、赤塔州及中南乌拉尔，主要类型包括铜镍硫化物型、斑岩型和砂岩型。

10. 金刚石

俄罗斯是世界第一大金刚石资源国，其工业级金刚石储量为 0.4 亿克拉，主要分布在萨哈共和国和阿尔汉格尔斯克州。矿床类型以金伯利岩筒型为主，此外，还有砂矿型。

11. 钛矿

俄罗斯钛资源分布相对较多的地区是西伯利亚南部、远东地区，以及俄罗斯欧洲部分的中部、南部和北部。俄罗斯钛预测资源量非常丰富，超过 0.8

亿吨（陈正，2009）。

除上述资源外，俄罗斯的铬矿、铝土矿、钛、铅锌矿、钨矿、锡矿、钼矿和银矿等资源量都非常丰富，在世界上具有非常重要的地位。

（二）蒙古

蒙古矿产资源丰富，已探明矿产资源80种，分布于6000多个矿床，已有10多个矿种约500个矿床被评价（李靖宇，2010；张秀杰，2007）。金属和能源矿产中的铜、金、铀、煤炭，以及非金属中的萤石、盐、天然碱、磷块岩是其优势矿产资源，如表1-2所示。石油和天然气比较贫乏。

表1-2 蒙古主要矿产资源分布

矿 种	分 布
铜	巴颜乌列盖省、乌布苏省、科布多省、扎布汗省、戈壁阿尔泰省、布尔干省、南戈壁省、东戈壁省、
金	东方省、中央省、扎布汗省、南戈壁省、巴彦洪戈尔省、肯特省、科布多省
银	戈壁阿尔泰省、中戈壁省、南戈壁省、巴彦洪戈尔省、科布多省
铁	戈壁阿尔泰省、巴彦洪戈尔省、库苏古尔省、后杭爱省、色楞格省
铅	东方省、科布多省、南戈壁省
锌	东方省、科布多省、苏赫巴托尔省、肯特省、巴颜乌列盖省

1. 金矿

蒙古的金矿分布广泛，主要分布在蒙古—外贝加尔、八彦戈尔—额尔登特和巴彦洪戈尔成矿带（韩久曦，2013）。金矿类型成矿多与二叠纪、三叠纪和侏罗纪的岩浆活动有关，砂金矿床主要形成于白垩纪、新近纪和全新世。

2. 铜矿

铜矿床在蒙古境内分布十分广泛，矿床、矿化点多达600多个，探明储量为7500万吨（韩久曦，2013）。铜矿以斑岩型最为重要，分布在南蒙古地区的奥尤陶勒盖、查干苏布尔加等地区；此外，矽卡岩型和铜镍硫化物型的铜矿也有一定的分布。

3. 萤石

萤石储量为2200万吨，占全球储量的近10%，仅次于南非、墨西哥和中国，排名世界第4位。蒙古的萤石主要分布在东戈壁省、中戈壁省和肯特盟，类型主要为热液脉型和交代型，成矿的时代主要为晚侏罗世到早白垩世。

4. 银矿

银矿主要分布在东方省的东北部和巴彦乌列盖省的北部，多数银矿是与金矿、铅锌矿等共伴生产出的。银矿的成因类型主要是热液型、矽卡岩型和花岗岩型。

5. 铁矿

铁矿在蒙古的大部分省份都有分布，主要类型为沉积和矽卡岩型，其中沉积型铁矿主要与前寒武纪的变质岩关系密切。

6. 铀矿

据国际原子能机构资料，2013 年已查明资源储量为 14.15 万吨（<80 美元 / 千克铀），主要分布在蒙古—滨额尔古纳、戈壁—塔木察格、肯特—达斡尔和北蒙古四个铀成矿省中。

7. 钼矿

蒙古的钼矿储量为 16 万吨（USGS；*Mineral Commodity Summaries*，2015），排名全球第 8 位，主要分布在北部的阿尔泰、东部的肯特和南部的努库特大班—哈拉哈河等成矿区带内。

除了上述主要矿种，蒙古的煤矿、铅、锌等矿产资源也都相对比较丰富，具有较好的价值。

第三节

南亚、东南亚地区

一、南亚矿产资源概览

（一）概况

南亚是亚洲的重要组成部分，是指位于亚洲南部的喜马拉雅山脉中、西段以南及印度洋之间的广大地区。南亚东濒孟加拉湾，西临阿拉伯海，包括尼泊尔、不丹两个内陆国和巴基斯坦、印度、孟加拉国三个临海国，以及斯里兰卡和马尔代夫两个岛国。南亚人口约 16.5 亿，面积约 495 万平方千米。其中，印度是南亚面积最大、人口最多、经济最发达的国家。从地理位置来看，这一地区西濒盛产石油的波斯湾，北接战略意义凸显的中亚，南临浩瀚的印度洋，东靠战略咽喉马六甲海峡，是联系东西方交通的重要通道。

（二）主要资源国矿产资源分布

目前，南亚地区已勘查开发利用的矿产资源有百余种，其中主要的矿产资源有铁、铜、金、银等 20 多种。南亚地区的主要优势矿产为铁矿、铝土矿、锰矿、铬铁矿，以及重晶石、岩盐等，部分优势矿产与中国有极强的互补性，有广阔的合作前景。表 1-3 列出了南亚的主要资源国及其优势矿产。

表 1-3　南亚的主要资源国及其优势矿产

序 号	国 家	优 势 矿 产
1	印度	铁矿、铝土矿、铬铁矿、锰矿、铜矿
2	阿富汗	铁矿、铬铁矿、铜矿

就矿产资源的总体禀赋看，在南亚地区的 8 个国家中，在矿业领域有重要影响的国家主要是印度、巴基斯坦和阿富汗。印度是南亚地区矿产资源最丰富的国家。巴基斯坦的金属资源相对比较丰富，但是由于巴基斯坦地质工作程度低，其查明的矿产资源明显不能和印度相比。尼泊尔、不丹、马尔代夫、斯里兰卡和孟加拉国 5 个国家矿产资源相对匮乏。

1. 印度

印度优势的金属矿产是铁矿、铝土矿、锰矿和铬铁矿，前两者的储量在世界上处于中等水平，而锰矿和铬铁矿储量巨大，两者都位居世界前列。在非金属矿产中，最突出的矿种是重晶石，储量仅次于中国，居世界第 2 位（*Mineral Commodity Summaries*，2016）。印度的主要矿产资源分布如图 1-4 所示。

表 1-4　印度主要矿产资源分布

矿 种	分 布
铁	泰米尔德纳邦、安得拉邦、卡那塔克邦、马哈拉施特拉邦、中央邦、比哈尔邦、奥里萨邦、卡那塔克邦
铝土	奥里萨邦、安德拉邦、古吉拉特邦，中央邦、马哈拉施特拉邦
铬	奥里萨邦、卡那塔克邦、安德拉邦
锰	卡那塔克邦、安德拉邦、奥里萨邦、中央邦、奥里萨邦
铜	拉贾斯坦邦、比哈尔邦

1）铁矿

印度铁矿石储量为81亿吨（*Mineral Commodity Summaries*，2016），主要分布在南部泰米尔德纳邦中部、安得拉邦、卡那塔克邦、马哈拉施特拉邦东部、中央邦、比哈尔邦、奥里萨邦及卡那塔克邦等地。铁矿主要分为赤铁矿矿床和磁铁矿矿床两种。研究表明，印度富铁矿中的赤铁矿和褐铁矿是原生磁铁矿经风化淋滤作用而形成的，也就是说，印度前寒武纪富铁矿是显生宙以来次生富集作用的结果。

2）铝土矿

2015年储量为5.9亿吨（*Mineral Commodity Summaries*，2016），占"一带一路"沿线国家的11.18%。印度的铝土矿几乎全部属于风化红土型矿床，主要分布在奥里萨邦、安得拉邦和古吉拉特邦，其次分布在中央邦、马哈拉施特拉邦等地的前寒武纪克拉通上。

3）铬铁矿

印度铬铁矿资源量达1.38亿吨（*Mineral Commodity Summaries*，2016），主要分布在奥里萨邦，其次在卡那塔克邦和安得拉邦等地。铬铁矿主要产在古元古代绿岩带上，与基性—超基性岩岩浆侵入活动有着密切关系。

4）锰矿

印度锰矿储量2600百万吨（*Mineral Commodity Summaries*，2016），主要有红土型、同生沉积变质型和钾长锰榴岩型3种类型。红土型锰矿床主要分布在卡那塔克邦和安得拉邦与奥里萨邦交界处；同生沉积变质型锰矿床主要分布在中央邦，产于中元古界变质岩中，赋矿岩石主要为石英锰榴岩；钾长锰榴岩型矿床主要分布在奥里萨邦南部，产于太古宇麻粒岩相变质岩系中。上述3种矿床类型中的前两种为印度主要锰矿类型和目前主要开采生产的对象。

5）铜矿

印度的铜矿资源欠缺，矿床以中、小型为主，矿体多为透镜状，厚度小，产状缓，主要分布在印度西北部拉贾斯坦邦阿拉瓦利克拉通上克墨特拉构造带和东北部比哈尔邦辛格布姆推覆带上。

2. 巴基斯坦

巴基斯坦已探明矿产的储量都不大。金属矿产中比较突出的是铁矿、铬铁矿和铜矿，铬铁矿有几千万吨的储量，新发现的雷科迪克铜矿有600多万吨储量。今后通过进一步勘查，铜、铅、锌等矿产的储量可能会大幅增长。非金属矿产领域,岩盐资源丰富,据估算超过了百亿吨,还有高品质的宝玉石矿床。

1）铁矿

铁矿储量在 6 亿吨以上,主要分布在旁遮普省、禅路支省和西北边境省,类型较全,有沉积型、火山岩型、矽卡岩型、热液型和沉积变质型。沉积型铁矿是最主要的铁矿类型,分布于中部苏莱曼山脉一带,相当于印度板块与阿拉伯板块间的弧后边缘带,储存在晚侏罗世—渐新世地层中。

2）铬铁矿

铬铁矿主要与蛇绿岩带有关,巴基斯坦 9 个混杂堆积蛇绿岩带均有铬铁矿产出,其中,巴基斯坦中部贝拉—瓦希里斯坦带铬铁矿开采程度较高。铬铁矿矿床主要集中在穆斯林巴格和贝拉城附近,前者是巴基斯坦最主要的铬铁矿生产基地,有许多规模较大的岩体。

3）铜矿

巴基斯坦铜矿以斑岩型为主,其次为热液型、岩浆型。斑岩型铜矿主要分布在俾努支省西北部的贾盖地区。

3. 阿富汗

阿富汗金属矿产资源较为丰富,铁矿、铬铁矿和铜矿等比较突出,有的在中亚地区还具有一定的代表性。

1）铁矿

潜在的资源储量可达 25 亿吨矿石量,主要矿床类型为沉积变质型、矽卡岩型、热液型。沉积变质型铁矿分布最广、规模较大,其资源储量占总资源储量的 80% 以上,而矽卡岩型铁矿和热液型铁矿,虽然矿石品位较高,但规模较小,多为小型或矿化点,且勘查程度较低。目前初步估算,铁矿资源储量为 4 亿多吨矿石量。

2）铬铁矿

阿富汗有 15 个铬铁矿床和矿点,其产出均与始新世超镁铁质岩体有关,但总体工作程度甚低,其中只有个别岩体进行了勘查,如卢格尔超镁铁质岩体。

3）铜矿

阿富汗各地均有铜矿分布,类型主要有斑岩型、矽卡岩型、脉型以及块状硫化物型,以及与沉积变质岩有关的矿床,其中块状硫化物型,以及与沉积变质岩有关的矿床是最主要的矿床类型。沉积变质型铜矿床主要分布在阿富汗中北部地区。

二、东南亚矿产资源概览

（一）概况

　　东南亚位于亚洲东南部、中国的东南面，包括越南、老挝、柬埔寨、泰国、缅甸、马来西亚、新加坡、印度尼西亚、文莱、菲律宾和东帝汶 11 个国家，人口约 5.5 亿，面积约 457 万平方千米。其中，老挝是东南亚唯一的内陆国，越南、老挝、缅甸与中国接壤。

　　从全球成矿带看，东南亚成矿区位于特提斯—喜马拉雅成矿域和西环太平洋成矿域的交汇地区，是全球最重要的成矿区带之一，为中国西南三江成矿带与华南成矿带的向南延伸地带，具有特提斯—喜马拉雅成矿域和环太平洋成矿域的双重成矿特征，成矿作用复杂多样，蕴藏着丰富的矿产资源，尤其分布有世界著名的东南亚巨型锡矿带（陈喜峰等，2015b；施美凤等，2015；王宏等，2013）。

（二）主要资源国矿产资源分布

　　目前，东南亚地区已勘查、开发利用的各类矿产有百余种，其中，黑色金属矿产主要有铁、锰、铬、钛和钒等；有色金属矿产主要有镍、铜、铅、锌、锡、钨、锑、汞、钼、铋、钴和铝土矿等；贵金属矿产主要有金、银和铂族金属；能源矿产主要有石油、天然气、油页岩、煤、褐煤、泥炭、铀、钍等。其中，铜、铬、镍、铝、钾盐、锡为东南亚地区的优势矿产资源。从矿产资源看，东南亚地区的铜、铬、镍、铝、钾盐、锡等优势矿产资源与中国有较强的互补性，受到中国矿业界的较多关注。

　　就矿产资源的总体禀赋程度看，在东南亚地区的 11 个国家中，在矿产领域有重要影响的国家主要是越南、老挝、柬埔寨、泰国、缅甸、马来西亚、印度尼西亚和菲律宾 8 个国家，文莱、东帝汶和新加坡 3 个国家的矿产资源比较匮乏。东南亚主要资源国及其优势矿产分布如表 1-5 所示。

　　铜矿主要分布在印度尼西亚、菲律宾、老挝、缅甸。金矿资源分布广泛，大多数国家都有金矿产出。其中，印度尼西亚、老挝、菲律宾等国金矿相对较为丰富，其次是越南、缅甸、柬埔寨、泰国。此外，在老挝—越南长山成矿带、老挝琅勃拉邦—泰国黎府火山岩带、菲律宾棉兰—老岛火山岩带和缅甸中央岛弧火山岩带都有斑岩型、低温热液型金矿床产出。铁矿主要分布在越南、老挝、缅甸、印度尼西亚和菲律宾，马来西亚也有少量分布。镍矿资源主要分布在印度尼西亚、菲律宾和缅甸，其次为越南北部地区。铬矿主要分布在缅甸、越南和菲律宾，印度尼西亚也有少量产出。铝土矿主要分布在印度尼西亚、越南、老挝、柬埔寨和马来西亚等国。钾盐矿床主要位于泰国的东北部和老挝中部。锡矿主要分布在马来西亚、印度尼西亚、缅甸、泰国、越南、老挝等国。铅锌矿主要分布在缅甸、老挝、越南、泰国、印度尼西亚和马来西亚，柬埔寨也有少量分布。煤主要分布在印度尼西亚、泰国、越南、缅甸等国。钨主要分布在泰国、缅甸、越南。锰矿主要分布在印度尼西亚、缅甸和越南。钴主要分布在印度尼西亚和菲律宾。钛铁矿主要分布在越南，其次为马来西亚。锑主要集中在泰国和缅甸。银主要分布在印度尼西亚、菲律宾、缅甸，老挝也有少量分布。

表 1-5 东南亚主要资源国及其优势矿种

序　号	国　家	优 势 矿 产
1	越南	铝土矿、铬矿、铁矿和镍矿
2	老挝	铜、铁矿和铝土矿
3	印度尼西亚	锡、镍、铝土矿、铜和金
4	菲律宾	铜、镍和铝土矿
5	马来西亚	锡、铁和铝土矿
6	缅甸	铜、镍、铬和锡

1. 越南

据不完全统计，越南共有矿产资源近 90 种，目前已探明各种矿床和矿产地 5000 多处，其中，铝土矿和铁矿在世界上占有重要位置，铜矿、镍矿、铬铁矿及稀土等矿产也具有相当的储量。这些金属矿产的分布是不均匀的，成群成带主要集中分布在越南北部、中部地区，而越南南部仅零星散布。越南北部以黑色、有色、稀土金属矿为主，南部则以铝土矿和金矿为主，如表 1-6。此外，越南的非金属矿产，尤其是煤也较丰富。

表 1-6 越南主要矿产资源分布

矿　种	分　布
铝土	多乐省、达农省、昆嵩省、林同省、河江省、高平省、谅山省
铬	清化省
铁	河静省、老街省、广治省
铜镍	达农省、老街省、山萝省

1）铝土矿

据越南地质机构的资料统计，铝土矿总资源量约 80 亿吨，查明铝土矿储量 21 亿吨，居世界第 4 位，占"一带一路"沿线国家的 50.1%。铝土矿主要分布在越南中南部的多乐（Dak Lak）、达农（Dak Nong）、昆嵩（Kon Tum）、林同（Lam Dong）几省。北部地区发育少量沉积型矿床，但规模较小，矿石品质欠佳。越南铝土矿的矿床类型主要有两种：红土型、沉积型。其中，红土型最为重要，主要分布在越南南部上新世—更新世玄武岩风化壳中，分布面积超过 2 万平方千米，风化带深可达 60 米，原矿平均品位 Al_2O_3 36%～39%，铝土矿储量约为 40.5 亿吨；沉积型铝土矿产在晚二叠世灰岩中，分布在北方的河江、高平、谅山等省内，一般品位 Al_2O_3 39%～65%，总资源量估计有数亿吨，矿石质量欠佳，矿床规模较小。

2）铬矿

铬矿类型主要为砂铬矿，主要分布于越南北部清化省市郊的古定等地区，成矿严格受马江镁铁质—超镁铁质岩体及水系地形的控制，产有奴山古定大型砂铬矿，储量约 1900 万吨，露天开采，精选后 Cr_2O_3 含量可达 46%。据称越南铬的储量占世界总储量的 15%，居世界第 2 位。

3）铁矿

铁矿已探明储量 13 亿吨，资源量约 23 亿吨，主要分布在越北及越中地区。其中，河静省的石溪铁矿储量最大，达到 5.44 亿吨，产在矽卡岩中；第二大铁矿是黄连山省的贵乡矿床，系风化淋滤型，探明储量 1.18 亿吨，平均含铁 TFe 56%～57%；老街省的 Quy Xa 大型铁矿，为火山沉积变质型，储量为 1.12 亿吨。

4）铜矿和镍矿

铜和镍主要产自越南西北部，已探明铜矿储量为 795 万吨，资源量约为 1000 万吨；探明镍矿储量为 152 万吨，资源量为 500 万吨。主要类型有前寒武纪沉积变质型铜矿和岩浆铜镍矿，两个大型矿床为老街新昆沉积变质铜矿和山萝班福铜镍硫化物矿床。新昆矿床毗邻中国云南边境，位于老街西北 25 千米，铜矿层赋存在元古宙片麻状花岗岩、云母片岩及交代岩组成的变质岩带中。矿床含铜 55.1 万吨，稀土 33.3 万吨，金 34.42 吨。铜品位 1.05%，金品位 0.5 克／吨。班福铜镍矿赋存在黑水河裂谷塔布蛇绿岩带内，含矿岩体由蛇纹岩、蛇纹岩化橄榄岩组成，探明镍储量 11.94 万吨、铜 4.05 万吨、钴 3437 吨。镍品位≥1.7%，铜品位≥1.6%。

2. 老挝

老挝的主要优势矿产为铜矿、铁矿和铝土矿，其主要矿产资源分布如表1-7所示。

表1-7 老挝主要矿产资源分布

矿 种	分 布
铜	南塔、乌多姆赛省、丰沙里省、沙耶武里、万象省、沙湾拿吉省
铁	赛松本特区、川圹省
铝土	阿速坡省、色公省、万象省

1）铜矿

铜矿主要集中分布在沙耶武里、琅勃拉邦—川圹—华潘一带和川圹、华潘—甘蒙—沙湾拿吉—阿速坡一带。类型主要有三种：一种是第三系—侏罗系中的砂岩型铜矿，主要分布在老挝北部的南塔、乌多姆赛和丰沙里等省，以及南部的占巴色、阿速坡一带；第二种类型是矽卡岩型铜矿，分布广泛，铜的品位较高，常与铅锌伴生，在有岩浆岩分布地区的接触带附近均有分布；第三种类型是斑岩型铜金矿，主要分布在沙耶武里、万象省和川圹—沙湾拿吉—阿速坡一带，矿床规模很大，一般与金共生，有较大的找矿前景。之前，澳大利亚的矿业公司发现了两个铜储量达100万吨、金储量60～100吨的大型铜金矿，一个是赛松本特区的富开铜金矿，另一个是沙湾拿吉省的色潘铜金矿。在老挝沙武耶里、赛松本、川圹—玻里坎赛—沙湾拿吉—阿速坡一带，还有找到大型铜矿和铜金矿的可能。

2）铁矿

铁矿集中分布在赛松本特区帕莱地区和川圹省的富诺安地区，主要铁矿类型为矽卡岩型磁铁矿和赤铁矿。富诺安铁矿和爬立山铁矿为老挝主要的铁矿床。富诺安铁矿矿石储量大于1亿吨；赛松本特区爬立山铁矿露头绵延10余千米，厚度巨大，矿石品位TFe一般大于60%，矿石储量大于2亿吨。老挝川圹—赛松本地区和川圹—甘蒙一带有较大的铁矿找矿前景。

3）铝土矿

铝土矿主要分布在老挝南部菠萝芬高原及阿速坡、色公之间的高原地带。该地区广泛覆盖喜马拉雅山期玄武岩。玄武岩风化后，在高原低洼地形处堆积成优质三水型铝土矿，矿石质量极好。该地区玄武岩风化物的分布面积约

5000平方千米。该铝土矿分布区属于越南南部40亿吨铝土矿分布区的西延部分，属于同一个铝土矿成矿区。老挝南部高原铝土矿储量应大于2亿吨，找矿潜力非常巨大。

3. 泰国

在泰国境内已经发现了许多矿床，做过地质工作或已开采的矿种有40多种。锡、钨、铅、锌、铜、铌、钽、锑、铁、金是重要的金属矿产，如表1-8所示；而萤石、重晶石、钾盐、石膏、长石、石盐、黏土和建筑原料是重要的非金属矿床。在泰国许多地区还有适合制作规格石料的石材。宝石已经开采了几个世纪，因而泰国也是世界上重要的红宝石和蓝宝石生产国之一。泰国的优势矿种是钾盐和锡矿。

表1-8 泰国主要矿产资源分布

矿　种	分　布
铜	猜也奔府、尖竹汶府、披集府、清迈
金	那空是贪玛叻府、黎府、南奔府、达府
钾盐	黎府、南奔府、披集府、
锡	呵叻府、碧差汶府、普吉岛

1）钾盐

泰国钾盐极为丰富，总资源量达270亿吨，储量3000万吨，资源量1亿吨。钾盐主要分布在泰国东北的呵叻高原，钾盐层分布面积24900平方千米，被分割为两个盆地，北部为乌隆—沙空那空盆地，面积9800平方千米；南部为呵叻—乌汶盆地，面积15100平方千米。沙空那空盆地有乌隆、廊开等钾矿田，呵叻盆地有那隆、孔敬、暖颂及南丘克钾矿田。

2）锡矿

锡矿业长期以来一直是泰国矿业的支柱性产业。锡矿床主要分布于泰国南部，类型包括砂锡矿与原生锡矿两部分，以砂锡矿为主，代表性矿床有普吉锡矿床等。近年来，由于开采过度，且很少有新的锡矿床被发现，泰国锡矿资源越来越贫乏，锡储量下降得很快。茂奇—德林达依锡钨成矿带，尤其是巴蜀—普吉地区有很好的找矿潜力。

4. 缅甸

缅甸的矿产资源分布如表1-9所示。

表 1-9　缅甸主要矿产资源分布

矿　种	分　布
铜	实皆省、曼德勒省、勃固省及掸邦
镍	曼德勒省及钦邦
铬	实皆省、曼德勒省及密支那省
钨锡	德林达依省、孟邦、克伦邦、克耶邦及掸邦

1）铜矿

铜矿主要分布在缅甸中央岛弧成矿带内，铜矿具有成矿时代新、矿床规模大、矿体埋深浅、矿石品位高、与火山作用关系密切等特征，是最重要的铜矿集区；从分布地区上看，主要分布在实皆省、曼德勒省、勃固省和掸邦西部部分地区。缅甸重的铜矿床有蒙育瓦铜矿和礼勃东矿铜矿，其他大多数铜矿点集中在缅甸东部高原区，主要与沉积岩有关。

2）镍矿

镍资源储量为 200 万吨，分布在缅甸西部褶皱带中，主要位于北部曼德勒省的 Thabeikkyin 镇和钦邦的 Tiddim 镇等地区，据初步地质调查统计，缅北地区大部分矿体可露天开采。受印—缅山脉超基性岩带控制，镍矿主要是红土型硅酸镍矿，其次为岩浆型镍矿。

3）铬矿

铬资源储量为 2.32 万吨，受印—缅山脉超基性岩带控制，主要分布在西部褶皱带中的三叠纪至始新世的蛇绿岩混杂岩、超镁铁岩体中。铬铁矿以岩浆型为主，并与断裂带中超基性岩关系较密切。初步研究表明，在 22° N 以南，超基性岩已绝大部分蛇纹石化，铬铁矿化均产生于蛇纹岩中；而在 22° N 以北，铬铁矿化均发生在橄榄岩、方辉橄榄岩和纯橄岩中，含 Cr_2O_3 较高，有的可达 50%，如实皆省的 Mwetaung 地区。此外，曼德勒北 170 千米处的 TagaungTaung 岩体也很引人注意，其出露面积约 100 平方千米，在橄榄岩、方辉橄榄岩中普遍发生铬铁矿化。在密支那西北部的岩体附近广布铬铁矿滚石，其产出有待进一步调查。总之，缅甸超基性岩及其铬铁矿化较发育，具有远景，但至今没有进行过系统的勘查（吴良士，2011）。

4）钨矿和锡矿

缅甸也是重要的钨、锡资源国之一，钨矿和锡矿储量分别为 7500 吨和 2万吨。主要分布在德林达依省、孟邦、克伦邦、克耶邦，以及掸邦南部的钨、锡矿带内（其中，德林达依省储量最为丰富）。该带延伸到泰国西部，成为东南亚长140千米、宽50千米钨锡矿带的重要组成部分。

5. 马来西亚

优势矿产为锡、铁和铝土矿，其主要矿产资源分布如表1-10所示。

表1-10 马来西亚主要矿产资源分布

矿 种	分 布
锡	彭亨州、吡叻州
铁	彭亨州、丁加奴州、柔佛州、登嘉楼、新山

1）锡矿

2015年锡储量为25万吨，占世界锡储量的5.2%，居世界第7位，占"一带一路"沿线国家总储量的8.1%。马来半岛11个州中9个州有锡矿，但以霹雳州和雪兰莪州最多。锡矿石品位较高，矿床类型主要为砂锡矿，主要分布在马来西亚西部锡矿带上，此外，在马来西亚东部锡矿带上也有多个矿床分布。马来西亚代表性矿床包括卡基武吉锡矿床、坚打谷锡矿床、吉隆坡锡矿床等。其中，西部含锡带上的坚打谷锡矿床是世界上最富集、规模最大的锡矿矿床之一。

2）铁矿

铁矿是马来西亚仅次于锡的另一重要金属矿产。马来西亚铁矿总储量超过3亿吨，矿石种类包括磁铁矿、赤铁矿、褐铁矿等。其中，磁铁矿石品位较高，铁含量超过50%。铁矿床规模均不大，主要分布在彭亨、丁加奴、柔佛三个州，主要矿床有丁加奴州的武吉伯西、柔佛州的佩莱卡南和沙巴州的塔瓦伊高原铁矿。

6. 印度尼西亚

印度尼西亚金属矿产很丰富，主要优势矿产为锡、镍、铝土、铜和金矿，主要矿产资源分布如表1-11所示。

表1-11 印度尼西亚主要矿产资源分布

矿 种	分 布
铜	巴布亚省、苏拉威西、苏门答腊、爪哇、北苏拉威西、巴占岛
金	巴布亚省、北马鲁古省、南加里曼丹省、万丹、中苏拉威西、东南苏拉威西
镍	马鲁古群岛、南苏拉威西省、东加里曼丹省、巴布亚岛
铝土	奥里萨邦、安得拉邦、古吉拉特邦、中央邦、马哈拉施特拉邦
锡	廖内群岛、邦加岛、勿里洞岛、新格乌

1）铜矿

2015 年印度尼西亚铜储量为 4900 万吨，占世界铜储量的 7%。铜矿床大多分布在巴布亚省的艾斯伯格山和格拉斯贝格，少量分布在苏拉威西、苏门答腊和爪哇。矿床以斑岩型铜矿为主，主要矿床有巴布亚省的艾斯伯格和格拉斯贝格、松巴哇岛的巴图希贾乌等，在北苏拉威西和巴占岛上也分布着一些铜矿床。

2）金矿

印度尼西亚官方报道的金的资源量为 5297 吨，储量为 3156 吨，居亚洲地区首位。金矿床类型多为与第三纪火山岩有关的浅成低温热液型金矿床和矽卡岩—斑岩型铜—金矿床。几乎所有印度尼西亚的岛屿都分布着金矿。巴布亚省的格拉斯贝格铜—金矿是印度尼西亚最大的金矿，也是世界最大金矿之一。

3）镍矿

2015 年镍储量 450 万吨，约占世界总量的 5.6%，居世界第 6 位，占"一带一路"的 27.7%。印度尼西亚的镍矿主要为基性和超基性岩体风化壳中的红土型镍矿，主要分布在马鲁古群岛、南苏拉威西省、东加里曼丹省和巴布亚岛。矿带可以从中苏拉威西追踪到哈尔马赫拉、奥比、格贝、加格、瓦伊格奥群岛，以及伊里安查亚的鸟头半岛和塔纳梅拉地区等，其中，苏拉威西岛东南部的波马拉镍矿含镍 2.3% ～ 3.3%，探明资源储量 126 万吨；索罗科镍矿含镍 1.4% ～ 1.9%，探明资源储量 224 万吨。红土型风化壳超基性岩带在印度尼西亚广泛发育了，镍、钴矿有良好的找矿前景。

4）铝土矿

铝土矿储量 10 亿吨，居世界第 6 位，占"一带一路"沿线国家的 20.7%，主要分布于奥里萨邦、安得拉邦以及古吉拉特邦，在中央邦和马哈拉施特拉邦也有少量分布，属于红土型三水铝土矿。印度尼西亚铝土矿资源量的 85% 分布在西加里曼丹，其余 15% 分布在廖内群岛中的宾坦岛及其周围小岛上。由于西加里曼丹地理位置偏远，基础设施又不足，所以，那里的铝土矿除宾坦岛及周围岛屿外，至今尚未得到较好的开发。

5）锡矿

印度尼西亚也是锡矿资源大国，2015 年锡储量约 80 万吨，占世界总量的 16.7%，居世界第 2 位。锡矿资源主要分布在苏门答腊东海岸外的廖内群岛，特别是邦加岛、勿里洞岛和新格乌，与中国滇西锡矿及缅甸、泰国、马来西亚同属一个锡成矿带。该矿带长达 2500 千米以上，其中印度尼西亚境内的锡矿带长约 750 千米。锡矿床的品位并不高，一般只有 0.01% ～ 0.03%，矿床类型以冲积砂锡矿为主。印度尼西亚的代表性矿床有邦加锡矿床、勿里硐锡矿床等。

7. 菲律宾

菲律宾的主要优势矿产为铜、镍和铝土矿，其主要矿产资源分布如表 1-12 所示。

表 1-12 菲律宾主要矿产资源分布

矿 种	分 布
铜	三描礼士省、本格特省、新比斯开省、北苏里高省、北三宝颜省、东达沃省、南可打巴托省、宿务省
镍	东达沃省、巴拉旺省、北苏里高省、三描礼士省
铝土	东萨马省、本格特省、巴拉望岛、东达沃省

1）铜矿

2015 年菲律宾铜储量为 3800 万吨，占世界铜储量的 5.4%。菲律宾铜矿在其国内各地均有分布，主要分布在北部吕宋山区的三描礼士省（Zambales）、本格特省（Benguet）、新比斯开省和南部棉兰老岛的北苏里高省、北三宝颜省、东达沃（Davao Oriental）省、南可打巴托（South Cotabato）省，以及中部地区的宿务省等地，铜矿以斑岩铜矿为主。自 1995 年新的矿业法颁布以来，在铜矿勘查开发取得了重要进展，发现了世界级坦帕坎（Tampakan）铜—金矿、希诺巴安（HINOBAAN）铜矿（铜储量 180.6 万吨）和金金（Kingking）铜矿等一些重要铜矿床。

2）镍矿

2015 年镍储量为 310 万吨，列世界第 8 位，多为红土型（占 99%），大部分镍矿处在浅土层，易于开采且成本低。从地区分布看，菲律宾镍矿集中在东达沃省和巴拉旺省（Palawan），其他有较大规模镍矿资源的省还有北苏里高和三描礼士，近年新发现的费尔尼科（Philnico）镍钴矿已知镍资源量 158 万吨，钴为 15.8 万吨。

3）铝土矿

铝土矿主要集中在群岛中部的萨马岛地区，估计储量为 2.42 亿吨。20 世纪 70 年代，这里的地质勘探工作非常活跃，曾有外国公司制订了铝土矿开发计划，后因当时的马科斯政府宣布菲律宾政府要开发该地区铝土矿资源而没有实现，停滞至今。

第四节

其他国家及地区

本节涉及的其他国家及地区主要包括：中、东欧地区，除中亚五国之外的独联体国家（下文所提到的独联体国家皆不包括中亚五国）及西亚、北非地区。与中亚地区、蒙古、俄罗斯及南亚、东南亚地区相比，这些国家及地区的矿产资源相对贫乏且集中，矿业在GDP中所占的比值也相对较低，因此本节将主要阐述波兰、伊朗、土耳其等9个国家矿产资源的分布特征。

一、中、东欧16国

（一）概况

"一带一路"沿线国家中、东欧地区共有16个国家（波兰、捷克、斯洛伐克、匈牙利等），除塞尔维亚、黑山、马其顿共和国、波黑、阿尔巴尼亚外，其余11国为欧盟（EU）成员。斯洛文尼亚、斯洛伐克、爱沙尼亚、拉脱维亚已经加入欧元区。2014年，中、东欧16国国内生产总值（GDP）为15492.9亿美元，占全世界总量的2.0%，人口为12003.4万，占世界总人口的1.7%，人均GDP为12907美元。

在"丝绸之路经济带"中，中、东欧是连通最发达的欧盟一体化市场和最主要的能源产地间的结合部，是欧盟市场的重要接入口，具有明显的地缘优势。相比西欧市场，它有成本低和新兴经济体增速快的优势。与俄罗斯中亚地区相比，它的市场发育更成熟、经济更发达、产品竞争力更强。"一带一路"沿线国家的国家中有1/4都来自中、东欧地区。作为丝绸之路经济带的重要组成部分，中、东欧地区具有的产业及区位优势决定了其可在"一带一路"倡议中发挥重要的区域性支点作用。

（二）主要资源国矿产资源分布特征

中、东欧国家矿产资源贫乏，相对优势的矿产资源有铝土矿、铜矿、煤炭等（见表1-13）。铝土矿主要分布在匈牙利、斯洛伐克、克罗地亚、黑山及波黑等国家；铜矿资源主要分布在波兰、塞尔维亚、马其顿王国及阿尔巴尼亚；煤炭资源主要在波兰、捷克、匈牙利、保加利亚、黑山及波黑等国家。一些国家（如捷克、匈牙利等）需要从俄罗斯进口油气资源以满足本国的需要。

立陶宛和拉脱维亚完全依赖进口满足国内经济发展对矿产资源的需求。

表 1-13 中、东欧 16 国矿产资源概况

序 号	国 家	优 势 矿 产
1	波兰	铼、银、铜、煤炭
2	捷克	铀矿、煤炭
3	斯洛伐克	
4	匈牙利	铝土矿、地热、油气（入不敷出）、褐煤
5	罗马尼亚	油气、煤炭、铁、金
6	保加利亚	金、煤炭
7	斯洛文尼亚	铝土矿、石灰石
8	克罗地亚	石油、铝土矿
9	塞尔维亚	铜、铬、锂
10	黑山	铝土矿、褐煤
11	波黑	褐煤、铁矿、铝土矿
12	马其顿王国	铅锌、铜
13	阿尔巴尼亚	铬、铜
14	爱沙尼亚	稀土、油页岩
15	立陶宛	矿产资源依赖进口
16	拉脱维亚	矿产资源依赖进口

1. 波兰

波兰是欧洲第二大硬煤生产国和出口国，硬煤储量仅次于俄罗斯；同时，也是褐煤的重要生产国。已探明的硬煤储量约为 431 亿吨，主要位于西里西亚和卢布林地区；已探明储量的褐煤为 137 亿吨，主要分布在波兰中部和西南部的露天煤矿。按现有储量计算，硬煤可供开采 155 年，褐煤可开采 30 年。煤炭的丰富储量和大规模开采，为波兰实现电力的高度自给自足提供了保障。煤炭占波兰国内初级能源的65%左右，并且占发电用燃料的96%。过去20年中，波兰采煤业的结构调整和能源供应结构多样化，使得液体和气体燃料在国家能源供应中所处的地位越来越重要。

波兰的金属矿产资源储量也很可观。目前，已探明的铜储量为 17.62 亿吨，主要分布在前苏台德（Sudetic）褶皱和北苏台德（Sudetic）盆地，按现有水平可供开采 37 年。铜矿银含量较大，因而提高了开采的综合收益率。波兰是世界第十三大、欧洲第二大铜生产国，白银生产占世界第 7 位、欧洲第 1 位。

生产出的铜和银大部分用于出口，主要出口到欧盟国家市场。近几年进行的行业结构调整和现代化改造降低了生产成本，进一步提高了波兰在国际市场上的竞争能力。波兰于 1997 年对采铜业进行了私有化改造，通过公开招标向波兰境内外投资者出售了铜生产商"波兰铜业 KGHM 股份公司"68.21% 的股票，其余由国家控股，目前，KGHM 是波兰最大的铜出口商。铅锌矿也是波兰重要的金属矿产资源，主要分布在西里西亚—克拉科夫地区。但是，目前铅锌矿的开采量尚不能满足波兰加工能力的需要，所以，需要以进口精矿来弥补。部分锌和铅的冶炼产品用于外贸出口。

2. 阿尔巴尼亚

阿尔巴尼亚是世界上第三大铬铁矿生产国，2013 年铬铁矿产量为 65.2 万吨。其铬矿探明储量为 3690 万吨，居世界第 7 位、欧洲第 2 位，其中 Cr_2O_3 含量为 30% ～ 42% 的储量为 1280 万吨。阿尔巴尼亚铬铁矿床主要沿东北部和东部特洛波亚—库克斯—布尔奇泽和谢贝尼克的侏罗纪超基性蛇绿岩带分布，呈西北—东南走向，一直延伸到希腊和前南斯拉夫国家境内。此蛇绿岩带还控制着本区域内铜、铁—镍、云母和石棉矿床的分布。目前，阿尔巴尼亚绝大多数铬矿生产企业机械设备老化陈旧、工艺技术也相对落后，迫切需要投资进行改造。

另外，阿尔巴尼亚还开采铁—镍红土矿，主要集中在库克斯、利布拉斯德、波格拉德茨和科尔察，也生产煤、石棉、云母、高岭土和珍珠岩。阿尔巴尼亚的矿产资源潜力尚未充分探明，尤其是铬、铜、镍等矿产资源。与其他东欧国家相比，阿尔巴尼亚的经济开放程度很小，几乎不给西方国家以投资机会。

3. 捷克

捷克是世界上第十大产煤国，其褐煤可采储量为 8.25 亿吨，2013 年煤炭占捷克能源需要量的 39%，占发电量的 41%。2013 年捷克煤产量为 4919.5 万吨，其中，120 万吨褐煤和 210 万吨烟煤用于出口。由于国家能源政策的调整，预计通过增加核电站发电能力，到 2030 年可使得捷克煤炭消费量占比下降到 30%，使得核能从目前占能源消费量的 19% 上升到 32%。2013 年，捷克铀生产量的 232 吨。

此外，2014 年欧洲金属控股公司（European Metalsmith Holding）在布拉格西北方向 100 千米处发现了一座大型伟晶岩型锂矿床，其推测资源量为 3680 万吨，含锂品位为 0.38%。

4. 塞尔维亚

煤炭是塞尔维亚的主要矿产,煤炭生产占矿业总产值的 75%,主要分布于科鲁巴拉河、科斯托拉兹和科索沃地区,煤炭储量不算科索沃地区大约为 160 亿吨,按现在的生产水平,可开采 55 年。2013 年,科鲁巴拉河的 4 个露天矿年产煤炭 2600 万吨,科斯托拉兹的 3 个露天矿年产煤炭 600 万吨。塞尔维亚生产的煤炭 98% 以上是褐煤,主要供国内发电用。另外,塞尔维亚每年还从国外进口少量的高热值的煤炭(40 万吨左右)用于其他消费。

此外,2004 年在雅达盆地发现了一种新矿物——贾达尔石,使得该地区成为全球锂矿资源的热点地区,其锂潜在资源量为 212 万吨。该地区还有多个锂矿床资源远景区在进行勘查,目前主要由力拓公司在该地区从事勘查开发活动。

二、独联体国家矿产资源概览

(一)概况

独联体是苏联解体后各独立主权国家的协调组织,成立时,除波罗的海 3 国外,苏联其他 12 个加盟共和国——阿塞拜疆、亚美尼亚、白罗斯、格鲁吉亚(1993 年 12 月起)、吉尔吉斯斯坦、摩尔多瓦(1994 年 4 月起)、哈萨克斯坦、俄罗斯、乌兹别克斯坦、乌克兰、塔吉克斯坦和土库曼斯坦——均为独联体正式成员国。后来土库曼斯坦和格鲁吉亚相继退出独联体。

(二)主要资源国矿产资源分布

本地区相对较丰富的矿产资源为铁、锰、煤、铜及钾盐,如表 1-14 所示。其中,铁矿资源主要分布在乌克兰;锰矿主要分布在乌克兰和格鲁吉亚;煤炭资源主要分布在乌克兰和白罗斯;铜矿主要分布在格鲁吉亚;钾盐主要分布在白罗斯。

表 1-14 东欧 6 国矿产资源概况

序 号	国 家	优 势 矿 产
1	乌克兰	铁、锰、煤
2	白罗斯	钾盐、岩盐、泥炭、磷灰石
3	摩尔多瓦	硅藻土、石灰岩、陶土、石膏
4	格鲁吉亚	锰、铜、石油
5	阿塞拜疆	石油、天然气
6	亚美尼亚	铜、钼

1. 乌克兰

乌克兰煤炭蕴藏量十分丰富，探明储量约为 340 亿吨，这是全欧洲煤炭储量的 10%、世界煤炭储量的 3%，居世界第 8 位，已探明的煤矿储量够用 400 年。乌克兰东部的顿涅茨克、卢甘斯克，中部的第聂伯罗彼得罗夫斯克及西部的利沃夫、沃伦州都产煤，其中东部煤炭储量占了乌克兰煤炭储量的大部分。苏联解体后，乌克兰煤炭业因为体制陈旧、投资不足和设备老化等原因处于滑坡状态，煤炭产业的基础性地位出现动摇。近年来，乌克兰政府为摆脱对俄罗斯天然气的依赖，对本国能源战略进行调整，增加煤炭消费比重，积极发展"气改煤"项目，并就此与中国进行了合作。

乌克兰铁矿储量为 300 亿吨。虽然铁矿储量很大，但贫矿多，富矿少，铁矿石含铁量低。乌克兰铁矿主要为赤铁矿，蕴藏在克里沃伊罗格和亚速海—黑海铁矿区，成南北带状，是欧洲最大的铁矿石产区之一。美特投资公司（Metinvest）是乌克兰最大的铁矿石原料和钢材生产商，正在开采位于克里沃罗哥地区的铁矿山。

乌克兰锰矿储量为 1.4 亿吨，占全球总储量的 22.6%，主要蕴藏在第聂伯河流域，南乌克兰渐新世含锰盆地，是渐新世时期横跨欧亚两洲的巨型锰矿带的一部分，在苏联境内构成乌克兰—高加索—乌拉尔成矿省。

2. 白罗斯

白罗斯钾盐资源十分丰富，已探明储量 7.5 亿吨，排在世界第 3 位，著名的斯塔罗宾超大型钾盐矿床就在该国明斯克省。白罗斯每年开采钾盐量为 500 多万吨，产量也排在世界第 3 位。白罗斯钾肥公司（BPC）是世界上最大的钾肥生产商之一，钾肥产量占全球总产量的 15%，出口超过全球总量的 16%。白罗斯通过"特许经营"的方式投资采矿，即通过签署协议规定在一定时限内转让在白罗斯境内进行某种活动的权利，仅为使用权（所有权归白罗斯国家）。虽然白罗斯有着较为丰富的钾盐资源，但是地质勘查设备和仪器的 57.6% 已经老化，需要更新，并不利于国外的公司进行钾盐的勘查等各项地质工作。目前，白罗斯下一个 5 年规划中，计划投资 2600 万美元用于更新设备。在钾盐的勘查开发过程中，白罗斯希望投资者尽可能提供成套设备开采并加工矿物原料或者把部分设备转移到白罗斯境内生产。

能源原料方面，白罗斯主要有石油、褐煤、泥炭和易燃板岩等。高质量的石油储量较少，估计储量在 3.32 亿吨。每年开采原油约 170 万吨，即国内需求量的 20% 左右。褐煤储量约为 13 亿吨，实际尚未开采，近年来又开始讨论开采褐煤事宜。泥炭占有重要地位，其储量约为 30 亿吨。至于易燃板岩，目前在两个地点进行初步发掘，估计在地下 600 米之上地层的含量为 110 亿吨。白罗斯天然气主要在开采石油过程中获得，估计储量为 84 亿立方米。

3. 阿塞拜疆

阿塞拜疆境内蕴藏着丰富的矿产资源，其中最重要的是石油、天然气、铁矿、多金属矿和明矾石。石油储量十分丰富，油质优良。主要产油区为阿普歇伦半岛、库拉—阿拉斯低地、里海采油场—石油礁。目前，里海地区已成为阿塞拜疆最主要的石油产区。独立以后，阿塞拜疆里海近海石油的探明储量逐年增加，目前探明储量为 35 亿~ 40 亿吨。

三、西亚、北非地区

（一）概况

西亚、北非地区主要包括西亚的 15 个国家，以及非洲的埃及。西亚在阿拉伯海、红海、地中海、黑海和里海之间，它联系欧洲、亚洲和非洲，连接印度洋和大西洋，处于沟通两洋五海的交通枢纽地带，战略位置十分重要。西亚地区能源和矿产资源丰富，是兵家必争之地，油气和矿产的开采、加工是其产业结构的中流砥柱。卡塔尔、科威特、阿联酋等石油输出国的人均收入水平与发达国家相当，与陷入增长停滞的发达国家相比，经济增长潜力颇大，与中国投资合作主要集中在能源、基建和高科技等领域。

（二）主要资源国矿产资源分布特征

西亚、北非地区的优势资源为油气资源。西亚号称"世界石油宝库"，是世界上石油储量最丰富、产量最大、出口量最多的地区，所产石油 90% 以上供出口，主要出口到美国、西欧和日本，其中，沙特阿拉伯、伊拉克、伊朗分别是中国第一、第三、第五大原油供应商。另外，土耳其的硼、煤等资源较丰富，以色列、巴勒斯坦的溴资源产量占全球的 34%（见表 1-15）。

1. 土耳其

土耳其矿产资源丰富，据美国地质调查局（USGS）2014 年的统计，硼储量为 6 亿吨，居世界首位；煤炭储量居世界第 17 位；同时，铬铁矿储量丰富，是世界主要的铬铁矿产出国之一。

表 1-15 西亚、北非地区矿产资源概况

序 号	国 家	优势矿产
1	土耳其	硼、煤、大理石、钍
2	伊朗	石油（3）、天然气、铜（3）、铅（1）、锌（1）、铁（9）
3	叙利亚	石油、磷酸盐、天然气、岩盐
4	伊拉克	石油（2）
5	沙特阿拉伯	石油（1）、天然气、金、银、磷酸盐、铝土、铁
6	阿联酋	石油（6）、天然气（5）、铝土、铁
7	卡塔尔	石油（13）、天然气（3）、铝土、铁
8	巴林	石油、天然气、金
9	科威特	石油、天然气
10	黎巴嫩	油气*、金刚石、金
11	阿曼	石油、天然气、铜
12	也门	石油、天然气
13	约旦	溴（4*）、磷（5*）、钾（7*）
14	以色列	溴（34%*）、钾（6%*）、锰（4%*）、磷（1%*）
15	巴勒斯坦	
16	埃及	天然气*、石油*、铁、磷

注："（ ）"表示储量在全球排名，"★"表示产量在全球排名或者所占比重。

煤炭储量较大，拥有 13.1 亿吨硬煤和 126 亿吨褐煤，褐煤储量占世界总褐煤储量的 5.9%，整体煤炭储量在世界上排名第 17 位。

铬铁矿总资源量在 1 亿吨以上，是世界主要的铬铁矿产出国之一。铬铁矿床属于阿尔卑斯型，沿阿尔卑斯造山带分布，产于超基性岩石中。土耳其铬铁矿主要集中在 6 个地区，按其重要性排列如下：东部埃拉泽省古莱曼地区、西南部费提耶克伊查伊兹德兹利地区、西北部布尔萨厄斯基色希尔地区、南部开塞利阿达纳梅尔辛地区、东部科普尔山地区、南部伊斯肯德仑伊斯拉布耶马腊什地区。土耳其产出的铬铁矿矿石的品位差别很大，其中，氧化铬含量为 30% ~ 54% 的铬铁矿石储量为 1400 万吨，其余均为大量的低品位矿床。

硼矿资源也是土耳其的优势矿种之一，总资源量为 6.7 亿吨，探明储量为 3.85 亿吨，居世界首位。据 USGS 2014 年的统计，土耳其硼矿资源量可达到 20 亿吨，相当于世界总资源量的 80%。绝大部分集中在土耳其西北部，即马尔马拉海以南、东西长 300 千米、南北宽约 150 千米的西安拉托尼亚地区。这里自北向南再向东依次分布着 5 个世界级的硼酸盐矿床：凯斯特莱克、苏丹泽里、

比加迪奇、埃默特、基尔卡(中国地质调查局发展研究中心,2015)。

2. 伊朗

对于金属矿产而言,伊朗的铁矿、锰矿、铬铁矿、铜矿、铅锌矿、铝土矿及金矿资源都比较丰富。

根据伊朗地质调查局 2015 年的统计数据,铁矿探明储量为 46 亿吨,占全球铁矿储量的 1.39%。其中,全国超过 90% 的探明储量集中分布于东南部扎格罗大型推覆带与卢特高原交界处。锰矿探明储量为 1019 万吨,占全球锰矿储量的 1.62%,主要为与铁矿伴生的锰。铬铁矿探明储量为 1000 万吨,占全球铬铁矿储量的 2.1%。铬铁矿资源主要分布在南部扎格罗山脉、北部厄尔布尔士山脉、东北部萨卜泽瓦尔及卢特高原周围。铜矿探明储量为 3000 万吨,占全球铜矿储量的 4.3%。铜矿石品位较富,主要分布于中东部地区的伊朗新生代活动带上。铅探明储量为 500 万吨,锌储量为 2 亿吨,铅平均品位为 6%,锌平均品位为 10%。铅锌矿主要产于中东部新生代活动带中,分布范围较广。

本章小结

"一带一路"沿线国家矿产资源丰富,是全球资源优化配置的关键地区。从矿产来看,铜、镍、金等重要金属矿产主要分布在中亚及东南亚国家;铁、锰等黑色金属主要分布在俄罗斯、印度、乌克兰等国家;锡主要分布在俄罗斯、马来西亚、印度尼西亚等国家;钾盐主要分布在俄罗斯和白罗斯等国家。从国家来看,俄罗斯是沿线矿产资源最丰富的国家,哈萨克斯坦、印度、印度尼西亚等国优势矿产种类较多、储量较大,也极具资源优势。

第二章　矿产资源潜力 02

　　"一带一路"沿线国家横跨全球四大成矿域，涉及21个巨型成矿区带中的12个，复杂的成矿条件和良好的成矿背景赋予该地区巨大的矿产资源潜力。本章以成矿地质背景为基础，选取沿线地区的优势矿种（铁、铜、镍、贵金属、锡、铝土、钾盐），分析其储量分布和成矿规律，划定潜在资源区，在一定程度上为中资企业在"一带一路"沿线国家的矿业投资指明方向。

第一节

成矿地质背景

　　根据全球地质构造背景与成矿特征，划分出劳亚、特提斯、环太平洋和冈瓦纳四大成矿域和21个巨型成矿区带，如图2-1所示。从地理区域看，"一带一路"包括亚洲、非洲、欧洲的65个国家和地区，横跨四大成矿域，贯穿其中的12个巨型成矿区带，如表2-1所示。

一、劳亚成矿域

　　劳亚成矿域位于地球北部，横跨北美洲、欧洲和亚洲三大洲，是世界上最大的成矿域，包括北美成矿区、格陵兰成矿区、欧洲成矿区、乌拉尔—蒙古成矿带、西伯利亚成矿区、中朝成矿区 6 个巨型成矿区带，其中"一带一路"涉及后 4 个成矿区带。该成矿域由一系列前寒武纪陆块和其间的显生宙造山带组成，成矿域地质构造背景复杂，以前寒武纪地块及叠加其上的显生宙沉积盆地和构造带为主，其次是显生宙造山带及新生代风化壳。

劳亚成矿域以天然气、煤炭、铁、钾盐、石油、铀、锰、铬、铅锌、镍、钨、钼、锑、金、银、磷、金刚石等大规模成矿作用为特色，成矿时代贯穿整个地质时代，以古生代为主，中生代和元古宙次之，新生代和太古宙又次之。矿床类型众多，主要有沉积油气矿床、沉积煤矿床、沉积锰矿床、沉积磷矿床、BIF 型及变质型铁矿床、铜镍硫化物矿床等。著名矿床有俄罗斯乌连戈伊天然气和通古斯卡煤田、乌克兰尼科波尔锰矿床、蒙古库苏古尔磷矿床、俄罗斯库尔斯克铁矿床和诺里尔斯克铜镍硫化物矿床、加拿大萨德伯里铜镍硫化物矿床和萨斯喀彻温钾盐矿床、朝鲜检德铅锌矿床、中国栾川钨钼矿床等。

表 2-1　"一带一路"沿线国家所处成矿域、成矿区带及成矿类型特征

成矿域	成矿区带	大型超大型矿床数量（个）	主要矿床类型	主要成矿时代
劳亚成矿域（129个）	乌拉尔—蒙古成矿带	45	沉积型天然气矿床、沉积型煤矿床、沉积型锰矿床、蒸发岩型钾盐矿床、BIF 型铁矿床、铜镍硫化物矿床、沉积型磷矿床、沉积型石油矿床和热液型锑矿床	古生代中生代元古宙
	欧洲成矿区	22		
	西伯利亚成矿区	15		
	中朝成矿区	13		
特提斯成矿域（64个）	地中海成矿带	29	锡矿床、蒸发岩型钾盐矿床、红土型铝土矿矿床和热液型汞矿床	新生代中生代
	中南半岛成矿带	16		
	西亚成矿带	13	砂锡矿床、蒸发岩型钾盐矿床、红土型铝土矿床和热液型汞矿床	新生代中生代
	喜马拉雅成矿带	2		
环太平洋成矿域（116个）	伊里安—新西兰成矿带	14	斑岩型铜（钼）矿床、斑岩型钼矿床、红土型镍矿床、火山岩型银矿床和火山岩型金矿床	新生代中生代
	楚科奇—鄂霍茨克成矿带	2		
	东亚成矿带	23		
冈瓦纳成矿域（136个）	非洲—阿拉伯成矿区	75	沉积型石油矿床、红土型铝土矿床、金伯利岩型金刚石矿床、砂页岩型铜矿床、沉积型天然气矿床、SEDEX 型铅锌矿床、BIF 型铁矿床、红土型镍矿床和层状杂岩型铬矿床	元古宙新生代中生代
	印度成矿区	12		

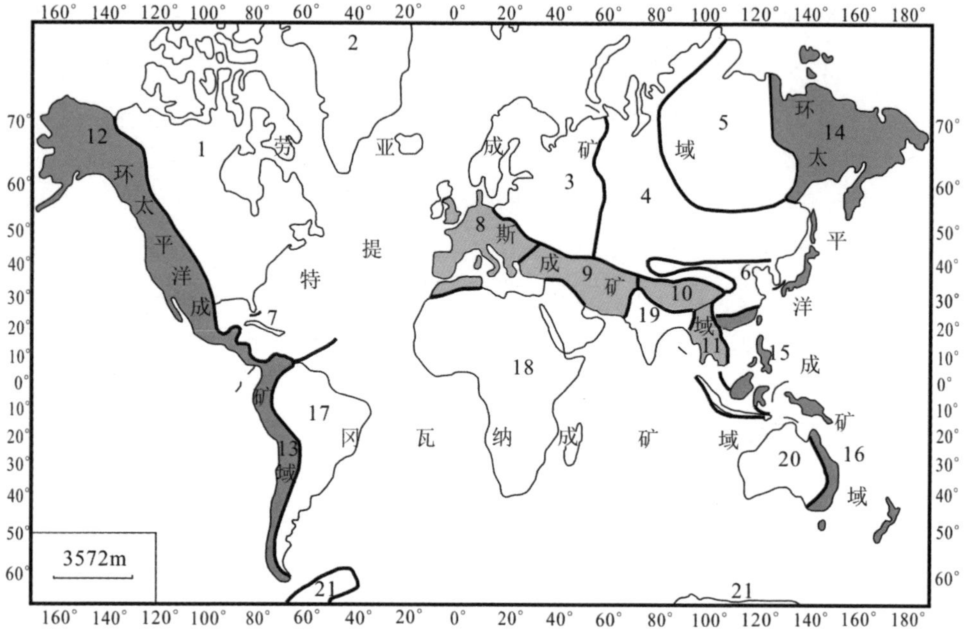

图 2-1 全球成矿单元划分（梅燕雄等，2009）

注：成矿区带编号及名称：1—北关成矿区；2—格陵兰成矿区；3—欧洲成矿区；4—乌拉尔—蒙古成矿带；5—西伯利亚成矿区；6—中朝成矿区；7—加勒比成矿带；8—地中海成矿带；9—西亚成矿带；10—喜马拉雅成矿带；11—中南半岛成矿带；12—北科迪勒拉成矿带；13—安第斯成矿带；14—楚科奇—鄂霍茨克成矿带；15—东亚成矿带；16—伊里安—新西兰成矿带；17—南美成矿区；18—非洲—阿拉伯成矿区；19—印度成矿区；20—澳大利亚成矿区；21—南极成矿区。

（一）乌拉尔—蒙古成矿带

乌拉尔—蒙古成矿带位于劳亚成矿域中东部，东北主要与西伯利亚成矿区相接，西、南分别与欧洲成矿区、中朝成矿区、西亚成矿带、喜马拉雅成矿带为邻。该成矿带地处欧亚大陆腹地，在大地构造上主要由乌拉尔造山带和天山—兴蒙造山带等组成。该成矿带主要矿产有天然气、石油、铁、锰、铬、铜、金、锑、磷、煤，其次是铀、银、钨、锡、铅锌、钼、汞等，代表性矿床有俄罗斯的乌连戈伊天然气田和波瓦尼柯夫天然气田、哈萨克斯坦的阿塔苏—卡拉扎尔沉积型锰矿床和肯皮尔塞蛇绿岩型铬矿床、中国的崖湾热液型锑矿床和大黑山斑岩型钼矿床、乌兹别克的卡尔马克尔斑岩型铜金矿床和穆龙套黑色岩系型金矿床等。

（二）欧洲成矿区

欧洲成矿区位于劳亚成矿域中部，西与格陵兰成矿区相望，东、南分别与乌拉尔—蒙古成矿带和特提斯成矿域的地中海成矿带、西亚成矿带为邻。其分布范围为欧亚大陆西北部，包括乌拉尔山脉以西、特提斯成矿域以北的欧洲部分，在大地构造上主要由东欧地块及斯堪的纳维亚造山带组成。该成矿区的主要矿产有钾盐、铁、锰、汞、石油、天然气，其次是铬、金刚石、磷、煤、银等，代表性矿床有白罗斯斯塔罗宾蒸发岩型钾盐矿床、俄罗斯库尔斯克 BIF 型铁矿床、乌克兰克里沃罗格 BIF 型铁矿床和尼科波尔沉积锰矿床、哈萨克斯坦卡沙甘油田等。

（三）西伯利亚成矿区

西伯利亚成矿区位于劳亚成矿域东北部，西、南与乌拉尔—蒙古成矿带相接，东与楚科奇—鄂霍茨克成矿带为邻。其分布范围包括中西伯利亚高原及泰梅尔半岛，在大地构造上属于西伯利亚地块。该成矿区的主要矿产有煤、金、金刚石，其次是铜、锑、铅锌、镍、锰、钾盐等，代表性的矿床有俄罗斯的通古斯卡煤田、苏霍依洛克黑色岩系型金矿床、和平金伯利岩型金刚石矿床、诺里尔斯克铜镍硫化物矿床、涅帕蒸发岩型钾盐矿床、萨利克热液型锑矿床等。

（四）中朝成矿区

中朝成矿区位于劳亚成矿域东南部，北、西、西南与乌拉尔—蒙古成矿带、喜马拉雅成矿带、中南半岛成矿带相接，东与东亚成矿带为邻。其分布范围与包括中国中部和朝鲜半岛若干古老陆块的中国地块相当。该成矿区的主要矿产有煤、铁、磷，其次是钨、钼、铅锌、铜、镍、金等，代表性矿床有中国的东胜—神府煤田和鞍山—本溪 BIF 型铁矿床、金川铜镍硫化物矿床、金堆城斑岩型钼矿床、滦川矽卡岩型钨钼矿床等，朝鲜境内产有著名的检德变质型铅锌矿床。

二、特提斯成矿域

特提斯成矿域横亘于地球中部，地跨北美洲、欧洲、非洲、亚洲四大洲，连接劳亚、冈瓦纳两大成矿域，包括加勒比成矿带、地中海成矿带、西亚成矿带、喜马拉雅成矿带、中南半岛成矿带 5 个巨型成矿区带。构成地球的"腰带"，是世界最小的成矿域。成矿地质构造背景较简单，主要是显生宙造山带，其次是新生代风化壳，其分布范围与特提斯造山带的范围相当。

特提斯成矿域以锡、钾盐、铅锌、铝土矿、铜钼等的大规模成矿作用为特色，成矿时代以中新生代占绝对优势。矿床类型较多，主要类型有砂锡矿床、蒸发岩型钾盐矿床、热液型汞矿床、红土型铝土矿矿床等，著名矿床有印度尼西亚邦加岛锡矿床和西加里曼丹铝土矿矿床、泰国拉郎—普吉锡矿床、土库曼斯坦卡尔柳克—卡拉比尔钾盐矿床、西班牙阿尔马登汞矿床、摩洛哥乌拉德—阿卜墩磷矿床和甘图尔磷矿床等。

（一）地中海成矿带

地中海成矿带位于特提斯成矿域的西段，西与加勒比成矿带相望，东与西亚成矿带相接，南、北分别与欧洲成矿区和非洲—阿拉伯成矿区为邻，其构造背景为阿尔卑斯造山带。该成矿带的主要矿产有钾盐、铅锌、汞、磷、锰、铜，其次是铁、铬、镍、锡、钼、金、天然气等，代表性矿床有德国汉诺威—斯塔斯富特蒸发岩型钾盐矿床、斯洛文尼亚伊德里亚热液型汞矿床、摩洛哥乌拉德—阿卜墩沉积磷矿床和甘图尔沉积磷矿床、西班牙阿尔马登热液型汞矿床、意大利蒙特—阿米亚塔热液型汞矿床、波兰克拉科夫—西里西亚 MVT 型铅锌矿床等。

（二）西亚成矿带

西亚成矿带位于特提斯成矿域的中段，东、西分别与喜马拉雅成矿带和地中海成矿带相接，南、北分别与欧洲成矿区、乌拉尔—蒙古成矿带、非洲—阿拉伯成矿区、印度成矿区为邻。其分布的主体范围为伊朗高原。该成矿带的主要矿产有钾盐、天然气、铜、钼，其次是铬、铁、锰、铅锌、钨、汞等，代表性矿床有土库曼斯坦沙特利天然气田和卡尔柳克—卡拉比尔蒸发岩型钾盐矿床、库尔茹尼热液型汞矿床、伊朗萨尔切什梅黑斑岩型铜钼矿床、俄罗斯特尔内奥兹矽卡岩型钨钼矿床。

（三）喜马拉雅成矿带

喜马拉雅成矿带位于特提斯成矿域的东段，西与西亚成矿带相接，北、东、南分别与乌拉尔—蒙古成矿带、中朝成矿区、印度成矿区、中南半岛成矿带为邻。其构造背景为喜马拉雅造山带。该成矿带的主要矿产有铜、钼、铅锌，代表性矿床有中国的玉龙斑岩型铜钼矿床和金顶砂页岩型铅锌矿床。

（四）中南半岛成矿带

中南半岛成矿带位于特提斯成矿域的东南段，北与喜马拉雅成矿带相接，东、南、西分别与中朝成矿区、东亚成矿带、澳大利亚成矿区和印度成矿区为邻。在大地构造上属东南亚古陆，后者是冈瓦纳大陆分离北移部分，在古生代末及中生代初与欧亚大陆碰撞嵌接在一起并遭受中新生代构造－岩浆作用的叠加改造。该成矿带主要矿产有锡、铝、锑，其次是铅锌、银、钾盐等，代表性矿床有泰国拉郎－普吉砂锡矿床、马来西亚坚打谷砂锡矿床、印度尼西亚邦加岛砂锡矿床和西加里曼丹红土型铝矿床等。中南半岛东、西、南三面环抱的大陆架区是亚洲重要的油气带。

三、环太平洋成矿域

环太平洋成矿域环绕太平洋周缘展布，地跨亚洲、大洋洲、北美洲和南美洲四大洲。包括北科迪勒拉成矿带、安第斯成矿带、楚科奇—鄂霍茨克成矿带、东亚成矿带、伊里安—新西兰成矿带5个巨型成矿区带，是世界第三大成矿域。该成矿域主要由显生宙造山带组成，成矿地质构造背景主要是显生宙造山带及新生代风化壳。

环太平洋成矿域以铜、钼、金、银、镍、钨、锡、铅锌等的大规模成矿作用为特色，成矿时代以中新生代占绝对优势。矿床类型较多，斑岩型铜钼矿床非常发育，火山岩型银矿床、红土型镍矿床、矽卡岩型钨锡矿床也很发育，著名矿床有智利楚基卡马塔铜钼矿床。

（一）楚科奇—鄂霍茨克成矿带

楚科奇—鄂霍茨克成矿带属于环太平洋成矿域的西环北段，南与东亚成矿带相接，东与北科迪勒拉成矿带相望，西与西伯利亚成矿区、乌拉尔－蒙古成矿带为邻。其分布范围大致为俄罗斯勒拿河以东、鄂霍茨克以北地区，主要构造单元有前里菲期的古老地块、中新生代褶皱区以及现代构造活化带。该成矿带主要矿产有金、银、汞、铜等，代表性矿床有俄罗斯雅纳—科累马砂金矿床和杜卡特火山热液型银矿床。

（二）东亚成矿带

东亚成矿带属于环太平洋成矿域的西环中段，北、南分别与楚科奇—鄂霍次克成矿带和伊里安—新西兰成矿带相接，东与北科迪勒拉成矿带、安第斯成矿带相望，西与乌拉尔—蒙古成矿带、中朝成矿区、中南半岛成矿带等为邻。其分布范围包括西太平洋地区的日本、中国台湾、菲律宾群岛、加里曼丹岛以及中国华南南部地区，主要构造单元有西太平洋岛弧链、中国东南沿海陆缘火山—深成岩带及华南褶皱系。该成矿带主要矿产有镍、钨、锡、锑，其次是铬、锰、铜、金、汞、磷等,代表性矿床有菲律宾苏里高红土型镍矿床、印度尼西亚加格岛红土型镍矿床及中国的个旧矽卡岩型锡钨矿床、柿竹园矽卡岩型钨矿床、大厂锡石硫化物矿床、锡矿山热液层状型锑矿床、西华山岩浆热液型钨锡矿床等。

(三)伊里安—新西兰成矿带

伊里安—新西兰成矿带属于环太平洋成矿域的西环南段,北与东亚成矿带相接,西与澳大利亚成矿区为邻,东与安第斯成矿带相望。其分布范围包括西南太平洋的伊里安岛、新西兰北岛和南岛、澳大利亚大陆东缘褶皱带和塔斯马尼亚岛,构造背景主要为中新生代火山活动带。该成矿带的主要矿产有金、镍,其次是铜、铅锌、铝、锡、钼、银等,代表性矿床有新西兰豪拉基火山岩型金银矿床、新喀里多尼亚戈罗红土型镍矿床、印度尼西亚格拉斯贝格斑岩—矽卡岩型铜金矿床、澳大利亚韦帕红土型铝土矿矿床等。

四、冈瓦纳成矿域

冈瓦纳成矿域展布于地球南部,横跨南美洲、非洲、大洋洲和亚洲4大洲,是世界第二大成矿域。包括南美成矿区、非洲—阿拉伯成矿区、印度成矿区、澳大利亚成矿区和南极成矿区,与"一带一路"有关的是非洲—阿拉伯成矿区、印度成矿区。成矿地质构造背景以前寒武纪地块及叠加其上的显生宙沉积盆地和构造带占绝对优势,其次是新生代风化壳。

冈瓦纳成矿域以石油、天然气、铝土矿、金刚石、铅锌、铜、镍、铁、金、铬、锡、铀等的大规模成矿作用为特色,成矿时代贯穿整个地质时代,以元古宙和新生代为主,太古宙和中生代次之,古生代又次之。该成矿域可进一步划分为南美成矿区、非洲—阿拉伯成矿区、印度成矿区、澳大利亚成矿区、南极成矿区5个巨型成矿区带。

(一)非洲—阿拉伯成矿区

非洲—阿拉伯成矿区位于冈瓦纳成矿域的中部,西、南、东分别与南美成矿区、南极成矿区、澳大利亚成矿区相望,北与地中海成矿带和西亚成矿带相接。其分布范围与非洲—阿拉伯地块基本相当,包括除阿特拉斯山脉以外的非洲大陆和阿拉伯半岛。该成矿区主要矿产有石油、天然气、金刚石、铜、铝、镍、铬、铅锌、金、磷、锰、铀,其次是铁、锡、锑、钾盐等,代表性矿床有沙特阿拉伯加瓦尔油气田、科威特布尔甘油气田、几内亚博克和图盖—达博红土型铝矿床、南非金伯利金刚石矿床和布什维尔德层状杂岩型铬镍矿床、南非卡拉哈里沉积锰矿床和维特瓦特斯兰德砾岩型金铀矿床、刚果（金）科尔韦济砂页岩型铜矿床、津巴布韦大岩墙层状杂岩型铬矿床。

（二）印度成矿区

印度成矿区位于冈瓦纳成矿域的东北部，西、南、东南分别与非洲—阿拉伯成矿区、南极成矿区和澳大利亚成矿区相望，北与西亚成矿带、喜马拉雅成矿带和中南半岛成矿带相接。其分布范围与印度地块基本相当，包括恒河以南的印度半岛。该成矿区主要矿产为铝、铁，其次是天然气、铬、铅锌、金等，代表性矿床有奥里萨、安德拉、潘其帕特马里、萨帕拉等红土型铝矿床和拜拉迪拉、伯拉杰姆达、比哈尔—奥里萨等 BIF 型铁矿床。

第二节

成矿资源潜力

一、铁、锰、铬矿资源分布与潜力

（一）储量及分布

1. 铁矿

"一带一路" 沿线国家已查明铁矿石储量 676 亿吨，约占世界铁矿石储量的 42%。铁矿资源主要分布于俄罗斯、中国、印度、乌克兰、哈萨克斯坦、伊朗 6 个国家，如图 2-2 所示。俄罗斯查明铁矿石储量 250 亿吨，居世界第 3 位，占 "一带一路" 沿线国家的 37%。乌克兰、哈萨克斯坦、伊朗铁矿资源也较丰富，乌克兰查明铁矿石储量 81 亿吨，居世界第 7 位，占 "一带一路" 沿线国家的 9.6%，主要分布在东南部地区；哈萨克斯坦和伊朗查明的铁矿石储量均为 25 亿吨，并列世界第 11 位，各占沿线国家总储量的 3.8%。另外，蒙古、阿富汗、越南、菲律宾等国也有重要铁矿分布。如图 2-2 所示，超大型的铁矿主要分布在俄罗斯、乌克兰、哈萨克斯坦和中国。

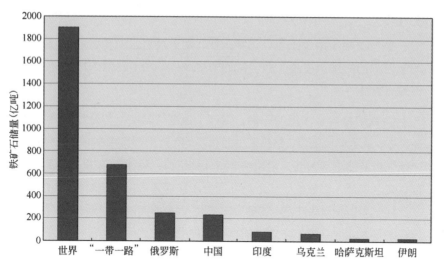

图 2-2 "一带一路"沿线国家查明铁矿石储量分布柱状图

资料来源：*Mineral Commodity Summaries*，2016。

2. 锰矿

锰是钢铁工业的基本原料之一，目前世界钢铁工业消费的锰占锰矿石总消费量的 90%，主要用于生产锰铁合金。"一带一路"沿线国家查明锰矿石储量 2.4 亿吨，约占世界锰矿石储量的 41.8%。锰矿资源主要分布于乌克兰、印度、中国、哈萨克斯坦 4 个国家（见图 2-3），格鲁吉亚、俄罗斯、保加利亚、匈牙利等国也有重要锰矿分布。

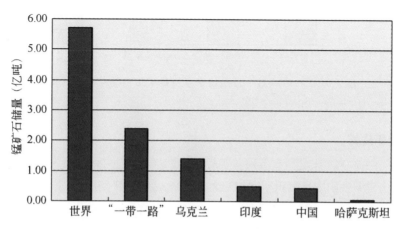

图 2-3 "一带一路"沿线国家查明锰矿石储量分布柱状图

资料来源：*Mineral Commodity Summaries*，2016。

3. 铬矿

铬广泛用于冶金工业、化学工业、耐火材料工业和铸造业。目前，世界90%以上的铬用于冶金工业不锈钢的生产，各国不锈钢的产量基本反映了其铬的消费量。

铬铁矿是岩浆作用的矿物，常产于超基性岩中，与橄榄石共生；也见于砂矿中。从全球范围看，铬铁矿分布极不均匀，主要集中在4条巨型构造带上：一条纵贯非洲东部大陆，南起南非布什维尔德，经津巴布韦大岩墙延至苏丹东部，直至埃及，铬铁矿矿床近南北向分布在前寒武纪褶皱断裂带中；二是环太平洋阿尔卑斯褶皱带中的铬铁矿矿床；三是近东西向阿尔卑斯褶皱带中的铬铁矿床；四是南北向乌拉尔华力西期褶皱带中的铬铁矿床。有三条铬铁矿巨型构造带在"一带一路"沿线国家，因此，铬铁矿资源非常丰富，已查明铬矿石储量2.8亿吨，约占世界铬矿石储量的59.2%。"一带一路"沿线国家铬矿资源主要分布在哈萨克斯坦、印度两个国家（见图2-4），俄罗斯、巴基斯坦、土耳其、菲律宾也有重要铬矿分布。

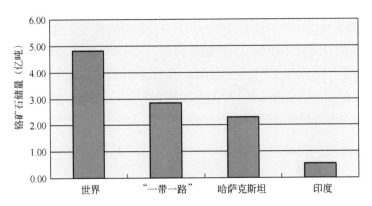

图2-4　"一带一路"沿线国家查明铬矿石储量分布柱状图

资料来源：*Mineral Commodity Summaries*，2016。

（二）成矿规律

铁矿的矿床类型有沉积—变质型铁矿床、岩浆型铁矿床、矽卡岩型铁矿床、火山岩型铁矿床及沉积型铁矿五大类。"一带一路"沿线国家的铁矿以沉积—变质型为主，该类铁矿床规模大、分布集中，常为几十亿至上百亿吨铁矿储量。其次是火山成因型和岩浆型铁矿床。沉积型矿床主要分布在俄罗斯、中国、印度和乌克兰，例如，俄罗斯的斯库尔斯克铁矿矿集区和乌克兰的克里沃罗格矿集区。火山成因型的矿床有哈萨克斯坦的图尔盖铁矿矿集区及阿富汗的哈吉加克铁矿矿集区。岩浆型的铁矿有中国的攀枝花—西昌矿集区及俄罗斯的卡其卡纳尔钒钛磁铁矿矿集区。

锰矿的矿床类型主要有沉积型、火山沉积型、沉积变质型、热液型、风化型和大洋结核—结壳型，目前只有陆地锰矿才可工业利用。

铬铁矿是岩浆作用的产物，常产于超基性岩中，与橄榄石共生；也见于砂矿中。"一带一路"沿线国家铬铁矿分布极不均匀，主要成矿作用与3条巨型构造带相关：一是环太平洋褶皱带；二是近东西向阿尔卑斯褶皱带；三是南北向乌拉尔华力西期褶皱带。

（三）资源潜力

"一带一路"铁矿潜在资源主要分布在中国、俄罗斯、蒙古、哈萨克斯坦、吉尔吉斯斯坦、乌克兰、印度、伊朗等国，以前寒武纪受变质沉积型铁矿为主。综合考虑沿线国家的资源禀赋和投资环境后，以已有的铁矿矿集区为基础，预测了11处铁矿资源的潜力区（除中国外）。

俄罗斯：铁矿潜在资源区有4处，分布在远东、西伯利亚、乌拉尔和西部库尔斯克地区，铁潜在资源分别为130亿吨、120亿吨、40亿吨和660亿吨。铁矿石类型除乌拉尔地区以岩浆型为主外，其他3个地区均以前寒武纪受变质沉积型铁矿为主。俄罗斯富铁矿相对较少，只占铁矿总量的12.4%，大部分铁矿石品位较低，全铁含量为16%～40%。

蒙古：北部巴彦戈尔—图木尔陶勒盖铁潜在资源区，以沉积型和矽卡岩型铁矿为主，铁潜在资源量40亿吨，铁含量为34%～53%。该国基础设施薄弱，未来有较大的铁矿开发需求。

哈萨克斯坦：中部图尔盖铁潜在资源区，铁潜在资源量300亿吨，铁含量为38%～45%，以矽卡岩型铁矿为主。

吉尔吉斯斯坦：吉尔吉斯斯坦的纳伦铁潜在资源区位于该国纳伦州东部阿特巴希河上游，铁潜在资源量50亿吨，以岩浆型、沉积变质型和矽卡岩型铁矿为主，铁含量相对较低，平均为31.5%。

乌克兰：克里沃罗格铁潜在资源区主要分布在东部第聂伯河沿岸，潜在资源量300亿吨，平均品位为34%，以受变质沉积型铁矿为主。

伊朗：桑干—戈尔格哈尔铁潜在资源区主要分布在中南部，以岩浆型和矽卡岩型铁矿为主，铁潜在资源量 50 亿吨。伊朗是西亚地区主要的铁矿产区，其铁矿石含硅高、磁铁矿粒度粗为特点，是高炉和烧结的首选矿。

阿富汗：哈吉加克铁潜在资源区位于首都喀布尔以西 100 千米处，铁潜在资源量 60 亿吨，主要以岩浆型和矽卡岩型铁矿为主。由于地处高海拔，交通不便，较少开采。

印度：辛格洪—基翁贾—布奈铁潜在资源区主要位于中央邦、奥里萨邦、卡纳塔克邦和比哈尔邦，以赤铁矿为主，铁品位较高，一般大于 60%。铁潜在资源量超过 250 亿吨，为受变质沉积型铁矿。

二、铜镍矿产资源分布与潜力

（一）储量及分布

1. 铜矿

"一带一路"沿线国家探明铜矿储量为 1.3 亿吨，约占全球铜矿储量的 18%，主要分布在俄罗斯、中国、印度尼西亚、波兰、伊朗、蒙古和哈萨克斯坦 7 个国家。

从国家来看，俄罗斯探明铜矿储量为 3000 万吨，居全球第 6 位，占"一带一路"沿线国家地区的 23%，主要分布在乌拉尔、贝加尔和诺里尔斯克地区，主要类型为硫化物型和砂岩型；印度尼西亚探明铜矿储量为 2800 万吨，居全球第 8 位，占"一带一路"沿线国家的 21.5%，主要分布在印度尼西亚东部及南部地区，以斑岩型铜矿为主；波兰探明铜矿储量为 2800 万吨，居全球第 10 位，占"一带一路"沿线国家的 21.5%，主要分布在卢宾地区，以砂岩型铜矿为主，其次是斑岩型铜矿；伊朗铜矿资源也很丰富，主要分布在中东部新生代活动带，以斑岩型铜矿为主；蒙古探明铜矿储量为 1500 万吨，品位较高，以斑岩型铜矿为主；哈萨克斯坦探明铜矿储量为 600 万吨，主要分布于哈萨克斯坦东部地区。"一带一路"沿线国家主要国家铜矿储量统计如图 2-5 所示。

2. 镍矿

"一带一路"沿线国家查明镍矿储量 1410 万吨，约占世界镍矿储量的 19.1%。

　　"一带一路"国家中镍资源储量较大的国家有俄罗斯、印度尼西亚、中国和菲律宾(见图2-6)，其中俄罗斯的储量约占沿线国家总储量的50%；另外，缅甸、越南、土耳其、哈萨克斯坦等国家亦有重要镍矿分布。

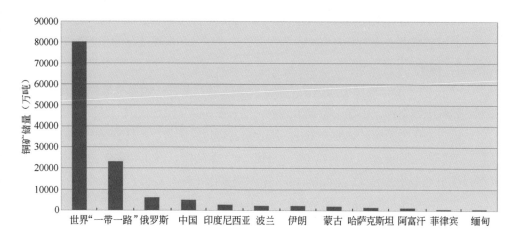

图2-5　"一带一路"沿线国家查明铜矿储量分布柱状图
资料来源：*Mineral Commodity Summaries*，2016。

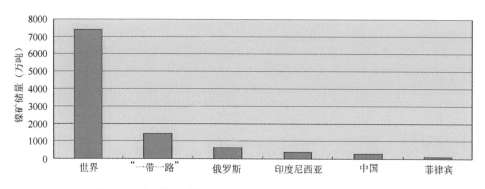

图2-6　"一带一路"沿线国家查明镍矿储量分布柱状图
资料来源：*Mineral Commodity Summaries*，2016。

（二）成矿规律

1. 铜矿

　　"一带一路"沿线国家的铜矿资源主要分布在以下7个成矿区：①特提斯—喜马拉雅中生代斑岩铜矿带，包括前南斯拉夫、伊朗、巴基斯坦和中国西藏等巨大的斑岩铜矿集中区；②中亚—蒙古带的古生代斑岩铜矿带，包括乌兹别克、哈萨克斯坦、蒙古和中国华北、中国东北等巨大铜矿集中区；③中欧波兰—德国页岩铜矿区；④俄罗斯西伯利亚铜镍硫化物矿区；⑤俄罗斯西伯利亚乌多坎砂页岩铜矿区；⑥俄罗斯乌拉尔和哈萨克斯坦阿尔泰黄铁矿铜多金属矿带；⑦阿富汗艾纳克砂页岩型铜矿区。就成矿类型而言，"一带一路"沿线国家铜矿资源主要为斑岩型、砂页岩型、黄铁矿型和铜镍硫化物型四大类。

2. 镍矿

"一带一路"沿线国家的镍矿类型主要有基性—超基性岩铜镍硫化物型和红土型两种，以红土型镍矿为主。"一带一路"沿线国家的基性—超基性岩铜镍硫化物型镍矿主要分布在中国甘肃省金川镍矿带、吉林省磐石镍矿带和俄罗斯西伯利亚诺里尔斯克（HophHjibck）镍矿带。红土型镍矿主要分布在印度尼西亚的摩鹿加（Moluccas）和苏拉威西（Sulawesi）地区镍矿带及菲律宾巴拉望（Palawan）地区镍矿带；从国家看，主要分布在印度尼西亚、菲律宾、缅甸和越南。代表性矿床有中国云南墨江硅酸镍型矿床及其他国家的里奥图巴、盖格岛、韦达湾、格贝岛、库库桑、普劳塞布库等镍矿床。

（三）资源潜力

1. 铜矿

"一带一路"沿线国家铜矿资源潜力较大，潜在铜矿资源总量约为 3.8 亿吨，占全球潜在资源总量的 20%。铜矿潜在资源主要分布在东南亚的印度尼西亚、菲律宾、马来西亚、越南、老挝和缅甸，中亚的哈萨克斯坦和乌兹别克斯坦，西亚的巴基斯坦和伊朗，东北亚的俄罗斯和蒙古，以及东欧的波兰、罗马尼亚、匈牙利、马其顿等"一带一路"沿线国家。目前除俄罗斯、印度尼西亚及东欧一些国家，其他国家的铜矿勘查开发程度不高。

1）东南亚地区

东南亚地区的潜在资源量约为 8200 万吨。其中，菲律宾的潜在资源最大，占据了东南亚地区的 46.2%；其次是印度尼西亚，占据了 42.6%。目前，这两个国家的勘查程度和收购成本均较高，中菲形势尚未缓解、印度尼西亚原矿石出口禁令的颁布、基础设施老化等诸多风险因素制约着该区铜矿资源的开发利用。此外，缅甸、老挝和越南 3 国的潜在资源量为 915 万吨，整体勘查开发程度较低，目前有两个大型铜矿山正在开采中，同时发现了大量矿点或矿化点，具有很大找矿潜力。

2）中亚地区

中亚地区的潜在资源量约为 5600 万吨。该区位于中亚—蒙古带的古生代斑岩铜矿带中，是世界级的铜矿集中区。哈萨克斯坦的投资环境和市场环境运行相对良好，政府积极鼓励外资，但是哈萨克斯坦对外资企业的管控程度日益严格，劳务许可证办理困难。

3）俄罗斯

俄罗斯的潜在资源量约为 5100 万吨。在俄罗斯，铜矿的开采和精炼已经有千年的历史，如今俄罗斯是全球排名第 8 的铜矿开采国，也是全球第 5 大精铜生产国。中俄双边战略伙伴关系不断加强，矿产资源合作前景良好，同时，俄罗斯注重吸引外资，出台鼓励外商投资的矿业政策，改善投资环境。

4）蒙古

蒙古的潜在资源量约为 4300 万吨。根据地理位置及成矿条件，南戈壁潜力区是找矿的最有利区域。

5）西亚和东欧地区

西亚和东欧地区的潜在资源量约为 6400 万吨。该地区的铜矿勘查开发程度较高，其中，土耳其是该地区铜矿的勘查开发热点地区，集中了该区超过 50% 的铜矿项目，其中不乏中国企业的投资。

具体而言，"一带一路"沿线国家潜在资源量集中分布在 30 个地区，如表 2-2 所示。

表 2-2 "一带一路"沿线国家铜矿潜在资源分布

区域名称	所属国家	所属地区	潜在资源（万吨）
哈萨克斯坦铜矿区	哈萨克斯坦	中亚	4181
南戈壁区	蒙古	蒙古	3545
昂仁—工布江达地区	中国	中国	3000
菲律宾南部	菲律宾	东南亚	2630
塞恩德格地区	阿富汗、伊朗	西亚	2587
多隆地区	中国	中国	2200
伊加尔卡地区	俄罗斯	俄罗斯	2160
巴布亚地区	印度尼西亚	东南亚	1626
卢宾地区	波兰	东欧	1618
玛琅地区	印度尼西亚	东南亚	1576
西南三江北段地区	中国	中国	1500

续表

区域名称	所属国家	所属地区	潜在资源（万吨）
贝加尔边疆区	俄罗斯	俄罗斯	1305
吕宋岛	菲律宾	东南亚	1161
阿拉木图地区	哈萨克斯坦、乌兹别克斯坦、吉尔吉斯斯坦	中亚	1147
莱斯科瓦茨地区	塞尔维亚、保加利亚、希腊	东欧	921
车里雅宾斯克地区	俄罗斯	俄罗斯	872
东天山—北天山地区	中国	中国	800
鄂东南—赣东北地区	中国	中国	800
图瓦地区	俄罗斯	俄罗斯	797
额尔登特地区	蒙古	蒙古	736
纳希切力地区	亚美尼亚、阿塞拜疆	西亚	691
蒙育瓦地区	缅甸	东南亚	655
澳拉迪亚地区	罗马尼亚、匈牙利、斯洛伐克	东欧	433
阿拉善左旗—狼山地区	中国	中国	400
多宝山—塔源地区	中国	中国	389
苏门答腊—马来地区	马来西亚、印度尼西亚	东南亚	297
济良诺夫斯克地区	哈萨克斯坦	中亚	235
万象	老挝、泰国	东南亚	185
恰纳卡莱	土耳其	西亚	164
老街	越南	东南亚	75

2. 镍矿

近期"一带一路"沿线国家可供开发的硫化镍矿山寥寥无几，俄罗斯的诺里尔斯克和中国金川等传统的硫化镍矿山的开采深度日益增加，开采难度逐渐加大。因此，"一带一路"沿线国家镍资源的开发重点将转向红土型镍矿。

"一带一路"沿线国家硫化物型镍矿主要分布在俄罗斯、中国、南非等国家，红土型镍矿主要分布在印度尼西亚和菲律宾。总体来看，俄罗斯、中国镍矿资源勘查开发程度相对较高，印度尼西亚、菲律宾镍矿资源勘查开发程度相对较低。

已有的红土镍矿开发项目有印度尼西亚的塞若克、帕马拉项目及菲律宾的瑞托巴；将进行可行性评估的项目有巴布亚新几内亚的热姆、菲律宾的诺克和明多诺。

镍矿潜在资源主要分布于印度尼西亚、哈萨克斯坦、俄罗斯、菲律宾等国家或地区，具体如下。

1）菲律宾

菲律宾主要为红土型镍矿，包括菲律宾巴拉望（Palawan）地区的镍矿带。

2）西南太平洋地区

西南太平洋镍矿潜在资源主要分布在印度尼西亚，主要为红土型镍矿，储量和资源量居世界前列，包括印度尼西亚的摩鹿加（Moluccas）和苏拉威西（Sulawesi）地区镍矿带。

3）中亚地区

中亚镍矿资源潜在区涉及的国家主要包括哈萨克斯坦和俄罗斯，主要分布在阿尔泰多金属成矿带，包括俄罗斯西伯利亚诺里尔斯克（HophHjibck）镍矿带。

三、贵金属矿产资源分布与潜力

（一）储量及分布

"一带一路"沿线国家具有巨大的贵金属矿产资源开发潜力，超大型贵金属矿床主要分布在中亚—蒙古成矿域、特提斯—喜马拉雅成矿域的中段和东段，以及环太平洋成矿域西环。

1. 金矿

"一带一路"沿线国家查明金矿储量约 13000 吨，约占世界金矿总储量的 1/4。金矿资源主要分布于俄罗斯、印度尼西亚、中国、乌兹别克斯坦 4 个国家，蒙古、菲律宾、越南、印度、吉尔吉斯斯坦、哈萨克斯坦、伊朗、土耳其等国也有重要金矿分布，如图 2-7 所示。

据《USGS 矿产资源年报》2015 年数据统计，俄罗斯金矿资源丰富，查明金矿储量 5000 吨，居世界第 3 位，占 "一带一路" 沿线国家的 43.1%，主要分布在远东、西伯利亚及乌拉尔地区；印度尼西亚查明金矿储量 3000 吨，居世界第 5 位，占 "一带一路" 沿线国家的 25.9%，分布广泛；中国查明金矿储量 1900 吨，居世界第 9 位，占 "一带一路" 沿线国家的 16.4%，分布广泛，以山东最丰富。"一带一路" 沿线国家 2014 年产黄金 1005 吨，占全球产量的 34%，其中中国年产黄金 452 吨，居第 1 位。

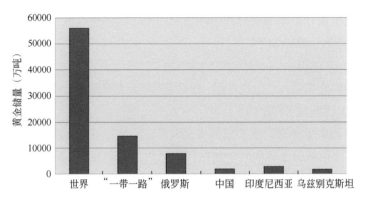

图 2-7 "一带一路"沿线国家黄金储量分布柱状图

资料来源：《USGS 矿产资源年报》，2015，据中国黄金协会数据修正。

2. 银矿

"一带一路"沿线国家银矿资源很丰富，大型、超大型的矿床也很多，查明银矿储量约占世界银矿储量的 1/5。银矿资源主要分布于中国、俄罗斯、蒙古、菲律宾、印度尼西亚、印度、伊朗、哈萨克斯坦、塔吉克斯坦、乌兹别克斯坦等国。2014 年银产量 7050 吨，占世界总产量的 26%。

3. 铂族金属

"一带一路"沿线国家查明铂族金属储量集中分布在俄罗斯，储量不到世界铂族金属储量的 2%。印度、哈萨克斯坦亦有重要铂族金属矿分布。

（二）成矿规律

"一带一路"大型超大型贵金属矿主要分布于中亚—蒙古成矿域、特提斯—喜马拉雅成矿域的中段和东段、环太平洋成矿域西环，主要与板块汇聚边界、古大陆板块碰撞和对接过程中诱发的构造—岩浆活动密切相关。从大型超大型贵金属矿床形成时间上看，中亚—蒙古成矿域成矿作用主要发生在古生代和中生代，高峰期为泥盆纪和石炭纪；特提斯成矿域成矿作用主要发生在中—新生代，高峰期白垩纪末—古新世初；环太平洋西环成矿域成矿作用主要发生于中—新生代，高峰期北部晚侏罗—早白垩纪，南部新近纪。从成矿环境上看，中亚—蒙古成矿域成矿构造背景主要为岛弧环境；环太平洋成矿域西环为岛弧环境或俯冲之后的陆缘弧—岛弧碰撞带；特提斯成矿域斑岩型矿床形成于大陆碰撞带（邱瑞照等，2012）。

金成矿作用在古亚洲洋成矿域主要与新元古代、古生代、早中生代时期的古亚洲洋的形成、发展、消亡及大陆间的碰撞和超碰撞过程相关，超大型金矿床主要类型有斑岩型铜金矿床、造山型金矿和黑色页岩型金矿；特提斯—喜马拉雅成矿域与中新生代新特提斯洋扩张、闭合过程中出现的大规模板块俯冲和碰撞密切相关，赋存的超大型金矿床主要类型是铜金伴生的斑岩型矿床和与火山活动相关的浅成低温热液型矿床；环太平洋成矿域西环与中、新生代太平洋板块、印度洋板块与欧亚板块的相互作用形成的岛弧及大陆边缘火山—深成作用相关，北部以造山型金矿为主，南部发育斑岩型铜—金矿床。

银矿约2/3的银资源是与铜、铅、锌、金等有色金属和贵金属矿床伴生的，主要成矿类型有：与陆相、海相火山作用有关的矿床（陆相火山岩型、海相火山—沉积型）；与岩浆侵入有关的矿床［斑岩型、矽卡岩熔矿的热液交代型、前寒武纪变质岩中的"五元素"（Ag、Co、Ni、Bi、As）矿床］；与沉积作用有关的矿床（沉积岩容矿的喷气—沉积型，变质岩、碎屑沉积岩、页岩容矿的脉状、浸染状和层状矿床）。"一带一路"沿线国家的中国、哈萨克斯坦是主要的产银区。

铂族元素矿床主要是与基性—超基性岩有关的硫化铜—镍—铂族金属矿床、与基性—超基性岩有关的铬铁矿—铂族金属矿床和砂矿床，主要分布在俄罗斯。此外，还有近年俄罗斯在伊尔库茨克州发现的产在黑色页岩系中的苏霍伊洛克（"干谷"）矿床。

（三）资源潜力

"一带一路"主要贵金属矿床潜在资源区主要分布在俄罗斯、中国、哈萨克斯坦、伊朗、蒙古、印度尼西亚、菲律宾、沙特及东欧几个国家。除俄罗斯中西部、沙特、印度尼西亚、土耳其、东欧等国外，其他地区金矿总体勘查开发程度不高。

1. 金矿资源潜在资源区

（1）哈萨克斯坦目前开采的金矿近180个，潜在资源量大约为2500吨。阿尔泰地区的卡尔巴金矿带中拥有巴基尔切克、瓦希科夫、阿克巴卡依等世界级超大型矿床。

（2）伊朗和土耳其交界的高山区，位于世界著名的特提斯成矿域的中西部，其中著名的矿床有康普乐、阿姆撒和萨瑞戈内，有很大的找矿潜力。

（3）在蒙古，金矿分布十分广泛，但储量最为集中、开发条件最好的是北肯特带，该带集中了蒙古已探明金矿储量的 95%，找矿潜力大。

（4）俄罗斯金矿潜力巨大，金矿潜在资源量超过 10000 吨。其中仅伊尔库茨克—雅库茨克区金矿潜力超过 3100 吨，其内拥有全球著名的苏霍伊洛格黑色页岩型金—银—铂矿。另外，楚科齐、堪察加、马加丹、阿穆尔—哈巴罗夫斯克、赤塔、奥林匹亚达、乌拉尔 7 个潜在资源区资源也很丰富。

（5）印度尼西亚的爪哇岛、伊里安岛、苏门答腊北部 3 个区的潜在资源量合计约 3700 吨，主要有与火山岩有关的浅成低温热液型金矿、矽卡岩—斑岩型铜金矿床，其中，巴都希贾乌金矿和格拉斯贝格铜金矿尤为著名，格拉斯贝格的金资源储量据目前公开报道全球排第 1 位。

（6）其他潜在资源区，如巴基斯坦北部山区和稗路支省西部查盖地区。此外，在印度河等部分河流的冲积沙里多处发现砂金，有一定的潜力。马来西亚金矿主要分布在半岛中部金矿带（包括彭亨、吉兰丹、丁加奴等州）、沙捞越西部的巴乌和武吉涌、沙巴州的马穆特及塞加马河谷，多为砂矿。缅甸在曼德勒附近已发现多处砂金和原生金矿点，是很有远景的勘探靶区；在嘎帕隆和古开的金矿也很有前景。

2. 银矿资源潜在资源区

银矿资源主要集中在蒙古、伊朗和俄罗斯 3 个国家，蒙古西北部巴彦乌列盖省的阿斯加特银矿，以及乌兰巴托西北 310 千米处的蒙根温都尔贱金属矿有很大的资源储量。伊朗境内绝大多数含银矿床位于克尔曼、伊斯法罕和亚兹德省，在哈马丹省的阿汗卡兰矿床中，银品位为 1100 克／吨；卡纳特玛尔旺铜铁钡铅锌矿中，伴生的银品位为 2000 克／吨，具有很大的开发潜力。俄罗斯采银区域主要集中在远东，包括马加丹州的杜卡特银矿床、哈巴罗夫斯克边疆区的哈坎基斯克矿床、泰梅尔自治区诺里尔斯克集团综合型铜镍矿。

3. 铂族金属潜在资源区

"一带一路"沿线国家查明铂族金属储量集中分布在俄罗斯，铂族金属资源储量 1100 吨，居世界第 2 位，主要分布在与中国相邻的东南部地区，诺里尔斯克地区的硫化铜镍矿床中蕴藏着 97% 以上的铂族金属储量，该地区附近开发潜力巨大。

四、钨、锡钼矿资源分布与潜力

（一）储量与分布

"一带一路"沿线国家钨、锡、钼矿资源含量丰富。由于钨矿和钼矿主要分布在中国，本节主要聚焦中国外沿线国家的优势矿产——锡矿，讨论其矿床类型和资源潜力。

1. 钨矿

"一带一路"沿线国家查明钨金属储量为 215 万吨，约占世界钨矿资源储量的 61.4%，主要分布于中国和俄罗斯两个国家，哈萨克斯坦、吉尔吉斯斯坦、乌兹别克斯坦、蒙古、泰国、越南等国家也有分布。

2. 锡矿

锡矿资源是"一带一路"沿线国家的优势矿产，查明锡矿储量 307 万吨，约占世界锡矿储量的 65.3%，"一带一路"沿线国家的锡矿资源主要分布于中国、印度尼西亚、马来西亚、俄罗斯、泰国 5 个国家（见图 2-8），其中储量最大的是中国，约占沿线国家总储量的 50%。此外，缅甸、老挝、吉尔吉斯斯坦等国亦有重要锡矿分布。

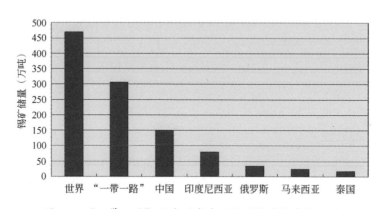

图 2-8 "一带一路"沿线国家查明锡矿储量分布柱状图

资料来源：*Mineral Commodity Summaries*，2016。

3. 钼矿

"一带一路"沿线国家查明钼金属储量 520 万吨，约占世界钼矿资源储量的 41.3%，主要分布在中国、俄罗斯、蒙古、亚美尼亚、哈萨克斯坦、吉尔吉斯斯坦、乌兹别克斯坦、伊朗 8 个国家，另外在印度尼西亚、菲律宾、巴基斯坦也有分布。

（二）锡矿矿床类型

1. 热液型

热液型锡矿床的成因与地表浅部固结的中酸性花岗岩类有关，代表性矿床有中国广西大厂、马来西亚克拉帕康皮（特大型）、老挝茂奇、泰国比劳克和莫克山，以及越南大寨钨锡、普康锡矿集区（大型）、河津锡钽铌矿（中型）等。

2. 矽卡岩型

矽卡岩型是"一带一路"重要的锡矿床类型之一，该类型锡矿床产于花岗岩与不纯碳酸盐岩的接触带及其附近的层间裂隙中，矿化受接触带构造控制。根据其含主要矿物的不同，又可将其分为富硫化物矽卡岩型锡矿床和富磁铁矿矽卡岩型锡矿床。在矽卡岩型锡矿体的下部往往有脉状云英岩或云英岩化蚀变的叠加，但云英岩中的锡矿化一般不构成工业矿体。代表型矿床有中国云南都龙锡矿床、越南发山锡钨矿（大型）、越南大连白钨矿（中型）。

3. 云英岩型

云英岩型锡矿床一般产于成矿花岗岩体的内外接触带，成矿岩体主要呈脉状产出。该类型锡矿床具有强烈的云英岩化围岩蚀变，并有电气石化，蚀变带内形成大量的黄玉、萤石。代表性矿床有中国广东宝山嶂钨锡矿床、中国云南来利山锡矿床、中国云南老平山高楼子矿段锡矿床、中国云南小龙河锡矿床、马来西亚勿里洞加蓬锡矿（中型）、越南孟蓝锡矿（小型）。

4. 伟晶岩型

伟晶岩型锡矿床常常被认为是 Ta-Nb 矿床或者 Li-Be-Nb-Ta 矿床，锡在其中只是伴生组分，锡的品位较低，一般呈脉状，产于花岗伟晶岩及其边缘附近的接触带，属于伴生锡矿床。代表性矿床有中国四川甲基卡锡矿床和福建南平西坑铌钼矿床。

5. 砂矿型

砂矿型锡矿床的形成均与原生锡石—石英脉型锡矿床和部分含锡伟晶岩型锡矿床遭受风化剥蚀有关。该类型锡矿床因为容易开采、选矿和洗矿也方便，所以具有重要的开采价值。根据成因和环境，砂矿型锡矿床又可细分为残积型砂矿、坡积型砂矿、冲积型砂矿和滨海型砂矿 4 种类型。代表性矿床有海因达、普吉、巴尔西班栋、巴当帕当（大型）、坚打河谷锡矿（超大型）、南巴坦、沙蒙锡矿（大型）等。

（三）锡矿资源潜力

"一带一路"沿线国家可以划分出 3 个锡矿床分布集中的矿化区和锡资源潜力较大区域，分别为东南亚缅甸德林达依—泰国普吉—马来西亚锡矿潜在资源区、中国华南锡矿潜在资源区、俄罗斯远东—兴安岭锡矿潜在资源区，如表 2-3 所示。

表 2-3 "一带一路"沿线主要锡矿潜在资源区

序 号	潜在资源区	所属国家	潜在资源区简要描述
1	东南亚缅甸德林达依—泰国普吉—马来西亚锡矿潜在资源区	缅甸、泰国、马来西亚	该潜在资源区地处全球最大、最富的锡矿带中段，是全球最重要的产锡区，主要为砂锡矿床，开采的经济价值较大，所以一直是锡矿开采的首选，是全球最大的锡矿潜在资源区之一
2	中国华南锡矿潜在资源区	中国	区内锡矿资源储量在全球所占的比例最大，分布着众多的锡多金属矿，成矿条件良好，为全球最大的锡矿潜在资源区
3	俄罗斯远东—兴安岭锡矿潜在资源区	俄罗斯	区内已知的锡矿床的矿床类型比较复杂，主要为原生锡矿床，具有重要工业价值的主要是锡石—硅酸盐岩型矿床、锡石—硫化物型矿床。该区具有良好的成矿、赋矿地质条件，勘查开发程度低，具有较大的投资潜力

从锡矿的产量上来看，最重要的潜在资源区应该是东南亚缅甸德林达依—泰国普吉—马来西亚锡矿潜在资源区，该区中有条重要的锡成矿带，北起缅甸的掸邦，南至印度尼西亚的勿里洞岛，全长 3000 多千米，以砂锡矿为主，分为东西两个矿带，其间为马来西亚的中央山脉所隔，区内矿化与含锡花岗岩有关。从构造上看，大多数锡矿床产于造山带，其储量的 3/4 赋存在造山带内与花岗岩伴生的矿床中。

1. 东南亚缅甸德林达依—泰国普吉—马来西亚锡矿潜在资源区

东南亚缅甸德林达依—泰国普吉—马来西亚锡矿潜在资源区主要包括缅甸的东南部、泰国的中西部和马来西亚的马来半岛地区。该区内锡矿资源丰富，已知的锡矿床（点）超过 700 个。近百年来一直是全球最重要的产锡区，而其中的马来西亚素有"锡国"之称。在 21 世纪之前的锡产量一直占据同期世界锡产量的 50% 以上，年平均产锡超过 6 万吨。但近年来，锡矿资源越来越贫乏，因为开采过度，很少有新的锡矿床被发现，锡储量下降得很快。据 2012 年统计，整个马来西亚、泰国和缅甸的锡储量已经低于 50 万吨。

该潜在资源区地处全球最大、最富的锡矿带中段，区内地层较新，主要为砂锡矿床，大部分由原生锡矿床风化侵蚀后形成。其中，马来半岛中央山脉地处潜在资源区的中心，山脉中拥有非常多的小矿脉群和伟晶岩型中小矿床，这些小而密集的原生矿床是形成第四系大规模砂锡矿床的物质来源。

目前，该潜在资源区大部分砂锡矿床已被开采殆尽，但原生锡矿床有一定的潜力。在马来半岛中央山脉东侧，已经发现过大规模的原生锡矿床，如彭亨锡矿床等。在该区范围内，存在大量的锡矿化花岗岩侵入体，可能会发现新的有一定储量基础的锡多金属矿区。该区锡金属资源储量估计可达 100 万吨。

2. 中国华南锡矿潜在资源区

中国华南锡矿潜在资源区内锡矿资源储量约为 150 万吨。目前该潜在资源区内锡矿资源储量在全球所占的比例最大。锡矿是中国的优势资源，其产量和储量都已经居于全球第 1 位，中国的锡矿主要分布在华南地区。著名的云南个旧锡矿已经有一百多年的开采历史，且现今依旧是中国最主要的产锡区之一。该潜在资源区内汇集了两条重要的锡成矿带，分布着众多的锡多金属矿，成矿条件良好，估计锡金属资源储量潜力可达 300 万吨。

3. 俄罗斯远东—兴安岭潜在资源区

俄罗斯远东—兴安岭潜在资源区主要分布在俄罗斯远东地区。目前，该潜在资源区内锡矿资源探明储量占整个俄罗斯锡矿储量的 90% 以上，约为 30 万吨。本区内已知的锡矿床类型比较复杂，但主要为原生锡矿床，具有重要工业价值的主要是锡石—硅酸盐岩型矿床、锡石—硫化物型矿床，其次是锡石—石英岩型矿床及少量的含锡伟晶岩型矿床。区内已知的锡矿床包括有贾林达锡矿床、费斯季瓦尔锡矿床、阿尔先叶夫锡矿床等，有超过 30 处中、小型锡矿床，共有 185 座已探明可供开采的矿山。该潜在资源区的锡霍特山脉发现有特征明显的锡矿化现象，主要受南北向和北东向深断裂及其羽状断裂的控制。其中与侵入分异杂岩建造花岗岩有关的是锡石—石英岩化，一般形成的矿床规模不大；而与安山岩建造花岗岩类有关的矿床则具有很大的工业价值，属于锡石—硅酸盐岩矿化和锡石—硫化物矿化，在锡霍特山脉的复向斜区，第二种类型较发育，因此，具有良好的成矿远景。该潜在资源区有新的锡矿床在不断被发现，多为中、小型锡矿床，但资源潜力较大，预计锡金属资源储量可达60万吨。

五、铝土矿资源分布与潜力

（一）储量及分布

"一带一路"沿线国家查明铝土矿储量48.3亿吨，约占世界铝土矿储量的17%。

"一带一路"沿线国家中铝土矿储量较大的有越南、印度尼西亚、中国、印度、俄罗斯、哈萨克斯坦6个国家（见图2-9），老挝、土耳其、柬埔寨等国家亦有重要铝土矿分布。

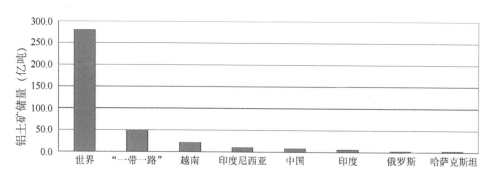

图2-9 "一带一路"沿线国家查明铝土矿储量分布柱状图

资料来源：*Mineral Commodity Summaries*，2016。

（二）矿床类型

"一带一路"沿线国家的铝土矿矿床类型主要有红土型、古风化壳沉积型和风化堆积型3种，以红土型为主。

红土型铝土矿主要分布在越南南部广义—昆嵩—大叻地区、老挝南部占巴塞地区、柬埔寨西部及北部地区，以及印尼北加里曼丹—巴拉望地区、邦加岛、勿里洞岛和廖内省等地区，代表型矿床有老挝波罗芬高原铝土矿、印尼加里曼丹塔扬铝土矿（超大型）、越南广义铝土矿（大型）和云和铝土矿（大型）。中国的红土型铝土矿储量很少，仅占中国铝土矿总储量的1.17%，主要分布在福建、海南及广东一些地区。

古风化壳沉积型铝土矿主要分布在中国西南部、越南北部和柬埔寨北部，代表性矿床有中国的修文铝土矿、苹果铝土矿、新安铝土矿、遵义铝土矿，越南北部塔波纳铝土矿和柬埔寨马往望铝土矿（中型）。

风化堆积型铝土矿主要分布在越南北部地区，代表性矿床有越北撒散铝土矿（小型）。

（三）资源潜力

"一带一路"沿线国家铝土矿资源较为丰富，总体勘查程度不高，铝土矿潜在资源量约为 174 亿吨，约占全球铝土矿潜在资源量的 26%，主要分布在印度、越南、中国、印度尼西亚、哈萨克斯坦和俄罗斯。印度尼西亚、印度、俄罗斯是世界铝土矿或原铝生产大国，印度、乌克兰、俄罗斯则是铝土矿或氧化铝出口大国。

"一带一路"铝土矿潜在资源区分布如下。

1. 老挝阿速坡—越南南部铝土矿潜在资源区

老挝阿速坡—越南南部铝土矿潜在资源区的铝土矿资源主要分布在越南中南部的多乐、多农、昆嵩和林同 4 省，矿床类型主要有红土型和沉积型，勘查程度低，矿石类型以三水铝矿为主，通常 Al_2O_3 含量较低，冲洗后其 Al_2O_3 含量可达 44%～55%，粒度大于 1 毫米可利用，潜在资源量约 35 亿吨。区内大部分铝土矿资源可露天开采，外部条件便利，中国铝业股份有限公司已与越南煤炭矿产工业集团合作开发多农省的铝土矿项目。

2. 印度尼西亚邦加岛铝土矿潜在资源区

印度尼西亚邦加岛铝土矿潜在资源区矿床类型属红土三水铝土矿型，Al_2O_3 含量为 38.6%～43%，资源禀赋好，潜在资源量约为 15.3 亿吨，勘查开发程度较低。

3. 印度尼西亚西加里曼丹铝土矿潜在资源区

印度尼西亚西加里曼丹铝土矿潜在资源区主要分布在西加里曼丹省西部，属红土三水铝土矿型，Al_2O_3 含量一般为 45%～55%，资源禀赋较好，潜在资源量约为 4.5 亿吨。由于地理位置偏远，基础设施落后，该区铝土矿资源勘查开发程度很低。

4. 俄罗斯西伯利亚铝土矿潜在资源区

俄罗斯西伯利亚铝土矿潜在资源区分布在俄罗斯西伯利亚的西南部，潜在资源量约为 4.7 亿吨，矿床类型以沉积型为主，矿石品位较低，杂质多，为一水铝土矿，只有 50% 左右可赢利开采。目前，有一半用来生产氧化铝。

5. 哈萨克斯坦图尔盖盆地边缘铝土矿潜在资源区

哈萨克斯坦图尔盖盆地边缘铝土矿潜在资源区分布在哈萨克斯坦图尔盖盆地边缘和隆起带中，潜在资源量约为 3.6 亿吨，为岩溶沉积型三水铝土矿，共发现 21 个矿床，其中西图尔盖有 12 个矿床，Al_2O_3 含量为 40%～44%、铝硅比为 3.6～4.1。

6. 印度奥里萨邦铝土矿潜在资源区

印度奥里萨邦铝土矿潜在资源区集中分布于印度东海岸奥里萨邦和安得拉邦，以奥里萨邦为主，矿带总面积 2.5 万平方千米，潜在资源量约 3.1 亿吨，矿床类型属于风化残积型。该区的铝土矿主要是三水型铝土矿石，Al_2O_3 含量为 45%～55%。目前印度国家铝业公司（Nalco）正在开发位于奥里萨邦的戈拉布德（Koraput）地区的班杰巴德马利（Panchpatmali）铝土矿山。

六、钾盐资源分布与潜力

（一）储量及分布

"一带一路"沿线国家探明钾盐资源储量（以 K_2O 当量计）为 18.8 亿吨，约占世界钾盐储量的 26.6%，主要分布于白罗斯、俄罗斯、中国、以色列 4 国。就潜在资源量而言，"一带一路"沿线国家钾盐潜在资源总量为 813 亿吨，占全球潜在资源总量 34%，主要集中在老挝、泰国、俄罗斯、白罗斯、乌兹别克斯坦、土库曼斯坦，如图 2-10 所示。其中，俄罗斯和白罗斯的资源禀赋较好，勘查开发程度也较高；老挝、泰国和中亚地区的勘查开发程度较低，大部分处于勘查阶段，钾盐产量有限。整体而言，"一带一路"沿线国家钾盐潜在资源量巨大，除俄罗斯和白罗斯外整体勘查开发程度较低。

（二）成矿规律

钾盐矿床是蒸发岩矿床的一种，它常与石膏—硬石膏和厚层的岩盐相伴而生。全球许多有重要经济意义的钾盐矿床大部分是在极度干燥的条件下由海水蒸发浓缩沉积而成的，陆相盐类沉积区也可以形成钾盐矿床，但其规模和经济价值较前者小。因此，本书将钾盐矿床分为沉积型钾盐矿床和盐湖卤水型钾盐矿床两大类，并进一步将沉积型钾盐矿床划分为化学岩沉积型和化学岩—碎屑岩沉积型两个亚类，如表 2-4 所示（王秋舒，2016）。

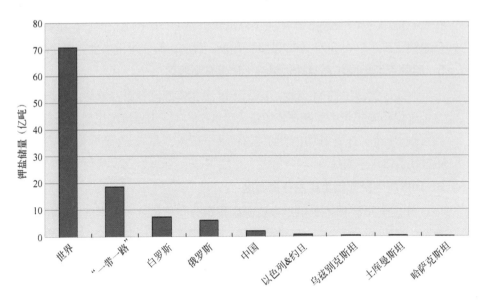

图 2-10 "一带一路"沿线国家钾盐储量分布柱状图

资料来源：S&P Global Market Intelligence。

（三）资源潜力

具体而言，"一带一路"沿线国家潜在资源量集中分布在以下 12 个区：中亚盆地区、呵叻—沙空盆地区、俄罗斯前乌拉尔地区、俄罗斯伊尔库茨克区、哈萨克斯坦滨里海盆地区、白罗斯彼里皮亚特盆地区、乌克兰前喀尔巴阡盆地区、约旦—以色列死海盆地、伊朗霍尔木兹盆地、中国青藏高原地区、中国兰坪—思茅盆地、中国江陵凹陷地区。

1. 中亚盆地区

中亚盆地区位于横跨土库曼斯坦东部和乌兹别克斯坦西南部的上侏罗含钾盆地中，约 4/5 的面积位于土库曼斯坦境内。中亚盆地由于受基底断裂影响，从侏罗纪早期开始已产生了横向断块的差异性升降运动，这为后来的钾盐聚集和钾盐盆地的形成起了决定性作用。从岩相古地理环境看，中亚含盐盆地侏罗纪时是一个半封闭的成盐盆地，南、北为陆地封闭，盆地两面皆以深断裂为界。成盐盆地经常接受海水补给，含钾盆地在远离海水补给的位置形成。以钾石盐为主，矿石品位较高。潜在资源量超过 100 亿吨。

2. 呵叻—沙空盆地区

呵叻—沙空盆地区位于泰国东北部到老挝中部的中新生代含钾盆地中，

其中，泰国的钾盐赋存相对稳定，而老挝的矿体位于盆地边缘，相对稳定性差。本区以白垩纪成盐期成盐作用最为强烈。白垩纪为全球性的成盐期，在世界多个成盐盆地中形成大型钾盐矿床，在本区分布有老挝的万象、农波、农诺和泰国的 Udon South 等大型钾盐矿床。预测区内潜在资源量 266 亿吨。该区钾盐资源以光卤石型为主，矿体较薄，不利于规模开发。

表2-4 全球钾盐矿床分类及成矿特征

矿床类型	成矿时代	成矿特征			含盐系沉积特征	钾盐层特征	盆地特征	典型矿床
		沉积环境	物质来源	大地构造				
盐湖卤水型钾盐矿床	第四纪	干旱、半干旱气候条件下封闭盆地	盆地附近新生代火山活动或深大断裂形成的岩浆热液，含钾岩石的风化、淋滤和溶解	新生代构造活动活跃的地区	碱水浓缩为卤水至饱和，最后堆积成盐类矿床	呈层状、透镜状赋存在晶间卤水、孔隙卤水及地表卤水中	气候干燥的高山深盆，拥有较厚的沉积层，经历过较大的断层活动	中国罗布泊钾盐矿床
沉积型钾盐矿床	化学岩沉积型 第四纪前	海相成因深水、半深水盆地	古海水，限制性接受海水补给，部分矿床有少量淡水及随淡水进入陆源碎屑物补给	陆台地区的台地向斜及边缘拗陷带	岩盐层较厚，300～500m，钾盐层多赋存于含盐段的中上部。多为单旋回，石盐、硬石膏和碳酸盐在钾镁盐带的上下对称出现	厚度大，层数少，由钾盐层和夹石岩层组成	盆地范围较大，盆地内从边缘向中央碳酸盐—硫酸盐—钾镁盐分带性明显，钾盐盆地位于石盐盆地靠中央位置	大部分钾盐矿床均为此类型
	化学岩碎屑岩沉积型 第四纪前	海相、陆相成因浅水盆地	除海水之外，还有陆源水体带来的岩石风化物，火山活动或深大断裂有关的深部物质补给	山前的拗陷、山间盆地、地堑、裂谷	多旋回、多韵律，化学沉积和机械沉积交替出现或出现混杂堆积	取决于构造的特征	在一个成盐带中呈串珠状和连片状分布若干个相对较小的石盐盆地和钾盐盆地	老挝万象钾盐矿床

3．俄罗斯前乌拉尔区、哈萨克斯坦滨里海盆地区

俄罗斯前乌拉尔区和滨里海盆地区位于俄罗斯乌拉尔南部地区和哈萨克斯坦乌拉尔斯克州的早二叠世含钾盆地中，钾盐资源埋藏较浅。海西运动末期，乌拉尔褶皱带隆起，同时形成山前拗陷带，为后期盐类聚集提供了有利的古地理条件和古构造条件。由于乌拉尔褶皱带升起，地槽中的海水由北向南流入，形成长 2500 千米、宽 1400 千米的南北向内陆海盆。二叠纪初期，本区主要沉积了石灰岩、白云岩和少量泥灰岩。阿丁期末，俄罗斯陆台西部上升，使孔谷期海盆面积大大缩小，水体仅存于乌拉尔前缘拗陷带、滨里海凹地和俄罗斯陆台东缘较狭窄的地带。随着北部通道的进一步封闭，海盆成为完全隔离的咸水海盆。受构造活动的不均一性影响，海盆进一步分异为西部微上升、东部弱下降的山前拗陷带，以及南部剧烈下陷形成的滨里海凹地。因此，滨里海凹地应是钾镁盐的最后富集区。同时乌拉尔山的隆起，对局部干旱气候的形成至关重要。预测俄罗斯前乌拉尔区和哈萨克斯坦滨里海盆区内潜在资源量分别为 118 亿吨和 71 亿吨，已形成若干规模矿山。

4．俄罗斯伊尔库茨克区

俄罗斯伊尔库茨克区位于俄罗斯伊尔库茨克州北部下通古斯河和涅帕河上游之间的下寒武统含钾盆地中，大地构造位置处于西伯利亚地台东南部，西、南、东三面是岛状古陆和贝加尔褶皱带隆起及断裂带，这些都是成盐、成钾有利的构造条件。同时，该区在寒武纪时处于北纬 10° 左右的干旱气候带，对成盐极为有利。从古地理环境来看，盆地东北部有一个宽 100～150 米的堤礁带，使得成盐盆地与广海隔开，使盆地得以封闭、蒸发、浓缩，进而形成盐盆和钾盐盆。在该地区已发现世界级超大型钾盐矿床，目前尚未进行开发利用。预测区内潜在资源量为 130 亿吨。

5．白罗斯彼里皮亚特盆地区

白罗斯彼里皮亚特盆地区位于白罗斯明斯克省的彼里皮亚特泥盆纪含钾盆地西北部。盆地经历了四个成盐期：埃菲尔期、晚弗兰亚期、早法门那亚期、晚法门那亚期。其中，晚法门那亚期为本区主要含钾盐系，分布面积超过 23200 平方千米，厚度变化较大，边缘薄，向中心和东南部增厚。含盐系为岩盐、碳酸盐—泥岩、泥岩、碳酸盐—硫酸盐和陆源碎屑岩交替互层，含数层钾盐。受原生、次生构造影响，钾盐层的厚度和层数变化较大，一般在盆地北部、西北部和西部含钾性更好，而东部、东南部较差。目前在该区已发现多座大型矿床，

预测区内潜在资源量为 85 亿吨。目前该区钾盐产量占全球总产量的 15%。

6. 乌克兰前喀尔巴阡盆地区

乌克兰前喀尔巴阡盆地区位于乌克兰北部，是东喀尔巴阡山脉前缘的新近系含钾盐盆地，构造上属于阿尔卑斯褶皱带的山前拗陷。盆地呈北西、南东方向展布，含盐盆地长 280～300 千米，宽 40～60 千米，以钾—镁硫酸盐为主，已发现 15 个工业钾盐矿床。预测区内潜在资源量超过 10 亿吨。区内钾盐开采历史悠久。

7. 约旦—以色列死海盆地

约旦—以色列死海盆地位于亚洲西部以色列和约旦国之间，是约旦—阿拉伯地堑最深的部分，也是非洲裂谷系的一部分。裂谷在白垩纪末开始发育，渐新世出现了轮廓分明的约旦、以色列地堑，至晚中新世时埃塞俄比亚的达纳基尔洼地形成，此时地中海和印度洋被非洲和阿拉伯地盾分隔成南、北两个海域。此后裂谷不断下陷，海水周期性入侵和退出，为巨厚的蒸发岩沉积提供了良好的物源和沉积条件。以色列化工集团拥有该地区钾盐唯一的勘查开发权。预测区内潜在资源量 15 亿吨。

8. 伊朗霍尔木兹盆地

伊朗霍尔木兹盆地位于伊朗西南部，构造上位于阿尔布兹古特提斯构造带和扎格罗斯新特提斯构造带之间，盆地面积 140000 平方千米，盆地内发育古钾盐沉积和第四纪赋钾干盐湖，主要为盐湖卤水型钾盐，以及富铁型钾盐（红钾铁盐、钾铁盐、钾盐、岩盐）和高品位黄钾（钾盐、岩盐）。目前主要是伊朗钾盐公司在该地区从事勘查开发活动，整体钾盐开采利用程度较低。预测区内潜在资源量为 1 亿吨。

七、铅锌矿资源分布

（一）储量及分布

世界大型超大型铅锌矿床有 34 个，其中一半分布在北美洲和大洋洲，主要集中分布于美国、加拿大、澳大利亚等国；另一半分布于亚洲、欧洲、南美洲与非洲。

依据 SNL 的最新统计，在"一带一路"沿线国家分布有 16 个大于 500 万吨的铅锌矿，其中超大型矿床 1 个、大型矿床 7 个，矿床的具体信息如表 2-5 所示。"一带一路"沿线国家查明铅锌矿储量 10910 万吨，约占世界铅锌矿储量的 32.2%。其中，铅储量 3250 万吨、锌储量 7660 万吨。铅锌矿资源主要分布于中国、俄罗斯、哈萨克斯坦、印度、波兰 5 个国家，产量与所占的比重如图 2-11 所示。蒙古、印度尼西亚、泰国、乌兹别克斯坦、伊朗等国也有重要铅锌矿分布。

表 2-5 "一带一路"沿线国家储量大于 500 万吨的铅锌矿

矿床名称	所有者	国家	锌储量（万吨）	铅储量（万吨）	铅＋锌储量（万吨）	储量报告时间
Kholodninskoe（霍洛德宁斯克）	MBC Resources Ltd. (Metropol)	俄罗斯	2120	336	2456	2014 年
Mehdiabad（梅赫迪阿巴德）	KDD Group, Itok GMBH, MB Holding Co. LLC, Private Interest	伊朗	1650.4	624	2274.4	2012 年
Rampura Agucha（兰普拉—阿古恰）	Hindustan Zinc Ltd.	印度	1292.1	202	1494.1	2016 年
Lanping Jinding（金顶）	Jinding Zinc Co., Sichuan Hongda Co., Yunnan Metallurgical, Local Government, Sichuan Hongda Co. Ltd.	中国	1136.5	268.8	1405.3	1997 年
Boleslaw（克拉科夫—西里西亚）	ZGH Boleslaw Mines, Stalprodukt	波兰	770.7	352.1	1122.8	1999 年
Kazzinc Consolidated	Glencore PLC	哈萨克斯坦	764.15	269.5	1033.7	2015 年
Ozernoye	MBC Resources Ltd. (Metropol), China Nonferrous Metal	俄罗斯	827.1	157	984	2014 年
Bolshoi Konimansur	Government of Tajikistan	塔吉克斯坦	413.4	533.1	946.5	1999 年
Oggero	MBC Resources Ltd. (Metropol), China Non-ferrous Metal	俄罗斯	745	145.3	890.2	2013 年
Shalkiya	Shalkiya Zinc Ltd. LLP	哈萨克斯坦	668.7	167.6	836.3	2006 年
Angouran	Iran Zinc Mine Dev. Co.	伊朗	252	528	780	2000 年
Sindesar Khurd	Hindustan Zinc Ltd.	印度	471.6	290	761.6	2016 年
Almalyk Complex	Almalyk Mining Metals Combine	乌兹别克斯坦	368	312	680	1996 年
Fankou	Shenzhen Zhongjin Lingnan	中国	415.9	203.6	619.5	1997 年
Zawar Group	Hindustan Zinc Ltd.	印度	425.4	192	617.4	2016 年
Rajpura-Dariba	Hindustan Zinc Ltd.	印度	393.9	113	506.9	2016 年

数据来源：S&P Global Market Intelligence。

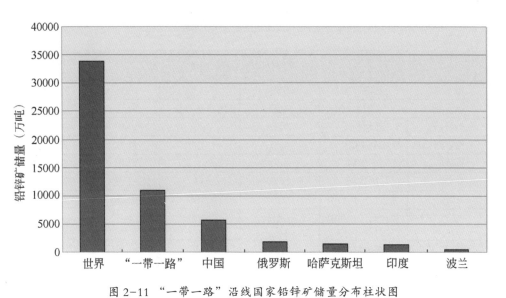

图 2-11 "一带一路"沿线国家铅锌矿储量分布柱状图

资料来源：*Mineral Commodity Summaries*，2016。

从国家来看，俄罗斯铅锌矿资源查明储量 1840 万吨，居世界第 3 位，占"一带一路"沿线国家的 16.9%，主要分布于乌拉尔南部和西伯利亚南部地区，矿石品位低，开发利用难度大；哈萨克斯坦、印度、波兰铅锌矿资源较丰富；哈萨克斯坦查明铅锌矿储量 1500 万吨，居世界第 6 位，占"一带一路"沿线国家的 13.8%，主要分布于中部和东部地区，以黄铁矿多金属矿床为主，中部地区分布有层状铅锌矿床；印度查明铅锌矿储量 1360 万吨，居世界第 7 位，占"一带一路"沿线国家的 12.5%，主要分布于拉贾斯坦邦南部，其次分布于印度西部地区；波兰查明铅锌矿储量 510 万吨，居世界第 8 位，占"一带一路"沿线国家的 4.7%，主要分布于西里西亚和克拉考夫地区的白云岩中。

（二）成矿规律及典型矿床

矿床类型以沉积喷流型（SEDEX）最为重要，其次是密西西比河谷型（MVT）和火山成因块状硫化物型（VMS）。其他重要类型还包括岩浆热液型、变质型、变质热液型、砂页岩型等。成矿时代以元古宙和古生代为主，成矿地质构造背景为显生宙造山带和前寒武纪地块，以及叠加其上的显生宙构造带。

根据《国内外铅锌矿床成矿理论与找矿方法》（吕志成，2013），"一带一路"沿线国家地区铅锌资源原始储量大于 100 万吨的矿床如表 2-6 所示。

表 2-6 "一带一路"主要的铅锌矿床（Pb+Zn 原始储量 >100 万吨）

国家（地区）	矿床（矿区）	储量（Pb+Zn，万吨）	品位（Pb+Zn，%）	矿床类型	成矿时代
俄罗斯	布雷阿瓦	385	—	VMS	古生代
俄罗斯	盖伊	100	4.5～6.5	VMS	古生代
俄罗斯	菲利兹柴	125	—	VMS	古生代
俄罗斯	格列夫斯克	120	12	脉型	元古宙
俄罗斯	乌恰林	400	2.8～3.7	VMS	古生代
哈萨克斯坦	捷克利	550	11	SEDEX	新元古代
印度	兰普拉—阿古恰	920	15	VMS	太古宙
波兰	克拉科夫—西里西亚	3200	12.0	MVT	古生代
保加利亚	克雷米科夫察	1040	1.2	SEDEX	—
捷克及斯洛伐克	兹拉特霍里	130	—	VMS	古生代

1. 波兰克拉科夫—西里西亚（Cracov-Silesia）铅锌矿

波兰克拉科夫—西里西亚地区铅锌矿区是欧洲最重要的铅锌产区之一。区内有铅锌储量 3200 万吨，铅锌合计品位 12%，是典型的密西西比型铅锌矿床。矿床分布在波兰南部上西里西亚煤盆地的北部和东北部边缘。已发现有 5 个矿床，其中，东部的奥尔库兹（Olkusz）和南部的克尔扎诺乌（Chrzanow）现在正在开采；西部的比托姆（Bytom）10 年前就已关闭；东北部的查韦尔沙（Zawiercie）和北部的卡莱蒂（Kalety）目前还未开发。

矿区位于华力西期上西里西亚煤盆地和加里东期克拉科夫卢宾断裂带之间。区内发育古生代和中生代地层，有下古生界复理石地层、上古生界碳酸盐岩地层和中生代碳酸盐岩地层。区内还出现有华力西期的斑状侵入岩和加里东期花岗侵入岩等。

该区铅锌硫化物矿化在泥盆、石炭、三叠、侏罗纪碳酸盐岩中均有产出，但具经济价值的矿石只在泥盆和三叠纪地层中。目前只在三叠纪岩石中开采矿石。泥盆系中的矿床也具经济价值，但还未开采。侏罗纪等其他层位的矿化目前不具经济价值。

2. 哈萨克斯坦捷克利（Tekeli）铅锌矿

捷克利铅锌矿床位于哈萨克斯坦东部准格尔阿拉套地区，是一个新元古代产于海相沉积岩中的大型铅锌矿床，拥有锌储量 300 万吨、铅储量 250 万吨、铜储量 50 万吨。矿床品位如下：锌为 6%、铅为 5% 和铜为 1%，还含有铂族金属。

捷克利地区铅锌矿床发现于 20 世纪 30 年代，该区至今已发现 10 余个不同规模矿床和数十个矿点，规模最大的是捷克利矿田，主要包括捷克利矿床、捷克利西矿床、亚布洛诺沃矿床及一些矿点。区内铅锌矿床（点）构成一条东西长 150 千米、宽 20～50 千米的成矿带，该带向东延入中国新疆赛里木湖西南一带。

在区域构造上，该区属于别特帕克达拉伊利加里东晚期褶皱带南准噶尔复背斜，复背斜核部是由前寒武系组成的捷克利中间地块。复背斜北翼为一强烈挤压带，也是古老深断裂带。

该区出露的地层主要是下—中里菲系乌谢克群，厚达 3500～4000 米，属克拉通边缘坳陷沉积，覆于古元古代结晶基底之上。其上为晚奥陶世的日兰德组灰岩，再往上为泥盆纪不整合覆盖层。乌谢克群自下而上分为三组，即科萨加什石英—片岩组、苏乌丘别白云岩—灰岩组、捷克利碳质—碳酸盐—页岩组。铅锌矿化产于后两个组内，而最重要的矿床则产于捷克利组内。捷克利组主要分布于复背斜北翼，苏乌丘组见于复背斜南翼，称科克苏矿田。

捷克利矿床位于捷克利矿田的中部，产在捷克利组含矿段内。矿床在地表为褐铁矿和褐铁矿化岩石的透镜体，呈东西向延伸，与围岩产状一致，倾向北，倾角为 70°～75°。随着深度加深，矿体的倾角变陡，可达 80°～90°。矿体向东侧伏，侧伏角为 50°～60°。矿体长度随深度而增大，但在第 9 中段之下又逐渐变小。矿体中部的最大厚度为数十米，向两侧，矿体厚度急剧变小，并迅速尖灭。矿体的内部构造复杂，夹脉石层、整合产出的中—基性脉岩，以及未达工业品位的矿石。

3. 印度兰普拉—阿古恰（Rampura-Agucha）铅锌矿

该矿床于 1979 年在拉贾斯坦邦比耳代腊县发现，经勘查求得矿石储量 6110 万吨，品位如下：锌为 13.48%、铅为 1.57%、镉为 152 克/吨、银为 43 克/吨，铅锌金属储量达 920 万吨。

　　该矿床在区域上处于北印度地区，前寒武纪地层相当发育。前寒武系基底构造层被 3 个构造运动幕分为 4 个不同时代的岩系。蓝普拉—阿古恰铅锌矿区内的主要岩石是太古宇前阿拉瓦利群的条带状片麻岩（32 亿～ 25 亿年）。这套片麻岩是由沉积变质岩、混合岩、伟晶岩、花岗岩和各种成分的基性侵入岩组成的。这套容矿岩石位于双倾伏同斜向斜式褶皱构造的核部。

本章小结

　　成矿条件决定资源潜力，本章的重要价值在于圈定了"一带一路"沿线国家地区 7 种重要优势矿产的潜在资源区。

　　（1）铁矿：潜在资源区有 11 个，主要分布在蒙古、俄罗斯、印度、阿富汗及伊朗。

　　（2）铜矿：潜在资源区有 30 个，主要分布在蒙古、俄罗斯、中亚地区、东南亚的菲律宾，以及西亚的土耳其。

　　（3）金矿：潜在资源区主要分布在蒙古、俄罗斯、中亚地区、东南亚的印度尼西亚、西亚的伊朗，以及南亚的巴基斯坦。

　　（4）锡矿：潜在资源区有 2 个，分布在东南亚和俄罗斯。

　　（5）镍矿：潜在资源区有 3 个，主要分布在印度尼西亚、菲律宾、俄罗斯、哈萨克斯坦。

　　（6）铝土矿：潜在资源区有 6 个，主要分布在印度尼西亚、越南、印度、俄罗斯和哈萨克斯坦。

　　（7）钾盐：潜在资源区有 8 个，主要分布在中亚地区、俄罗斯、白罗斯、乌克兰、约旦及伊朗。

第三章　其他资源概览

　　除了矿产资源，"一带一路"沿线国家也有丰富的土地、森林、水等自然资源可供开发和使用，这些资源的开发利用程度与其所在地区经济的发展及自然地理条件关系密切。本章总结了沿线国家土地资源、森林资源和水资源的分布特点，可为中国与"一带一路"沿线国家在其他资源领域的合作提供依据。

第一节

土地资源

　　土地资源指可供农业、林业、牧业或其他行业利用的土地。"一带一路"沿线国家植被稀疏地、沙漠、裸土、裸地等未利用的土地占相当大的比例，达到 1500 万平方千米；已利用土地资源中，农业用地（耕地、草地、林地中直接或间接为农业生产所利用的土地）面积达到 1437 万平方千米，占总陆地面积的 35.6%。农业用地面积最大的是南亚地区、东南亚地区，其次是蒙古、俄罗斯和中亚地区，国家持有的农业用地面积排前几位的国家是俄罗斯、哈萨克斯坦、印度、蒙古和印度尼西亚，如图 3-1 所示。

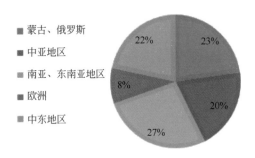

图 3-1　"一带一路"沿线国家农业用地比例

数据来源：美国中央情报局网站。

图 3-2 所示为"一带一路"沿线国家各种类型土地的面积，由图可知，"一带一路"沿线国家的可利用土地资源中林地所占比例最大，其次是耕地和草地。总起来说，"一带一路"沿线国家的土地资源分布主要有以下特点。

第一，林地主要分布在俄罗斯、印度尼西亚、印度和缅甸。

俄罗斯的林地资源极其丰富，在沿线国家中排名第 1 位，林地面积超过800 万平方千米，占其国土面积的 50%。其林地分布广、蓄积量大，主要分布在幅员辽阔、人口稀少的西伯利亚、远东、乌拉尔，以及欧洲北部的几个联邦区。林地资源排名前几位的还有印度尼西亚、印度和缅甸。中亚、西亚和中东地区受到地理位置和气候条件的影响，林地资源较为匮乏。

第二，耕地主要分布在印度、俄罗斯、乌克兰和印度尼西亚。

"一带一路"沿线国家的耕地资源主要分布在地势平坦的平原、盆地及河流流域范围内，如南亚的恒河平原、欧洲的东欧平原，以及西亚中部的两河流域等。全球耕地面积排名前 10 位的国家中，"一带一路"沿线国家就占了5 位，分别是印度、中国、俄罗斯、乌克兰和印度尼西亚。

一般情况下，国土面积小的，耕地面积也会小，但是印度和乌克兰却是特例，印度的国土面积较小，但耕地比例很高，占全国土地面积的一半以上，因此印度的耕地面积高居世界第 2 位；乌克兰虽然国土面积小，但耕地面积却高居世界第 8 位，在"一带一路"沿线国家居第 4 位。

第三，草地主要分布在俄罗斯、哈萨克斯坦、蒙古和沙特阿拉伯等国家。

"一带一路"沿线国家的草地资源主要分为寒带苔原、温带草原和热带草原。寒带苔原主要分布在亚欧大陆北部的俄罗斯和西伯利亚地区。温带草原广泛分布于欧亚大陆的中部,从黑海沿岸往东,横贯中亚细亚,经蒙古至中国的黄河流域,东西延绵近110个纬度,是世界上最宽广的草原植被带。另外,少量的热带草原分布在印度西北部和德干半岛的半干旱地区。

第四,沙漠、裸地等难以利用的土地主要分布在中亚和西亚地区。

"一带一路"沿线国家的沙漠主要有印度与巴基斯坦交界处的印度沙漠、土库曼斯坦境内的卡拉库姆沙漠,以及沙特阿拉伯境内的内夫得沙漠和鲁卜哈利沙漠,这些地区人烟稀少、条件恶劣,不适合开发利用。

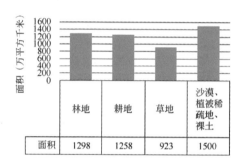

图 3-2 "一带一路"沿线国家各种类型土地的面积

数据来源:美国中央情报局网站。

第二节

森林资源

2014 年,世界资源研究所、谷歌等超过 40 家合作机构联合发布的全球森林监测系统(Global Forest Watch,GFW)显示了全球的森林覆盖情况。另外,还发布了 2001—2012 年森林净损耗最多的 10 个国家,其中"一带一路"沿线国家有印度尼西亚、中国和马来西亚。

结合美国中央情报局及 GFW 的数据分析,"一带一路"沿线国家的森林资源特点是森林面积较大,覆盖率较低,且分布不均匀。

　　"一带一路"沿线国家森林面积较大，达到1219万平方千米，占总陆地面积的30%，但是覆盖率较低，平均覆盖率只有25%。从森林覆盖率来看，东南亚地区的森林覆盖率最高，其中老挝达到68%，马来西亚、柬埔寨、印度尼西亚和缅甸的覆盖率皆超过45%；东欧地区部分国家的森林覆盖率也较高，斯洛文尼亚、爱沙尼亚和拉脱维亚的森林覆盖率皆超过50%；中亚及西亚地区的覆盖率较低，基本在4%以下。

　　"一带一路"沿线国家不同地区森林覆盖面积所占的比例如图3-3所示，森林覆盖面积最大的国家是俄罗斯，达到809万平方千米，其次是南亚、东南亚地区（印度尼西亚、印度、缅甸和马来西亚），森林覆盖最少的是中亚和中东地区，卡塔尔、阿曼几乎无森林覆盖。

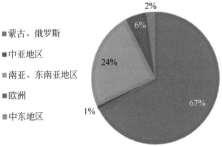

■ 蒙古、俄罗斯
■ 中亚地区
■ 南亚、东南亚地区
■ 欧洲
■ 中东地区

图3-3　"一带一路"沿线国家不同地区森林覆盖面积所占比例
数据来源：美国中央情报局网站。

第三节

水 资 源

　　根据世界粮农组织（FAO）发布的数据估算，全球水资源量是43750立方千米/年（2013年），"一带一路"沿线国家为16709立方千米/年，占全球水资源总量的38.2%。全球水资源最为丰富的10个国家的水资源量占世界水资源总量的60%，其中"一带一路"沿线国家有4个（俄罗斯、印度尼西亚、中国、印度）。

　　"一带一路"沿线国家水资源量分布悬殊，南亚、东南亚最为丰富，其次是欧洲和俄罗斯，西亚、中东地区及埃及最为贫乏。

　　如图3-4所示，"一带一路"沿线国家中水资源量排前5位的国家是俄罗斯、印度尼西亚、印度、孟加拉国及缅甸，水资源量都在1000立方千米/年以上；水资源较为贫乏的约旦、阿联酋、卡塔尔等国家皆少于1立方千米/年。

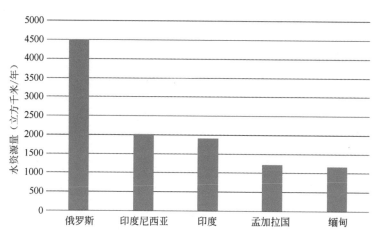

图 3-4 "一带一路"沿线国家中水资源量排前 5 位的国家及其水资源量柱状图

数据来源：美国中央情报局网站。

本章小结

　　土地、森林、水等自然资源的分布和利用与产业发展有密切的关系，资源分布在一定程度上决定了产业发展格局，产业发展格局又反过来影响资源的分布和利用。"一带一路"沿线国家除矿产资源之外的其他资源禀赋相差悬殊，从资源分布来看：可利用的土地资源中林地所占比重最大，难以利用的土地多分布在中亚和西亚地区；森林面积最大的国家是俄罗斯，但是覆盖率最高的却是东南亚地区；水资源较丰富的是南亚和东南亚国家。从国家来看，印度、印度尼西亚和俄罗斯 3 个国家的土地、森林和水资源相对较丰富。

第二篇
"一带一路"资源产业发展

第四章　经济及社会发展

中资企业在"一带一路"沿线国家矿产资源领域的投资定位是以市场供需为导向的，是从贸易结构出发来进行的，而一国贸易结构的形成又往往与其经济发展水平和所处的工业化阶段有着密切的关系。各国工业化水平和阶段的不同直接导致了产业结构、比较优势及其在国际分工中地位的不同，这为中国与"一带一路"其他沿线国家之间的矿产资源开发和产能合作提供了机遇和可能性。

第一节

经济发展

一、经济发展程度

"一带一路"倡议是中国面对复杂的国际政治经济局面所采取的激发国内增长活力、开拓对外开放空间、寻求外交发展突破的重大战略部署。该倡议的实施有利于中国充分发挥巨大的产能、资金和技术优势，推动世界经济格局的均衡发展。在"一带一路"沿线国家开展矿业合作的重点在于贸易、对外投资与产能合作，因此，对这些国家的经济与社会发展水平、竞争力水平，以及矿业经济情况进行全面和审慎的评估，从而考察它们是否能够承接中国的投资、技术和产能就很有必要。

　　首先，以世界银行按购买力平价（PPP[①]）衡量的人均国民收入（GNI）来衡量"一带一路"沿线国家的经济发展水平。在"一带一路"沿线国家样本中（数据涉及 64 个国家），有 6 个高收入国家、27 个中等偏上收入国家、17 个中等偏下收入国家、14 个低收入国家（见表 4-1）（盛斌等，2016）。大多数"一带一路"沿线国家仍处于发展中阶段，但整体发展趋势不错。另外，"一带一路"沿线国家经济发展水平差距较大，其中最高收入国家（卡塔尔）的人均 GNI 为最低收入国家（阿富汗）的 71.3 倍。

　　其次，以联合国开发计划署（UNDP）公布的人类发展指数（HDI[②]）指标来衡量"一带一路"沿线国家的综合性经济与社会发展水平。在"一带一路"沿线国家中（数据涉及 65 个国家），HDI 处于第一个四分位组的沿线国家有 18 个，占比 27.27%；第二个和第三个四分位组的沿线国家有 23 个和 19 个，占比分别为 34.85% 和 28.79%；而第四个四分位组的沿线国家仅有 6 个，占比 9.09%，如表 4-2 所示（盛斌等，2016）。这表明大多数沿线国家的经济社会发展总体上呈现出较好的态势。类似的，"一带一路"沿线国家之间 HDI 水平的组间差距也十分显著，排在首位的新加坡是榜末国家（阿富汗）的近 2 倍，而第一个四分位组的 HDI 平均水平是最后一个四分位组的 1.62 倍。

　　再次，以世界经济论坛的全球竞争力指数（GCI[③]）指标来衡量"一带一路"沿线国家的综合竞争力水平。在"一带一路"沿线国家中（数据涉及 56 个国家），处于竞争力水平最强的第一个四分位组的沿线国家有 11 个，占比为 19.64%；第二个和第三个四分位组的沿线国家有 24 个和 16 个，占比为 42.86% 和 28.57%；仅有 5 个国家（占比为 8.93%）表现出较差的竞争力水平，如表 4-3 所示。这表明大多数沿线国家的综合竞争力水平是较强和有发展潜力的。不过，沿线国家之间的竞争力水平差距依然较大，实力最强的新加坡的 GCI 水平是排名末位的巴基斯坦的 1.65 倍。其中，竞争力较强的国家主要得益于其高等教育与培训、商品市场效率、基础设施、制度、金融市场成熟度等因素，而竞争力较差的国家则根源于宏观经济稳定性、健康与初等教育、高等教育与培训、劳动市场效率等因素。

---

①购买力平价（Purchasing Power Parity, PPP）是一种根据各国不同的价格水平计算出来的货币之间的等值系数，排除现行货币汇率的影响，以对各国的国内生产总值进行合理比较。

②人类发展指数（Human Development Index, HDI）是以"预期寿命、教育水准和生活质量"三项基础变量，按照一定的计算方法得出的综合指标，用以衡量联合国各成员国经济社会发展水平的指标。

③全球竞争力指数（Global Competitiveness Index, GCI）旨在衡量一国在中长期取得经济持续增长的能力，由 12 个竞争力支柱项目构成，为识别处于不同发展阶段的世界各国竞争力状态提供了全面图景。

表 4-1 2014 年"一带一路"沿线国家的人均 GNI

类别	国 家	人均GNI（美元）	排 名	类别	国 家	人均GNI（美元）	排 名
高收入组	卡塔尔	139760	1	中等偏下收入组	泰国	13840	86
	科威特	82210	3		中国	13130	88
	新加坡	80270	4		马其顿	12800	90
	文莱	72190	5		马尔代夫	12560	93
	阿联酋	66270	7		塞尔维亚	12150	94
	沙特阿拉伯	51320	13		约旦	11910	95
中等偏上收入组	巴林	37650	29		蒙古	11120	100
	阿曼	33690	33		斯里兰卡	10270	104
	以色列	32550	35		阿尔巴尼亚	10260	105
	塞浦路斯	29800	36		埃及	10260	106
	斯洛文尼亚	28650	37		印度尼西亚	10190	108
	捷克	26970	40		波黑	10040	109
	希腊	26130	41		乌克兰	8560	112
	斯洛伐克	25970	43		亚美尼亚	8490	113
	爱沙尼亚	25690	44		菲律宾	8380	116
	立陶宛	25390	45		不丹	7570	120
	俄罗斯	24710	46		格鲁吉亚	7510	121
	波兰	24090	48		柬埔寨	3100	159
	马来西亚	24080	49		塔吉克斯坦	2660	163
	匈牙利	23830	51		尼泊尔	2420	167
	拉脱维亚	23150	52		阿富汗	1960	172
	哈萨克斯坦	21580	56		乌兹别克斯坦	5840	130
	克罗地亚	20560	59		印度	5640	133
	罗马尼亚	19030	62	低收入组	摩尔多瓦	5480	135
	土耳其	19020	63		越南	5350	136
	白罗斯	17610	65		巴基斯坦	5110	141
	黎巴嫩	17190	67		巴勒斯坦	5080	142
	阿塞拜疆	16910	68		老挝	5060	143
	伊朗	16140	72		也门	3650	152
	保加利亚	15850	75		孟加拉国	3330	154
	土库曼斯坦	14520	78		吉尔吉斯斯坦	3220	156
	黑山	14510	79				
	伊拉克	14440	80				

资料来源：World Development Indicator Database，World Bank。

表4-2 2013年"一带一路"沿线国家的人类发展指数（HDI）

类　别	国　家	HDI	排名	类　别	国　家	HDI	排名
第一个四分位组	新加坡	0.901	9	第二个四分位组	格鲁吉亚	0.744	79
	以色列	0.888	19		乌克兰	0.734	83
	斯洛文尼亚	0.874	25		马其顿	0.732	84
	捷克	0.861	28		波黑	0.731	86
	希腊	0.853	29		亚美尼亚	0.73	87
	文莱	0.852	30		泰国	0.722	89
	卡塔尔	0.851	31		中国	0.719	91
	塞浦路斯	0.845	32	第三个四分位组	阿尔巴尼亚	0.716	95
	爱沙尼亚	0.84	33		缅甸	0.698	103
	沙特阿拉伯	0.836	34		蒙古	0.698	103
	立陶宛	0.834	35		土库曼斯坦	0.698	103
	波兰	0.834	35		巴勒斯坦	0.686	107
	斯洛伐克	0.83	37		印度尼西亚	0.684	108
	阿联酋	0.827	40		埃及	0.682	110
	匈牙利	0.818	43		摩尔多瓦	0.663	114
	巴林	0.815	44		乌兹别克斯坦	0.661	116
	科威特	0.814	46		菲律宾	0.66	117
	克罗地亚	0.812	47		叙利亚	0.658	118
第二个四分位组	拉脱维亚	0.81	48		伊拉克	0.642	120
	黑山	0.789	51		越南	0.638	121
	白罗斯	0.786	53		吉尔吉斯斯坦	0.628	125
	罗马尼亚	0.785	54		塔吉克斯坦	0.607	133
	阿曼	0.783	56		印度	0.586	135
	俄罗斯	0.778	57		不丹	0.584	136
	保加利亚	0.777	58		柬埔寨	0.584	136
	马来西亚	0.773	62		老挝	0.569	139
	黎巴嫩	0.765	65	第四个四分位组	孟加拉国	0.558	142
	土耳其	0.759	69		尼泊尔	0.54	145
	哈萨克斯坦	0.757	70		巴基斯坦	0.537	146
	斯里兰卡	0.75	73		缅甸	0.524	150
	伊朗	0.749	75		也门	0.5	154
	阿塞拜疆	0.747	76		阿富汗	0.468	169
	约旦	0.745	77				
	塞尔维亚	0.745	77				

资料来源：UNDP，*Human Development Report*，2014。

表 4-3 2015 年中国与"一带一路"沿线国家的全球竞争力指数（GCI）

类 别	国 家	GCI	排名	类 别	国 家	GCI	排名
第一个四分位组	新加坡	5.68	2	第二个四分位组	匈牙利	4.25	63
	卡塔尔	5.3	14		约旦	4.23	64
	阿联酋	5.24	17		塞浦路斯	4.23	65
	马来西亚	5.23	18		格鲁吉亚	4.22	66
	沙特阿拉伯	5.07	25		斯洛伐克	4.22	67
	以色列	4.98	27		斯里兰卡	4.21	68
	中国	4.89	28		黑山	4.2	70
	爱沙尼亚	4.74	30	第三个四分位组	伊朗	4.09	74
	捷克	4.69	31		克罗地亚	4.07	77
	泰国	4.64	32		乌克兰	4.03	79
	科威特	4.59	34		塔吉克斯坦	4.03	80
第二个四分位组	立陶宛	4.55	36		希腊	4.02	81
	印度尼西亚	4.52	37		亚美尼亚	4.01	82
	巴林	4.52	39		老挝	4	83
	阿塞拜疆	4.5	40		摩尔多瓦	4	84
	波兰	4.49	41		柬埔寨	3.94	90
	哈萨克斯坦	4.49	42		阿尔巴尼亚	3.93	93
	拉脱维亚	4.45	44		塞尔维亚	3.89	94
	俄罗斯	4.44	45		尼泊尔	3.85	100
	菲律宾	4.39	47		黎巴嫩	3.84	101
	土耳其	4.37	51		吉尔吉斯斯坦	3.83	102
	罗马尼亚	4.32	53		蒙古	3.81	104
	保加利亚	4.32	54		不丹	3.8	105
	印度	4.31	55	第四个四分位组	孟加拉国	3.76	107
	越南	4.3	56		波黑	3.71	111
	斯洛文尼亚	4.28	59		埃及	3.66	116
	马其顿	4.28	60		巴基斯坦	3.45	126
	阿曼	4.25	62		缅甸	3.32	131

资料来源：World Economic Forum，*The Globe Competitiveness Report* (2015—2016)。

最后，以世界银行经调查统计的营商环境指数（DBI）来衡量"一带一路"沿线国家的营商环境。在"一带一路"沿线国家中（数据涉及 65 个国家），第一个四分位组的国家有 21 个，占比 32.31%；第二个和第三个四分位组的国家分别有 20 个和 17 个，占比 30.77% 和 26.15%，表明营商环境的整体水平较好，如表 4-4 所示。但另一方面，第四个四分位组的 7 个国家（伊拉克、缅甸、也门等）

与其他国家存在显著的差距，其DBI平均水平仅为第一个四分位组的0.58。

表4-4 2015年中国与"一带一路"沿线国家的营商环境指数（DBI）

类 别	国 家	DBI	排名	类 别	国 家	DBI	排名
第一个四分位组	新加坡	87.34	1	第二个四分位组	阿曼	65.4	70
	马其顿	80.18	12		不丹	65.21	71
	爱沙尼亚	79.49	16		波黑	63.71	79
	马来西亚	79.13	18		乌克兰	63.04	83
	立陶宛	78.88	20		文莱	62.93	84
	拉脱维亚	78.06	22		中国	62.93	84
	格鲁吉亚	77.45	24		乌兹别克斯坦	62.6	87
	波兰	76.45	25		越南	62.1	90
	斯洛伐克	75.62	29	第三个四分位组	阿尔巴尼亚	60.5	97
	斯洛文尼亚	75.62	29		尼泊尔	60.41	99
	阿联酋	75.1	31		科威特	60.17	101
	亚美尼亚	74.22	35		菲律宾	60.07	103
	捷克	73.95	36		斯里兰卡	58.96	107
	罗马尼亚	73.78	37		印度尼西亚	58.12	109
	保加利亚	73.72	38		约旦	57.84	113
	克罗地亚	72.71	40		伊朗	57.44	118
	哈萨克斯坦	72.68	41		黎巴嫩	56.39	123
	匈牙利	72.57	42		柬埔寨	55.22	127
	白罗斯	72.33	44		马尔代夫	55.04	128
	黑山	71.85	46		巴勒斯坦	54.83	129
	塞浦路斯	71.78	47		印度	54.68	130
第二个四分位组	泰国	71.42	49		埃及	54.43	131
	俄罗斯	70.99	51		塔吉克斯坦	54.19	132
	摩尔多瓦	70.97	52		老挝	53.77	134
	以色列	70.56	53		巴基斯坦	51.69	138
	土耳其	69.16	55	第四个四分位组	伊拉克	46.06	161
	蒙古	68.83	56		缅甸	45.27	167
	塞尔维亚	68.41	59		也门	44.54	170
	希腊	68.38	60		东帝汶	44.02	173
	阿塞拜疆	67.8	63		孟加拉国	43.1	174
	巴林	66.81	65		叙利亚	42.56	175
	吉尔吉斯斯坦	66.01	67		阿富汗	40.58	177
	卡塔尔	65.97	68				

资料来源：World Bank，*Doing Business 2016：Measure Regulatory Quality and Efficiency*，2015。

二、与中国贸易情况

2001 年以来，中国与"一带一路"沿线国家贸易增长迅速，尤其是 2008 年金融危机之后，中国与"一带一路"沿线国家贸易步入快速发展时期，与"一带一路"沿线国家贸易总额从 2001 年的 84 亿美元增长到 2015 年的 9955 亿美元。中国与"一带一路"沿线国家贸易总额占中国贸易总额比例从 2001 年的 16.5% 增长到 2015 年的 25.1%。其中，2015 年中国在对印度、东盟各国和俄罗斯的贸易中，出口总值占进出口总值的 60%。

从"一带一路"沿线国家的具体区域来看，中国与东南亚国家的贸易联系最紧密。2014 年东南亚 11 国与中国贸易总额占"一带一路"沿线国家与中国贸易总额的 43.9%，主要是由于东南亚国家作为中国周边外交的优先方向，有助于促进双边贸易；此外，中国—东盟自贸区的建立更是极大地增强了东南亚 11 国与中国的贸易联系。西亚、中东 19 国与中国贸易总额占"一带一路"沿线国家与中国贸易总额的比重为 28.2%，位居次席。2001—2014 年，与中国贸易总额增速最快的是中亚 5 国，年均增速高达 29.8%，高于同期中国与"一带一路"沿线国家贸易总额年均增速 22%。年均增速相对较慢的为蒙俄地区，但也达到了 18.7%。从国家来看，中国与土库曼斯坦、塔吉克斯坦、格鲁吉亚、波黑等国贸易增速相对最快，年均增速在 40% 以上；与乌克兰、俄罗斯、泰国等国贸易增速相对较慢，年均增速不到 20%。由此可见，与中国贸易增速最快的国家以新兴市场国家居多，而增速较慢的则是一些和中国进行贸易的大国或政治局势并不稳定的国家（邹嘉龄等，2015）。

第二节

工业化及城镇化

一、工业化进程

"一带一路"沿线国家总体上仍处于工业化进程中，且大多数国家处于工业化中后期。工业化水平可以 5 项指标来评价（中国社会科学院工业经济研究所课题组和社会科学院文献出版社，2016）：人均 GDP 来衡量地区的经济发展水平；第一、二、三产业产值比来衡量产业结构；制造业增加值占总商品生产部门（大体为第一产业和第二产业）增加值比重来衡量工业结构；城镇人口占总人口的比重来衡量空间结构；第一产业就业占总就业比重来衡量就业结构。

将"一带一路"65 个国家不同指标的值与标志值相比较，确定某一个国家各个指标所对应的工业化阶段，然后利用阶段阈值法对每个指标的值进行无量纲处理，以对每个指标进行标准化打分（中国社会科学院工业经济研究所课题组和社会科学院文献出版社，2016）。在确定了每个国家每个指标的评测值之后，采用加权合成法来计算反映一国工业化水平的综合指数。各个指标权重的计算利用层次分析法获得，其中，人均 GDP 的权重为 36%，三次产业产值比权重为 22%，制造业增加值占总商品生产部门增加值比重的权重为22%，人口城镇化率权重为 12%，第一产业就业占总就业比重的权重为 8%。

基于上述方法和数据，得到"一带一路"65 个国家 2014 年的工业化综合指标数值（以下用 k 表示）。用"一"表示前工业化阶段（$k=0$）；"二"表示工业化初期（$0<k \leqslant 33$）；"三"表示工业化中期（$33<k \leqslant 66$）；"四"表示工业化后期（$66<k \leqslant 99$）；"五"表示后工业化阶段（$k \geqslant 100$）。同时，每个阶段又划分为前段、中段、后段，分别用Ⅰ、Ⅱ、Ⅲ表示，比如"二（Ⅰ）"表示工业化初期的前段、"二（Ⅱ）"表示工业化初期的中段、"二（Ⅲ）"表示工业化初期的后段，评价结果如表 4-5 所示。

如果充分考虑 65 个国家的收入水平，将其收入水平与工业化阶段相对应，可以得到如表 4-6 所示的结果。

表 4-5 "一带一路"沿线国家的工业化进程

板　块	国　家	综合指数 k	工业化阶段	类　别	国　家	DBI	工业化阶段
东亚	中国	83.69	四（Ⅱ）	中东欧19国	波兰	90.04	四（Ⅲ）
中亚5国	哈萨克斯坦	72.04	四（Ⅰ）		捷克	99.36	四（Ⅲ）
	吉尔吉斯斯坦	23.93	二（Ⅲ）		斯洛伐克	89.96	四（Ⅲ）
	塔吉克斯坦	0.21	二（Ⅰ）		匈牙利	98.76	四（Ⅲ）
	乌兹别克斯坦	29.19	二（Ⅲ）	南亚8国	印度	31.25	二（Ⅲ）
	土库曼斯坦	70.64	四（Ⅰ）		巴基斯坦	18.05	二（Ⅱ）
蒙俄	蒙古	51.08	三（Ⅱ）		孟加拉国	24.74	二（Ⅲ）
	俄罗斯	83.71	四（Ⅱ）		阿富汗	5.93	二（Ⅰ）
东南亚11国	越南	28.28	二（Ⅲ）		尼泊尔	0.00	一
	老挝	15.46	二（Ⅱ）		不丹	29.99	二（Ⅲ）
	柬埔寨	8.59	二（Ⅰ）		斯里兰卡	58.95	三（Ⅲ）
	泰国	72.77	四（Ⅰ）		马尔代夫	66.39	四（Ⅰ）
	马来西亚	90.47	四（Ⅲ）	西亚中东19国	叙利亚	33.33	三（Ⅰ）
	新加坡	100.00	五		伊拉克	62.79	三（Ⅲ）
	印度尼西亚	51.93	三（Ⅱ）		阿联酋	73.47	四（Ⅰ）
	文莱	72.79	四（Ⅰ）		沙特阿拉伯	73.57	四（Ⅰ）
	菲律宾	51.20	三（Ⅱ）		卡塔尔	72.82	四（Ⅰ）
	缅甸	5.05	二（Ⅰ）		巴林	81.66	四（Ⅱ）
	东帝汶	5.65	二（Ⅰ）		科威特	72.89	四（Ⅰ）
中东欧19国	斯洛文尼亚	91.90	四（Ⅲ）		黎巴嫩	89.86	四（Ⅲ）
	克罗地亚	83.17	四（Ⅱ）		阿曼	72.73	四（Ⅰ）
	罗马尼亚	85.17	四（Ⅱ）		也门	30.96	二（Ⅲ）
	保加利亚	75.59	四（Ⅰ）		约旦	87.91	四（Ⅱ）
	塞尔维亚	78.75	四（Ⅱ）		以色列	100.00	五
	黑山	63.27	三（Ⅲ）		巴勒斯坦	68.76	四（Ⅰ）
	马其顿	61.82	二（Ⅲ）		亚美尼亚	39.91	三（Ⅰ）
	波黑	62.34	三（Ⅲ）		格鲁吉亚	54.72	三（Ⅱ）
	阿尔巴尼亚	36.80	三（Ⅰ）		阿塞拜疆	59.96	三（Ⅲ）
	爱沙尼亚	90.73	四（Ⅲ）		埃及	47.37	三（Ⅱ）
	立陶宛	97.64	四（Ⅲ）		土耳其	90.50	四（Ⅲ）
	拉脱维亚	97.88	四（Ⅲ）		伊朗	71.88	四（Ⅰ）
	乌克兰	56.79	三（Ⅲ）				
	白罗斯	93.49	四（Ⅲ）				
	摩尔多瓦	40.85	三（Ⅰ）				

表 4-6　2014 年"一带一路"沿线国家收入水平排名与工业化阶段对比

阶　　段		所在板块（包含国家数）	涵盖国家及其对应收入水平
前工业化阶段（一）		南亚（1）	尼泊尔（低等）
工业化初期（二）	前段（Ⅰ）	中亚（1）、东南亚（3）、南亚（1）	塔吉克斯坦（中低等）、柬埔寨（中低等）、缅甸（中低等）、东帝汶（中低等）、阿富汗（低等）
	中段（Ⅱ）	东南亚（1）、南亚（1）	老挝（中低等）、巴基斯坦（中低等）
	后段（Ⅲ）	中亚（2）、东南亚（1）、南亚（3）、西亚中东（1）	吉尔吉斯斯坦（中低等）、乌兹别克斯坦（中低等）、越南（中低等）、印度（中低等）、孟加拉国（中低等）、不丹（中低等）、也门（中低等）
工业化中期（三）	前段（Ⅰ）	中东欧（2）、西亚中东（2）	阿尔巴尼亚（中高等）、摩尔多瓦（中低等）、叙利亚（中低等）、亚美尼亚（中低等）
	中段（Ⅱ）	蒙俄（1）、东南亚（2）、西亚中东（2）	蒙古（中高等）、印度尼西亚（中低等）、菲律宾（中低等）、格鲁吉亚（中低等）、埃及（中低等）
	后段（Ⅲ）	南亚（1）、中东欧（4）、西亚中东（2）	斯里兰卡（中低等）、黑山（中高等）、马其顿（中高等）、波黑（中高等）、乌克兰（中低等）、伊拉克（中高等）、阿塞拜疆（中高等）
工业化后期（四）	前段（Ⅰ）	中亚（2）、东南亚（2）、南亚（1）、中东欧（1）、西亚中东（7）	哈萨克斯坦（中高等）、土库曼斯坦（中高等）、泰国（中低等）、文莱（高等）、马尔代夫（中低等）、保加利亚（中高等）、伊朗（中高等）、阿联酋（高等）、沙特阿拉伯（高等）、卡塔尔（高等）、科威特（高等）、阿曼（中高等）、巴勒斯坦（低等）
	中段（Ⅱ）	东亚（1）、蒙俄（1）、中东欧（3）、西亚中东（2）	中国（中低等）、俄罗斯（中高等）、克罗地亚（中高等）、罗马尼亚（中高等）、塞尔维亚（中低等）、巴林（中高等）、约旦（中低等）
	后段（Ⅲ）	东南亚（1）、中东欧（9）、西亚中东（2）	马来西亚（中高等）、波兰（中高等）、捷克（中高等）、斯洛伐克（中高等）、匈牙利（中高等）、斯洛文尼亚（中高等）、爱沙尼亚（中高等）、立陶宛（中高等）、拉脱维亚（中高等）、白罗斯（中高等）、土耳其（中高等）、黎巴嫩（中高等）
后工业化阶段（五）		东南亚（1）、西亚中东（1）	新加坡（高等）、以色列（中高等）

由表 4-6 可以看出，"一带一路"沿线 65 个国家中除阿巴尼亚、蒙古及巴勒斯坦（约旦河西岸和加沙）3 个国家之外，其他国家收入水平与所处的工业化阶段基本呈对应关系，即收入水平越高，其工业化水平也相对较高。工业化水平最低的是位于南亚的尼泊尔，工业化综合指数为 0，且各项指标评价均为最低。其中，人均 GDP 为 1345 美元，仅仅比位于倒数第 1 位的阿富汗多 200 美元；第一产业占比 34.3%，居 65 个国家的首位；制造业增加值占总商品生产部门增加值比重为 12.8%，居倒数第 6 位；人口城镇化率为 18.2%，

处于 65 个国家的末位；第一产业就业占比 66.5%，居 65 个国家的首位。工业化水平最高的是东南亚的新加坡和中东的以色列，工业化综合指数均为 100。新加坡人均 GDP 为 58523 美元，居 65 个国家的第 2 位，仅次于卡塔尔；以色列人均 GDP 为 27860 美元，居第 8 位。新加坡第一产业占比仅为 0.03%，是 65 个国家中占比最小的国家；以色列第一产业占比 1.4%。新加坡制造业增加值占总商品生产部门增加值比重为 74.6%，居首位；以色列该比重为 63%。新加坡人口城镇化率为 100%；以色列人口城镇化率为 92.1%，居第 3 位。新加坡和以色列第一产业就业占比均在 1% 左右，为 65 个国家中最低的。其他国家的工业化水平则分布在各个不同的阶段，除处于后工业化阶段的两个国家之外，工业化综合指数最高的几个国家中有 1 个位于东南亚、9 个位于中东欧、2 个位于西亚中东，按照指数大小依次为黎巴嫩、斯洛伐克、波兰、马来西亚、土耳其、爱沙尼亚、斯洛文尼亚、白罗斯、立陶宛、拉脱维亚、匈牙利及捷克。而除处于前工业化阶段的尼泊尔之外，工业化水平最低的几个国家分别为：位于中亚的塔吉克斯坦；位于东南亚的缅甸、柬埔寨、东帝汶；位于南亚的阿富汗（中国社会科学院工业经济研究所课题组和社会科学院文献出版社，2016）。

总体来看，"一带一路"沿线 65 个国家之间工业化水平差距较大，涵盖了工业化进程的各个阶段。其中，处于前工业化时期的国家只有 1 个，处于工业化初期阶段的国家有 14 个，处于工业化中期阶段的国家有 16 个，处于工业化后期阶段的国家有 32 个，而处于后工业化时期的国家只有 2 个，呈现出"倒梯形"的结构特征。这充分说明了"一带一路"倡议"涵盖面宽"和"包容性强"的重要特征。与中国处于同一工业化阶段的国家有：俄罗斯；中东欧的克罗地亚、塞尔维亚、罗马尼亚；西亚中东的巴林和约旦。

"一带一路"沿线有 14 个国家的工业化水平高于中国，有 44 个国家的工业化水平低于中国，中国在"一带一路"沿线国家中工业化水平处于上游的位置。将所有国家工业化综合指数的大小在地图上按照颜色深浅来表示，可以直观地看到"一带一路"沿线国家工业化水平的差异。

从区域来看"一带一路"沿线国家工业化水平的特征，可以发现中亚 5 国分布在工业化初期和工业化后期；东南亚 11 国和南亚 8 国大部分处于工业化初期；而中东欧和西亚中东的国家大部分处于工业化后期阶段，西亚中东只有 1 国家位于工业化初期阶段，如表 4-7 所示。

在不同的工业化阶段，工业产品通常会呈现一定的规律。例如，在工业化初期，纺织、食品等轻工业的比重较高；在工业化中期，钢铁、水泥、电力等能源原材料工业的比重较高；而到了工业化后期，装备制造业等高加工度的制造业比重明显上升。可以说，各国工业化水平和阶段的不同直接导致了工业产品结构的不同，这为中国与"一带一路"其他沿线国家之间"64+1"的产能合作提供了机遇和可能性。

表4-7 各大板块工业化进程

阶 段	中 亚	东南亚	南 亚	中东欧	西亚中东
后工业化/工业化后期	2/5	4/11	1/8	13/19	12/19
工业化中期	0	2/11	1/8	6/19	6/19
工业化初期/前工业化	3/5	5/11	6/8	0/19	1/19

二、城镇化情况

根据美国中央情报局的数据统计，"一带一路"沿线国家平均城镇化率为58%，与发达国家相比，除7个国家城镇化率接近于发达国家水平外（85%以上），大多数国家的城镇化率远低于发达国家的平均水平，如表4-8所示，城市规模总体偏小，基础设施建设的资金及技术都相对缺乏。

表4-8 "一带一路"沿线国家城镇化率超过80%的国家

序 号	国家	城镇化率
1	新加坡	100%
2	卡塔尔	99.20%
3	科威特	98.30%
4	以色列	92.10%
5	巴林	88.80%
6	黎巴嫩	87.80%
7	阿联酋	85.50%
8	约旦	83.70%
9	沙特阿拉伯	83.10%
……	……	……
平均城镇化率		58%

资料来源：美国中央情报局官方网站，*The Fact Book*。

许多国家正在走"新型城镇化"道路，新型城镇化战略重在实现农业转移人口的市民化，这其中最重要的是城市基础设施建设。基础设施投资空间巨大，是推进新型城镇化的重要着力点和突破口，也是"一带一路"建设的优先领域。中国虽然城镇化率（56%）处于沿线国家的中等水平，但是基础设施建设能力强，与沿线国家互联互通前景广阔。

第三节

资源—产业演进发展规律

产业经济学认为，在经济发展过程中，产业是不断演进的，尤其是工业化过程，既是以农业为主的产业结构向以工业为主的产业演进的过程，也是工业内部结构演进的过程。世界各国的经验表明，伴随经济的不断发展，产业演进具有明显的规律性。根据美国经济学家罗斯托的主导产业理论，产业演进序列实际上是一国主导产业的不断转换过程，基本的演进路线如下：农业→轻纺工业→重化工业→现代服务业→信息产业的产业阶段交替。农业社会人均资源消费呈低缓增长趋势，工业化发展阶段呈快速增长趋势，之后随着经济结构的转变、社会财富积累水平不断提高和基础设施日趋完善，各类资源的人均需求陆续达到顶点，不再增长，并趋于下降（王安建，2010），如图4-2所示。

由图4-2可以看出，资源消费的起飞点、转折点和零增长点是"S"形轨迹的3个重要转变点：在快速工业化阶段，矿产资源需求开始进入高增长期，到后工业化阶段，矿产资源需求增速减缓并逐渐到达顶点。3个转折点对应于经济结构的重大转型期的开始。由于不同资源的性质及其用途不同，"S"形曲线的形态和三个转变点的位置也不同；另外不同国家工业化时代、经济发展模式及消费理念的差异，也会造成"S"形曲线顶点高低的差异。

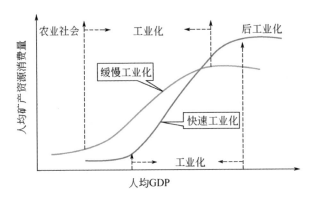

图 4-2　人均 GDP 与人均矿产资源消费量 "S" 形规律示意

不同产业的发展都需要消费相应的矿产资源，因此，随着产业的不断演进，资源消费也存在相应的演进趋势。基于资源矿产消费的 "S" 形规律，陈其慎等（2016 年）提出资源—产业 "雁行式" 演进规律，即产业发展的峰期演进次序与相应产业所需要的矿产资源消费峰值的演进顺序一致。对于一个典型的走工业化发展道路的国家来说，其产业部门的演进基本遵循 "建筑→冶金→家电→机械制造→化工与汽车→电力→计算机、电子→航天军工→其他新兴产业" 的 "雁行式" 演进序列，而支撑这些产业发展的矿产资源的消费峰值到来时间也具有相应的 "雁行式" 演进序列，如图 4-3 所示。

由以上分析可知，一个国家的经济水平，都是与其产业结构和资源消费形势相对应的，也就是说，有什么样的产业结构就会有什么样的矿产资源消费特点。即便是不同国家，在相同经济发展水平下产业结构不同，也能根据这个国家的产业状况来分析未来矿产资源的需求趋势。

"一带一路" 沿线国家在工业化水平等方面存在极大的差异，与矿产资源密切相关的有：①处于工业化初期的国家，如东南亚和南亚国家及部分中亚国家，现阶段对矿产资源的需求还不够强烈，但是当其发展到工业化中期阶段，钢铁、电力等产业的迅猛发展势必造成对铁、煤、铜等资源的强烈需求（见图 4-3）；②处于工业化中期的国家，如中国正在经历着对矿产资源的极大需求，但是随着 GDP 增速的放缓，中国步入 "新常态"，快速发展的核能、新能源、航空航天等新兴产业对稀土、石墨等资源的需求量将快速上升（见图 4-3）。

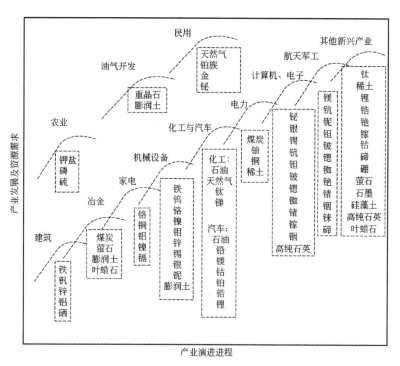

图 4-3 资源—产业"雁行式"演进规律

本章小结

　　产业的发展与资源的需求和消费有着密切的关系，本章预测了"一带一路"沿线国家未来对矿产资源的需求方向，即南亚、东南亚国家随着工业化进程的加快将步入对大宗矿产需求猛增的阶段，而中国及与中国工业化水平相当的中东欧和中东国家随着经济增速的放缓，对大宗矿产的需求将降低，而对稀土、石墨等战略性资源的需求将逐步上升。

第五章　资源产业发展及布局

　　"一带一路"区域矿产资源生产在全球占有重要的地位：中国是重要的煤炭生产国，煤炭产量占"一带一路"煤炭总产量的 63%；对于锡、铅、铁矿石、锌、铝土矿等非能源矿产，"一带一路"区域产量全球占比也处于高位，分别为 83%、62.3%、57.8%、54.6%、38%。本章第一节讲述了 26 个国家的矿产资源产业的发展情况和产业布局；本章第二节罗列了第二章第二节 8 个主要矿产的项目和公司，并分析了这些主要矿产的供需形势；本章最后一节简要叙述了除矿产资源之外的土地、森林及水资源的发展情况。

第一节

矿产资源产业发展状况

一、中亚地区

1. 哈萨克斯坦

　　哈萨克斯坦的矿业在 GDP 和出口创汇中占据重要的地位，矿业已成为其政府国民经济的重要支柱之一。已利用的矿产资源种类丰富，除在世界上占有重要地位的铀、铬铁矿、钛、镁、铼等矿产外，重晶石、铝土矿、铜、锌、硫等的产量也较大（中国地质调查局发展研究中心，2007）。

　　目前在哈萨克斯坦从事矿业活动的矿业公司众多，其中哈萨克斯坦国内企业主要包括哈萨克斯坦铜业公司、哈萨克斯坦锌业股份上市公司、哈萨克斯坦铝业股份公司、哈萨克斯坦国家核能公司（Kazatomprom）等。合资和外国独资的矿业企业有俄罗斯铝业公司、法国阿海珐（Areva）、加拿大卡梅科（Cameco）集团公司等。这些矿业公司从事包括铁、锰、铀、金和磷酸盐等矿产资源的勘查与开发。

1）铬铁矿

哈萨克斯坦TNK铬矿公司(TNK Kazchrome)是最大的铬铁矿生产企业，排名第2位的铬铁矿公司为Oriel资源公司。2015年铬铁矿产量为380万吨，占世界总产量的14%，仅次于南非，位居世界第2位。

2）锰矿

扎伊列姆斯克采矿联合体是该国主要的锰矿生产企业。2015年产量39万吨，与加纳、乌克兰并列位居全球第8位。

3）铀矿

铀矿作为战略物资，其生产和经营一直在哈萨克斯坦国家安全局的全程监控之下。哈萨克斯坦国家核能工业公司（Kazatomprom）是哈萨克斯坦国有公司（国家100%控股），主要从事铀矿、稀土等的进出口。2014年哈萨克斯坦铀矿产量为22829吨，其中国家核能工业公司铀矿产量就达到13801吨铀，占全球的25%。其铀矿出口目的国主要包括比利时、日本、美国和中国等。

4）金矿

哈萨克斯坦黄金生产的主要企业包括哈萨克锌业公司、哈萨克铜业公司和哈萨克黄金公司等。2013年哈萨克斯坦生产了约42吨金（半成品和金粉等），其中最大的黄金生产商哈萨克斯坦锌业公司生产了超过18吨。Kazzinc Consolidated、Aksu、Zholymbet、Bestobe等矿山是哈萨克斯坦重要的矿山，2013年这几个矿山年产金都在4吨以上。

5）磷酸盐

哈萨克斯坦从事磷酸盐开发的主要公司为Kazphosphate LLC和Sunkar资源公司，主要的矿床包括Chulaktau、Zhanatas和Chilisai矿床。2015年产量为160万吨。

总体来看，目前哈萨克斯坦开发利用的矿产资源多样，铬铁矿、锰、铀、金、磷酸盐的产量都居于世界前列。

2. 土库曼斯坦

土库曼斯坦矿产品特别是油气的出口贸易近年来快速增长，能源和矿产产值在国民经济中占据非常重要的地位,是国家的重要经济支柱。虽然土库曼斯坦已经发现近 200 种矿物,但是从经济的视角而言,土库曼斯坦最重要的矿产是石油、天然气、溴和碘。2014 年土库曼斯坦是全球排名第 4 的碘生产国(美国除外),其溴产量排名全球第 8 位(美国除外)。

目前土库曼斯坦的矿业开发主要集中于油气资源,此外也有少量矿业公司从事溴、碘、钾盐、膨润土、水泥、石膏等的生产。

3. 吉尔吉斯斯坦

吉尔吉斯斯坦矿业在国民经济中占有重要的地位,2013 年仅一个库姆托尔金矿就可以将吉尔吉斯斯坦 GDP 提升 4.7%。由于各种原因,吉尔吉斯斯坦目前开发的矿种并不多,主要有金、汞、锑、钨、黏土、煤炭、萤石和银等。其他的矿产如铝土矿、铜、铁、铅、锌、锡等还没有开发的矿山。

目前,吉尔吉斯国内的主要矿业公司有阿克秋兹公司、卡拉巴尔金矿山联合体、吉尔吉斯化学冶金厂、捷列克塞联合体、马克马尔金联合体、苏尔塔萨林公司、萨雷加兹冶炼厂、库姆托尔公司、琼可依公司、卡达姆加依锑联合体、恰乌万汞矿山、海达尔坎汞联合体、塔德尔化学冶金厂、阿尔马雷冶金厂、奇姆克铅联合体、巴尔哈什铜联合体等。

在吉尔吉斯斯坦从事矿业活动的国外矿业公司有加拿大卡梅科(Cameco)公司,美国莫瑞森肯纽顿(Morrison Knudson)公司、纽蒙特矿业(Newmont)公司、菲尔普斯道奇(Phelps Dodge)公司,此外,紫金矿业集团股份有限公司、灵宝黄金集团股份有限公司等中国矿业企业在吉尔吉斯斯坦也有相应的矿山或矿权区。这些公司主要从事金、铜、铀等矿种的勘查和开发工作。

1)金矿

库姆托尔金矿是吉尔吉斯斯坦最大的金矿,建立于 1997 年,为吉尔吉斯斯坦与加拿大组成的合资企业,2013 年该矿山生产了 18.7 吨黄金,同年吉尔吉斯斯坦生产黄金 19.3 吨。中国紫金矿业集团股份有限公司在吉尔吉斯斯坦参与投资的塔尔得布拉克—左岸金矿于 2015 年投产,该矿是吉尔吉斯斯坦第三大金矿,紫金拥有 60% 的股份,另 40% 由吉尔吉斯斯坦政府拥有。2013年金矿出口创汇 5.829 亿美元,占出口额的 36%。

2)汞矿

2014 年汞产量为 70 吨,占世界产量的 14%,仅次于中国和墨西哥,位居世界第 3 位。海达尔坎汞生产联合体是中亚地区唯一一家生产汞的企业，该企业生产的产品全部出口中国、荷兰和俄罗斯。

3）锑矿

卡达姆扎伊和海达尔坎锑矿是吉尔吉斯斯坦国内最重要的两个锑矿床，其资源量都超过 10 万吨（陈超等，2012）。2013 年 12 月底前，卡迪姆兹亚（Kadamzhay）锑冶炼厂是巴特肯地区唯一的锑矿生产商，后来由于原材料短缺而中止生产。

4）钨矿

钨矿主要的开发企业为 Enil'chek JSC 矿业公司，拥有 Atdzhaylau 和 Trudovoye 两个矿床，年产能接近 1 万吨。

总体而言，吉尔吉斯斯坦目前开发利用的主要矿产是金和汞，其他矿产利用较少或没有开采利用。

4. 塔吉克斯坦

塔吉克斯坦的很多矿床由于所处位置和深度等原因没有进行开发。目前开采的矿床主要包括金、锑、铝、银、锌、岩盐、汞、水泥、煤炭、石膏等。

目前在塔吉克斯坦从事矿业活动的矿业公司主要有泽拉夫尚合资公司（СП Зеравшан，由塔吉克斯坦与英国合资，塔方占 51% 股份，英方占 49% 股份）、阿普莱列夫卡合资公司（ТК ООО Апрелевка，塔吉克斯坦与加拿大合资）、塔尔瓦兹黄金公司、安佐普（Анзобский）采选联合企业、塔吉克斯坦国有铝业公司等，这些矿业公司主要从事锑、银、铅、锌、铀、汞、金等矿产资源的勘查与开发。

1）金矿

目前主要的金矿公司有近 10 家，包括中国有色黄金有限公司、紫金矿业集团股份有限公司集团、Aprelevka 勘探公司以及塔尔瓦兹黄金公司等，主要矿床包括吉拉乌、塔罗尔、乔尔德、活斯托兹纳亚—多瓦等。2013 年生产黄金 3 吨。

2）锑矿

安佐布联合有限责任公司（Anzob Mining-beneficiation Complex）是最重要的锑矿生产商，年产能可以处理 70 万吨矿石。2015 年产量为 700 吨，位居世界第 5 位。

3）铝矿

作为塔吉克斯坦外汇收入主要来源的铝业，在塔吉克斯坦国民经济中占有重要地位。塔吉克斯坦缺少铝土矿资源，主要利用进口氧化铝炼铝。境内唯一的铝冶炼厂塔吉克斯坦铝业公司（TALCO，政府 100% 控股），设计年产能为 51.7 万吨，2013 年生产铝 21.6 万吨。其铝锭销售基本由少数几家外国公司垄断，主要销往欧洲。

4）银矿

塔吉克斯坦银矿主要生产企业包括泽拉夫尚（Zarafshon）金矿公司（紫金西北公司占股 75%，塔吉克斯坦政府占股 25%），在塔吉克斯坦拥有 Jilau 和 Taror 两个矿床，设计年产能 4300 千克。

5）岩盐

岩盐在霍扎—穆明、卡梅卡库尔干和图特布拉克三个矿山用地下浸出法开采，并从卤水中采出。前两个矿山有盐加工厂。亚湾电化学工厂利用图特布拉克的盐矿山、普斯胡尔的灰岩矿山和克孜尔—图姆舒克气田的原料，生产多种产品，对矿物原料进行综合加工（李恒海，2010）。

综合而言，目前塔吉克斯坦开发利用的主要矿产资源包括锑、银、铝、金、岩盐等。

5. 乌兹别克斯坦

乌兹别克斯坦目前开采的矿产主要有金、铜、铀、钼、银、锌、钾盐等。

当前，在乌兹别克斯坦从事矿业活动的矿业公司主要有本土的 Navoi 矿业冶金公司、Almalyk 矿业公司等。这些矿业公司主要从事铜、金、铀等矿产资源的勘查、开发。

1）金矿

金矿开采主要由 Almalyk 和 Navoi 两个国有矿业冶金公司开展。其中穆龙套金矿由 Navoi 公司自 1967 年开始以露天方式开采。Navoi 公司是该国最重要的金矿生产者，金矿产量占到全国的 80%，该公司同时也是铀矿的唯一生产者。2015 年金产量 103 吨，列居世界第 9 位。

2）铜矿

阿尔马雷克矿山冶炼联合企业是乌兹别克斯坦唯一的铜生产商，其拥有两个大型斑岩型铜矿，分别是 Kalmakyr 和 Sary-Cheku 矿床。此外还有一个 Dal'neye 铜矿。公司铜资源量达到 1700 万吨，其中 20% 已经消耗掉。

2013 年阿尔马雷克矿山冶炼联合企业生产 9.8 万吨铜。

3）铀矿

Navoi 是乌兹别克斯坦国有企业 Kyzylkumredmetzoloto 的下属公司，承担国内所有的铀矿开发。在 1992 年以前，所有的铀都运送到俄罗斯；之后的铀主要出口到美国和其他国家。国家铀矿 Navoi 矿业冶金公司（NMMC）自 2004 年以来每年的铀产量超过 2000 吨，2012 年产量约 2400 吨。2013 年建成的 Alendy、Aulbek 和北 Kanimekh 矿山随着 2015 年产能满负荷，产量得到了显著的提升。日本和中国的相关企业正在积极地参与乌兹别克斯坦铀矿开发，主要集中在黑色页岩型铀矿。2014 年 5 月，中广核与乌兹别克斯坦签署了 8 亿美元的协议，协议商定乌兹别克斯坦铀矿供应到 2021 年，2013 年有 1663 吨铀出口到中国。

综上所述，乌兹别克斯坦矿产资源丰富，开发利用的矿产资源主要有金、铀、铜等。

二、北亚、东北亚地区

1. 俄罗斯

俄罗斯矿业在国民经济中占据非常重要的位置，2013 年矿业相关产业的产值在 GDP 中占比为 14.6%。俄罗斯许多种矿产资源的开发利用在全球和区域矿产生产中都处于领先地位。这些处于优势地位的矿产主要包括铝、锑、砷、石棉、矾土、硼、镉、水泥、煤、钴、铜、金刚石、硅藻土、萤石、镓、宝石、锗、金、石墨、石膏、铟、碘、铁矿石、铅、石灰、镁、云母、钼、天然气、镍、氮、钯、泥煤、石油、磷矿石、生铁、铂、钾肥、稀土、铼、硒、硅、银、钢、硫、碲、海绵钛、钨、铀、钒和蛭石，品种非常丰富。

截至 2013 年年底，俄罗斯有 1.74 万家企业从事与矿业相关的生产，其中，7000 家企业从事燃料矿产的生产，1.04 万家企业从事非燃料矿山的开发。国有企业有 200 余家，外资或合资企业约 300 家。

1）铁矿

俄罗斯有规模的铁矿达到 196 个，主要集中在库尔斯克磁异常区，其次为乌拉尔、西伯利亚和远东地区。俄罗斯超大型铁矿床主要有库尔斯克、别尔格斯罗得、米哈伊洛夫、别列戈尔斯克、基济尔—卡济尔、斯托伊林斯克、科罗巴科夫斯克、列别季、卡奇卡纳尔、斯托伊罗—列别季等，这些铁矿床的储量占到俄罗斯总产量的近 90%。铁矿生产企业主要有米哈伊洛夫斯克矿业公司、斯托伊林斯克矿业公司、列别季矿业公司、北方钢铁公司、西西伯利亚矿业公司、新利佩茨科钢铁公司、冶金投资公司等。

2）铝矿

与其他国家不同的是，俄罗斯生产氧化铝的资源不仅是铝土矿，还有霞石矿石（大约占氧化铝的 40%）。主要分布在科米共和国的中季曼和南季曼铝土矿区、别尔哥罗德州、亚马尔—涅涅茨自治区、汉特—曼西斯克自治区。生产企业主要有北乌拉尔铝土矿公司、季曼铝土矿公司、北奥涅加铝土矿公司、磷灰石公司、阿钦斯克氧化铝公司、西北磷酸岩公司等。2015 年产量为 350 万吨，约占全球产量的 6%。

3）锑矿

俄罗斯锑矿最重要的两个矿床是萨雷拉赫金—硫化物矿床和谢恩塔昌金—硫化物矿床，两者都位于雅库特共和国。锑的主要生产企业为 GeoProMining 公司。2015 年产量为 9000 吨，仅次于中国位居世界第 2 位。

4）铜矿

俄罗斯主要铜生产企业包括诺里尔斯克镍公司、加伊矿业公司、斯维亚托戈尔公司、巴什基尔斯克铜公司、贝斯特林矿业公司等。

5）钼矿

俄罗斯 2015 年钼产量为 4800 吨。特尔内奥兹矿业公司、日列肯矿业公司、索尔斯克矿业公司和布格达因矿山公司是目前俄罗斯主要的钼矿生产商。

6）锡矿

俄罗斯探明锡储量集中分布在远东难以通行的待开发区。由于交通不便、锡矿石品位不高等诸多原因，俄罗斯的锡矿产量不高。萨哈锡公司、东部锡公司是目前俄罗斯主要的锡矿生产者，2015 年的产量为 100 吨。今后仍将长期依靠进口，才能满足国内需求。

7）铅矿

克拉斯诺亚尔斯克边疆区和布里亚特共和国的铅资源最多，占全俄罗斯总量的 60% 以上；还有 1/4 左右的储量分布在阿尔泰边疆区、滨海边疆区和赤塔州。戈列沃矿床、霍洛德宁斯克矿床和奥泽尔纳矿床是主要的矿床。主要生产者有戈列沃矿业公司、远东多金属矿业公司、西伯利亚多金属公司和工业技术投资公司，2015 年的产量为 90 吨。

8）钨矿

俄罗斯 2015 年钨矿产量为 2500 吨，居世界第 3 位。生产钨矿的公司包括 AS Quartz、ZAO Novoorlovskiy GOK、KGUP Primteploenergo 等。

9）镍矿

俄罗斯目前主要的镍生产者为 OJSC MMC Norilsk 镍矿公司、OAO Ufaleynikel 公司、Metallurgical Holding 公司、OAO Yuzhuralnikel 公司等。2015 年，俄罗斯镍产量为 24 万吨，仅次于菲律宾，与加拿大并列世界第 2 位。

10）金矿

俄罗斯极地黄金公司是该国最大的黄金生产商，目前在远东和西伯利亚东部有 5 个矿山正在开采。Olimpiada 矿是俄罗斯最大的金矿，该矿 2014 年产金 22.57 吨。在俄罗斯开展黄金勘探开发的大型金矿公司有加拿大金罗斯黄金公司等。俄罗斯 2015 年的金产量为 242 吨，排在中国和澳大利亚之后，位居世界第 3 位。

11）铂族金属

2015 年俄罗斯铂产量为 23 吨，钯产量为 10 吨，分别排名世界第 3 位和第 5 位。

12）钾盐

上卡马矿床、涅普斯克和埃利通是俄罗斯最主要的 3 个钾盐矿。目前主要的生产公司包括乌拉尔钾盐公司和钾石盐公司等。2015 年钾盐产量为 740 万吨，仅次于加拿大，位居世界第 2 位。

综合而言，俄罗斯矿产资源极度丰富，大部分矿种都得到了开发利用，其主要矿产铁、铝、锑、钼、铅锌、铜矿、铀、钾盐等产量都居世界前列，在国际上有着举足轻重的地位。

2. 蒙古

蒙古矿产丰富，矿业在国民经济中占据支柱地位，2013 年矿产品的产值占 GDP 的 20%。蒙古的矿业开发主要在东部和中北部，目前开发利用的主要矿产品包括铜、钼、煤炭、钨、锡、金、银、萤石、石膏、石油等。

目前，在蒙古从事矿业活动的矿业公司除蒙古本土企业以外，还有来自世界各地的公司，包括中国、加拿大、俄罗斯、澳大利亚、荷兰、韩国等国家。这些矿业公司主要从事铜、金、银、钼、煤炭、钨、锡等的勘查和开发。

1）铜矿

目前从事铜矿生产的企业主要包括 Turquoise Hill 资源公司、额尔登尼特（Erdenet）矿业有限公司（蒙古政府占 51% 股份，俄罗斯技术有限公司占 49% 股份）。2013 年铜矿产量为 18.66 万吨。

2）金矿

近些年来随着金矿的开发，金矿已经成为蒙古经济的重要推动力之一。从 20 世纪 90 年代起，在蒙古从事金矿勘查开发的矿业公司达到上百家，主要的矿业公司有 Mongolrostsvetmet LLC 公司（蒙古和俄罗斯合资）、中国金矿业集团股份有限公司、北亚资源控股公司、蒙古资源公司、Turquoise Hill 资源公司等。2013 年金产量为 8.9 吨。

3）钼矿

目前在产的钼矿主要是额尔登尼特矿，由三星公司（占股 51%）和额尔登尼特矿业公司（占股 49%）共有。此外，Turquoise Hill 资源公司在南戈壁地区也有钼矿。2012 年蒙古的钼产量为 2000 吨。

4）钨矿

蒙古的钨既有原生矿，也有砂矿。钨矿主要产于蒙古西部的乌兰乌托和乌兰巴托以北 60 千米的查干达巴钨矿（韩久曦，2013）。2012 年蒙古钨产量为 66 吨。

5）铀矿

目前蒙古境内没有铀生产，但是有一些矿山处于规划阶段。这些矿山主要包括 Zoovch Ovoo 矿、Gurvanbulag 矿、Dulaan Uul 矿、Kharaat 矿、Khairkhan 矿等。其中，Zoovch Ovoo 矿最大，其储量为 6.7 万吨。

6）煤炭

蒙古煤炭探明储量为 223 亿吨，占 "一带一路" 沿线国家的 4.1%。煤炭已知的矿点和矿化点 300 多个，主要分布在靠近中国边境的一侧（韩久曦，2013）。由于基础设施缺乏，很多煤炭没有得到开发。目前正在开采的煤矿有巴嘎喏尔煤矿（Baga Nuur）、沙林高勒煤矿（Sharyngol）、希费鄂博（Shivee Ovoo）煤矿等。目前在蒙古的主要煤矿公司有 Erdenes MGL 公司（蒙古政府占股 75%）、加拿大南戈壁资源有限公司、蒙古矿业集团、Terra 能源公司等，中国的庆华集团也与蒙古合资成立了公司进行煤矿的开发。2013 年煤炭产量 2600 万吨。

7）萤石

2015 年，蒙古的萤石探明储量为 2200 万吨，占全球近 10%，仅次于南非、墨西哥和中国，排名世界第 4 位，主要分布在东戈壁省、中戈壁省和肯特盟。目前主要的开采和加工企业为蒙古依若斯特斯温特敏特公司（Mongolrostsvetmet LLC，蒙古和俄罗斯合资企业），共经营 4 个矿山（韩久曦，2013）。2015 年产量为 37.5 万吨，蒙古的萤石主要出口到俄罗斯和中国。

总体来看，目前蒙古开发利用的主要矿产有煤炭、铜矿、金矿、钼矿、钨矿、萤石，其中煤炭、铜、萤石等产量在世界上占有一席之地。

三、南亚、东南亚地区

（一）南亚地区

1. 印度

印度的工业体系较完善，主要包括纺织、食品、化工、制药、钢铁、水泥、采矿、石油和机械等。近年来，汽车、电子产品制造、航空航天等新兴工业迅速发展，但是能源不足制约了其工业的发展。印度汽车零售、医药、钢铁、化工等产业水平较高，竞争力较强。2014—2015 年工业产值增长 5.9%。其中，采矿和采石业增长 2.3%，制造业增长 6.8%，建筑业增长 4.5%，电力、燃气、水工业和其他服务业增长 9.6%。

目前，印度矿山总数量为 3461 座，大多数为小规模矿山，具有集中分布的特点，主要分布在安得拉邦和拉贾斯坦邦等 11 个邦，上述 11 个邦拥有的矿山数占印度矿山总数的 93.93%。

1）铁矿

印度铁矿资源主要分布在海因达拉克拉通、西塔尔瓦尔克拉通、泰米尔纳德邦中部、安得拉邦、卡纳塔克邦、马哈拉施特拉邦等地，产于绿岩带及绿片岩相岩石中的铁矿是印度最重要的铁矿类型。铁矿石主要为赤铁矿和磁铁矿，赤铁矿矿石品位均在 58% 以上，磁铁矿矿石品位较低，一般为 30% ~ 40%。2012— 2013 年，印度铁矿石产量约 13602 万吨，较 2011—2012 年下降 19.32%，主要来源于奥里萨邦、果阿帮、切蒂斯格尔邦、恰尔肯德邦和卡纳塔克邦 5 个邦，占总产量的 97%，剩余 3% 的铁矿石产量来自安得拉邦、中央邦、马哈拉施特拉邦和拉贾斯坦邦 4 个邦。从公司性质上看，39% 的铁矿石产量来自 NMDC、SALL 和 Orissa Mining Corporation 等国营矿业公司，61% 的铁矿石产量来自 TISCO 等私人矿业公司。

2）铜矿

印度铜矿资源欠缺，主要分布在拉贾斯坦邦阿拉瓦尔利克拉通的克墨特拉构造带和比哈尔邦辛格布姆推覆带上，矿床类型以热液型为主。2012—2013 年，印度铜精矿产量约 12.4 万吨，较 2011—2012 年下降 5%，铜精矿平均铜含量为 23.74%。铜精矿主要来自拉贾斯坦邦和比哈尔邦。

3）铬矿

印度铬矿资源主要分布在奥里萨邦，其次为那塔克邦、安得拉邦，矿床类型主要为蛇绿岩型。2012—2013 年，印度铬矿产量约 295 万吨，较 2011—2012 年增长 1%。其中，99.77% 的铬矿石来自奥里萨邦。印度的主要铬矿山为 TATA STEEL、OMC、IMFAL、FACOR、Balasore Alloys Ltd. 和 JSL 6 个矿业公司所拥有，上述 6 个铬矿公司 2012—2013 年产量合计占印度铬矿年总产量的 93%。从公司性质上看，OMC、IMFAL 和 IDCOL 3 家国营铬矿公司的共计 11 个铬矿山产量占印度铬矿年总产量的 24%，私营铬矿公司的铬矿石产量占印度年总产量的 76%。

4）锰矿

锰矿是印度的优势矿种之一，主要分布在卡纳塔克邦、奥里萨邦和中央邦，矿床类型主要有红土型、同生沉积变质型和钾长锰榴岩型 3 种类型。2103—2014 年，印度锰矿石产量约为 231 万吨，较 2012—2013 年下降 0.4%。中央邦、马哈拉施特拉邦、奥里萨邦和安得拉邦锰矿石产量分别占总产量的 30.41%、29.05%、22.87% 和 15.91%，卡纳塔克邦、果阿邦、贾坎德邦和拉贾斯坦邦 4 个邦锰矿石产量合计占总产量的 1.76%。MOLL 矿业公司为印度最大的锰矿石生产商，其产量占该年度总产量的 49%，其次为 TATA STEEL（13%）、RBSSDP&FN Das（10%）、ML Rungta（6%）和 S.R.Ferro Alloys（3%）（李尚林等，2012）。

5）金矿

印度金矿资源很少，主要分布在卡纳塔克邦，以岩金为主，矿床类型以绿岩带型金矿为主。2012—2013 年，印度金产量仅 1588 千克，较 2011—2012 年减少 28%，99.7% 的金产量来自卡纳塔克邦的 Hutti 金矿山，剩余 0.3% 的产量来自恰尔肯德邦。

6）铝土矿

印度铝土矿主要分布在奥里萨邦和安得拉邦，其次为中央邦、马哈拉施特拉邦等地的前寒武纪克拉通上，成矿与变质岩系和玄武岩风化形成的风化壳有关。2012—2013年，印度铝土矿产量约为1536万吨，较2011—2012年增长13%。奥里萨邦、古吉拉特邦、贾坎德邦、马哈拉施特拉邦、切蒂斯格尔邦和中央邦的铝土矿产量分别占总产量的26%、20%、13%、13%、12%和12%，剩余4%产量来自果阿邦、泰米尔纳德邦和卡纳塔克邦。从公司性质上看，产量主要来自NALCO、BALCO和HINDALCO 3个国营矿业公司。

7）铅锌矿

印度铅锌矿资源主要分布在拉贾斯坦邦阿拉瓦尔利克拉通上，矿床类型以层控型为主。2012—2013年，印度铅产量约为184万吨，比2011—2012年增长14%，铅精矿中铅平均含量为56.55%；锌产量约为149.3万吨，较2011—2012年增长5.6%，锌精矿中锌平均含量为50.88%。铅锌精矿几乎全部来自拉贾斯坦邦。

2. 阿富汗

阿富汗产业发展不平衡：农业生产停滞不前，工业发展落后，服务业迅速崛起。多年的战乱使阿富汗的工业基础几陷崩溃，缺少完整的工业体系，工业产值仅占GDP的1/5。从行业来看，以轻工业和手工业为主，主要有化工、建材、制造、制药、印刷、食品、纺织等。从企业来看，基本上以中、小型企业为主，大企业很少。现有的企业中，发电厂、水泥厂等规模的企业屈指可数，多数企业属劳动密集型、作坊式的初级加工厂，规模小，生产工艺落后，设备老化，缺少质检标准和质检机构，产品主要面向国内市场。阿富汗将能源矿业作为国家重点产业打造，但因多年战乱，能源矿业目前只有小规模的个体式开发，还没有形成一个产业。2012—2014年，采矿业的产值主要来源于煤炭业。

由于阿富汗的许多手工采矿及中小规模采矿作业未予完备记录，因此，没有现成的阿富汗矿产产量数据。由于安全限制，阿富汗矿业与石油部的职员只能受限访问矿场，并验证其报告数据。因此，阿富汗中央统计局仅提供了2013年的部分产量数据。根据阿富汗中央统计局的数据，阿富汗的氮产量增加了52%，大理石产量增加了50%，煤炭产量增加了20%，水泥产量估计增加了5%。

1）煤炭

阿富汗的主要煤田位于阿富汗中北部。煤田被划分为含煤区，包括位于巴格兰省的普利库姆利（Pulikhumri）煤区、位于萨曼甘省的达拉艾沙夫（Dara-i-Suf）煤区，以及达拉艾沙夫煤区东南部的桑佳—依稀浦西他（Sayghan-Eshpushta）煤区等。达拉艾沙夫煤区拥有 14 处矿床，包括阿布克拉卡（Abkhorak）、达瓦匝（Darwaza）、叻拉（Lela）、卡拉穆克（Qaramqol）、萨丽埃斯亚（Sare Asya）、沙巴尚克（Shabbashak）、西格拉马克（West Gramak）等；桑佳—依稀浦西他煤区包括伊斯托马（Estoma）、那拉克（Nalak）、塔拉巴法克（Tala Barfak）等矿床；普利库姆利煤区包括度喀什（Dudkash）、卡卡（Karkar）、若一达布（Roee Duab）、西度喀什（West Dudkash）等矿床。所有煤田只能通过道路或小路进出。主要的煤炭生产企业是由政府运营的北方煤炭公司（North Coal Enterprise，NCE）。

阿富汗政府正在对政府所有的煤矿进行私有化。2009 年，Mesqa Shraq 有限公司中标萨曼甘省北部的阿布克拉卡煤矿项目。该公司按 600000 吨／年的产能提炼煤炭。后来由于阿布克拉卡煤矿崩塌，当地村民关闭了该煤矿，指责政府工程师的矿井建设差，并缺乏安全防范措施。根据北方煤炭公司的信息，来自达拉艾沙夫煤区、普利库姆利煤区的若一达布煤矿及塔拉巴法克煤矿的收益在 2013 年从 15 亿阿富汗尼（约 2800 万美元）增加至 18 亿阿富汗尼（约 3400 万美元）。

2）铜矿

2007 年，阿富汗境内最大规模的项目之一是中国冶金股份有限公司（MCC）和江西铜业股份有限公司共同投资的艾娜克（Mes Aynak）铜矿项目。但是由于阿富汗糟糕的安全形势、艾娜克矿区重大的考古发现、投资者自身的举棋不定，以及与阿富汗当局的微妙关系使矿山达产长时间推迟。

2011 年 12 月，阿富汗矿业与石油部开始对 3 处大型铜金矿的勘探权进行招标。第一处是位于加兹尼（Ghazni）省的扎喀山（Zarkashan）铜金矿。该矿拥有两处经许可的勘探区，总面积为 25280 平方千米，推测黄金储量为 525 千克，含量为 7.1 克／吨，实测黄金储量为 2191 千克，含量为 6.9 克／吨。由阿富汗斯特林矿业公司（Sterling Mining Co.）及阿联酋贝尔哈萨国际公司（Belhasa International Corp. L.L.C.）的合资企业中标。斯特林／贝尔哈萨合资企业提议将包括矿床开发和采矿管理在内的项目技术工作分包给相关

DRA 矿业私人有限公司南非公司 [South African Firms of DRA Mining (Pty.) Ltd.]、DRA 矿产项目私人有限公司 [DRA Mineral Projects (Pty.) Ltd.] 及 Minopex 私人有限公司 [Minopex (Pty.) Ltd.]。

第二处铜金矿是位于赫拉特省（Herat）的 Shaida 斑岩铜矿，其勘探面积为 250 平方千米，推测的铜储量为 480 万吨，品位为 1.0%，由阿富汗矿业集团（Afghan Mineral Group）中标。

第三处是巴卡布铜矿。该矿是一处火山成因块状硫化物矿床，其中 210 平方千米的勘探面积位于萨尔普勒省（Sar-e Pul），247 平方千米的勘探面积位于巴尔赫省。铜储量估计约为 100 万吨。巴卡布矿床包括含有大量蓝铜矿、斑铜矿、浸染状黄铜矿、方铅矿、孔雀石及黄铁矿成矿的区域，铜的品位为重量的 0.25% ~ 1.34%。阿富汗克里斯托自然资源公司（51%）和阿富汗黄金控股公司（Afghan Gold Holdings）[根西岛（英国）]（49%）持有的阿富汗黄金与矿产公司成为巴卡布（Balkhab）铜矿勘探权的中标人。

3）铁矿

位于赫拉特省的阿富汗福拉德钢厂有限公司（Afghan Folad Steel Mill Co. Ltd.）是阿富汗的领先轧钢制造商之一，也是圆钢的龙头制造商。钢厂的生产能力为 29000 吨／年。2013 年，阿富汗福拉德钢厂以对拖延出具外籍工人的签证进行抗议，直到其外籍工人获得签证为止，工厂将一直关闭。

哈吉噶克（Haji-Gak）是阿富汗最大的铁矿矿床，位于巴米扬省（Bamyan），并延伸至帕尔旺省和瓦尔达克省（Wardak）。2011 年，加拿大的基洛金矿有限公司（Kilo Goldmines Ltd.）（25%）和由印度钢铁管理局公司（Steel Authority of India Ltd., SAIL）领导的印度联营公司（75%）中标哈吉噶克矿床开采项目。经苏联和阿富汗地质学家的估计，矿山铁矿总储量为 170 亿吨，平均品位为 61.3%。政府正在同印度联营公司进行最后的协商，以开发哈吉噶克铁矿矿床的 3 个区块。该联营公司最初计划投资 108 亿美元用于 3 个区块的开发，包括开发 3 个铁矿采矿场和建造一座产能为 600 万吨／年的钢厂。由于阿富汗矿业法的不确定性，该联营公司将钢厂的计划产能降低至 120 万吨／年，并将其计划的总投资额减少至 20 亿美元。

4）金矿

West Land 贸易有限责任公司在 2008 年获得位于塔哈尔省（Takhar）的努尔巴（Nooraba）和萨姆提（Samti）砂金矿床的勘探和开采许可证。据报道，

2010 年到期的勘探许可证在 2013 年部长会议（Council of Ministers）上被取消，最终导致对合同的修订。根据 West Land 贸易有限责任公司一名前董事的介绍，从努尔巴矿山提炼的黄金产量达到 10 ～ 13 千克 / 天，生产水平还比较低。

阿富汗克里斯托自然资源公司在 2010 年获得卡拉扎甘（Qara Zaghan）黄金项目的两年期勘探许可证，并有权获得 10 年期采矿许可证。阿富汗克里斯托自然资源公司通过由摩根大通公司（JPMorgan Chase & Co.）推动的交易获得来自美国、印度尼西亚、土耳其及英国的外国投资者的支持。该公司在 2011 年 1 月签署协议，对位于巴格兰省（Baghlan）卡拉扎甘村附近的卡拉扎甘金矿进行开发，并计划投资 5000 万美元用于采矿。中亚矿业服务公司（Central Asian Mining Services）进行了地面磁法勘探和土壤采样，并且钻探 2000 米取得岩芯样本，以供阿富汗黄金和矿产公司分析。

2011 年 12 月，阿富汗矿业与石油部开始对位于巴达赫尚省（Badakhshan)的巴达赫尚金矿的勘探权进行招标。该矿点为石英脉型金矿，拥有 4 个经许可勘探区，每处勘探区的面积为 250 平方千米。在这 4 个勘探区中，维卡杜尔（Veka Dur）金矿矿点推测黄金储量为 960 千克，含量为 4.1 克 / 吨。阿富汗黄金与矿产公司（Afghan Gold And Minerals）（49%）同土耳其 Eti Gümüş S.A. 公司（51%）的合资企业—土耳其—阿富汗矿业公司（Turkish-Afghan Mining Co.）中标该金矿。

5）铬矿

2010 年 5 月 18 日，阿富汗矿业与石油部同赫瓦德兄弟矿业公司（Hewad Brothers Mining Co., HBMC）就位于帕尔旺省（Parwan）Kohisafi 区 Gadakhil 区域内的一个铬铁矿床签订了一份采矿合同。作为该合同规定的一部分，该公司应修建一条连接该铬铁矿床和主干道的道路，并在阿富汗境内修建一座铬铁矿加工厂。此外，赫瓦德兄弟矿业公司同意向政府支付 26% 的特许权使用费。

3. 巴基斯坦

2013 年巴基斯坦实际国内生产总值（GDP）增长率为 3.6%，而 2012 年为 4.4%。造成增长率减缓的原因包括断电、天然气短缺、暴雨、电力和运输成本增加，以及国内的政治不稳定性。巴基斯坦的工业占国内生产总值的 21.4%。制造业产出占整个工业的 63%，占国内生产总值的 13.2%，较 2012

年增长 3.5%。采掘业占工业的 14.7%，占国内生产总值的 3.1%；同 2012 年 4.6% 的增长率相比，采掘业 2013 年的增长率为 7.6%。发电和配电业及天然气配送业在 2013 年为 3.2% 的负增长率，在 2012 年的增长率为 -2.7%。造成负增长的原因包括技术落后，以及在能源勘探和开发经济节能基础设施方面的投资有限。

由于电力短缺及投资者对巴基斯坦的经济前景缺乏信心，制造业投资减少，导致私人投资较 2012 年下降 18.7%。2013 年，外国直接投资从 2012 年的 8.59 亿美元增加至 13.1 亿美元。石油及天然气勘探是外国投资者的主要投资领域。在产量增长方面，重晶石增长 141%，霰石和大理石增长 31%，膨润土增长 58%，硅砂增长 50%，耐火黏土增长 15%，粗钢增长 13%，白云石和石灰岩增长 11%，水泥增长 5%。在产量下降方面，铅下降 65%，漂白土下降 38%，长石下降 28%，铜下降 25%，铬下降 24%，生铁下降 19%，铝土矿和锌各下降 16%，滑石下降 15%，煤炭下降 12%。

1）铜金矿

山达克（Saindak）铜金矿是巴基斯坦唯一一个处于生产状态的金矿山，但是政府没有产出黄金的确切产量信息。山达克铜金矿位于俾路支省（Balochistan）的查盖山（Chagai Hills），也出产铜。2013 年，中国冶金科工股份有限公司（MCC）报告的铜产量为 13500 吨。中国冶金科工股份有限公司和政府间就山达克铜金矿的采矿许可证协议已经延展至 2017 年 10 月。

另一个重要的项目是雷克迪克（Reko Diq）铜金开采项目，雷克迪克矿床位于俾路支省的西北部，本项目中的外国直接投资估计为 33 亿美元，外商投资额比巴基斯坦国内任何一个项目都要多。英国安托法加斯塔公共有限公司（Antofagasta PLC）同加拿大巴里克黄金公司（Barrick Gold Corp.）的合资企业拥有雷克迪克项目 75% 的股份，俾路支省政府拥有剩余 25% 的股份。该矿床的总资源量估计为 581 万吨，铜的品位为 0.41%，黄金的品位为 0.22 克/吨，总储量估计为 217 万吨，铜的平均品位为 0.53% 铜，黄金的平均品位为 0.30 克/吨。雷克迪克项目的产能预计为精矿 560500 吨/年，其中铜 196800 吨/年，黄金 8040 千克/年。

俾路支省西部的查盖山项目由加拿大的埃佛勒斯金业股份有限公司（Everest Gold Inc.）完全所有。查盖山项目包括 4 个子项目——Kabul Koh（Sard Ab）子项目、Ziarat Pir Sultan 和 Ziarat Malik Karkam 子项目、

Dasht-e-Kain 子项目、Gajoi 子项目。2008 年，埃佛勒斯金业股份有限公司开始勘探 Kabul Koh 和 Dasht-e-Kain 子项目。该公司对 Kabul Koh 斑岩铜矿成矿区进行了钻探、采样和测绘，采样结果显示存在铜的品位可达 1.8%。该公司还对 Dasht-e-Kain 子项目西部成矿区一处 1400 米 × 500 米的铜土壤异常区域进行了金刚石钻进，结果显示含铜量为 0.29%。

2）铁矿

博兰矿业公司（Bolan Mining Enterprise，BME）是巴基斯坦的主导重晶石生产企业之一。该公司是俾路支省政府和巴基斯坦石油有限公司（Pakistan Petroleum Ltd.，PPL）对半持股的合资企业，拥有两个铁矿开采许可证。铁矿位于俾路支省诺克昆迪（Nokkundi）区域的西北部。博兰矿业公司计划建立一座产能为 200 万吨 / 年铁精矿的选矿厂。该选矿厂可能于 2015 年或 2016 年开始生产。韩国的浦项制铁公司（POSCO），以及沙特阿拉伯的伊迪法克钢铁生产公司（Al-Ittifaq Steel Production Co.，ISPC）就诺克昆迪铁矿矿床的开发同巴基斯坦政府签订了议定书。

3）铅锌矿

2013 年，由于对现场及地下矿场的维修，俾路支省拉斯贝拉区（Lasbella District）的杜达（Duddar）铅锌矿的生产暂停。因此，2013 年杜达铅锌矿的铅产量从 2012 年的 34000 吨降低至 12000 吨，降值达 65%；锌产量从 2012 年的 12000 吨降低至 10024 吨，降值 16%。杜达铅锌矿是中国冶金科工股份有限公司（75%）和巴基斯坦矿产开发公司（Pakistan Mineral Development Corp.，PMDC）及俾路支省政府（25%）的合资项目。

4）钢铁

根据巴基斯坦行业与生产部（Ministry of Industries and Production）的信息，巴基斯坦钢厂私人有限公司［Pakistan Steel Mills Corp. (Pvt.) Ltd.，PSM］就产量而言是巴基斯坦国内的龙头国有工业联合企业。巴基斯坦钢厂私人有限公司的产能利用率在 2012 年 5 月下降至 25%，在 2013 年 5 月下降至 19%，截至 2013 年 7 月，由于缺乏焦炭原料、原材料及资本，巴基斯坦钢厂私人有限公司的产能利用率进一步下降至 12%。截至 2013 年 6 月，巴基斯坦钢厂私人有限公司已损失 8.347 亿美元（约 862.7 亿巴基斯坦卢比），并且损失进一步增加至 9.567 亿美元（约 985.7 亿巴基斯坦卢比）。政府决定对巴基斯坦钢厂私人有限公司进行私有化，并销售其 26% 的股份。2013 年，政府批准了对巴基斯坦钢厂私人有限公司的重组方案。俄罗斯政府表示有意愿投资 10

亿美元对巴基斯坦钢厂私人有限公司的产能进行现代化升级和提高。现代化之后，预计产能将从目前的110万吨／年提高至150万吨／年甚至300万吨／年。

（二）东南亚地区

1. 印度尼西亚

印度尼西亚是东盟最大的经济体，农业、工业和服务业均在国民经济中占重要地位。三大产业结构如下：第一产业占15.04%；第二产业占46.04%，其中工业占35.86%，建筑业占10.18%；第三产业占38.92%。在工业增加值中，制造业占GDP的比重为23.59%，采矿业占比重11.44%，电力、燃气及水的生产和供应业占0.83%。

矿业是外商投资印度尼西亚的传统热点行业，印度尼西亚丰富的矿产资源使其成为国际煤炭及镍、铁、锡、金等贵金属矿产品市场的重要来源，吸引了大批外资投入矿业上游行业以稳定原料供应。特别是2012年5月印度尼西亚政府对65种矿产品出口加收20%出口税并要求投资者在印度尼西亚投资设立冶炼加工厂等措施，刺激了外商对矿产下游行业的投资，目前矿业已经成为印度尼西亚的第一大外商投资行业，约占利用外资总量的1/6。

目前，在印度尼西亚从事矿业活动的矿业公司主要有阿内卡矿业公司［PT Antam（Persero）Tbk］、阿达罗能源公司（PTAdaro Energy Tbk）、布米资源公司（PT BUMI Resources Tbk）、PT Indo Tambangraya Megah Tbk、必和必拓矿业公司（BHP Billiton）、PT. Bayan Resources Tbk、自由港印度尼西亚公司（PT Freeport Indonesia Co.）和纽蒙特矿业公司（Newmont Mining Corp.）等，这些矿业公司主要从事煤、钴、铜、钻石、金、铁矿石、铅、锰、钼、镍、银、锡、钨、锌、钇、铈、镧等矿产资源的勘查和开发。

1）煤炭

2014年，印度尼西亚煤炭查明储量为280亿吨，占世界煤炭储量的3.1%，煤炭主要分布在苏门答腊和加里曼丹两岛，其中，苏门答腊占67%，加里曼丹占31%。煤矿99%为露天矿，开采条件比较好。印度尼西亚煤炭生产集中度较高，国内煤炭企业总体呈现一定的垄断行业特征，少数几家大的煤炭公司控制着印度尼西亚国内煤炭产出总体情况。目前，大型煤炭公司有布米（Bumi）资源公司、阿达罗（Adaro）能源公司、基泰扩加瓦阿贡（Kideco Jaya Agung）公司、班普（Banpu）公司和国营Perusahaan Tambang

Batubara Bukit Asam（PTBA）公司，这5家公司煤炭产量占印尼煤炭总产量的75%。2014年印度尼西亚煤炭产量为4.58亿吨，占世界煤炭产量的7.2%。印度尼西亚生产的煤炭少量用于国内消费，大量出口，使印度尼西亚成为世界第一大煤炭出口国。亚洲占印度尼西亚煤炭出口量的70%以上，其次为欧洲和美洲。在亚洲的主要出口对象是印度、日本、中国等，近年来对中国煤炭出口逐年递增。印度尼西亚政府认为，其煤炭产量仍有提升潜力。

2）铜矿

2015年印度尼西亚的铜储量为4900万吨，居世界第5位。印度尼西亚主要的铜矿山是位于巴布亚省的格拉斯贝格和艾斯伯格，以及西努沙登加拉省松巴哇岛。印度尼西亚铜矿开采基本上为外国公司和合资企业所控制。格拉斯贝格和艾斯伯格两座矿山的经营商是印尼自由港公司（PT Freeport Indonesia），美国占该企业81.28%以上的股份，印度尼西亚政府拥有其9.36%的股份。格拉斯贝格矿是世界第三大铜矿，也是世界储量最大的金矿。2015年，印度尼西亚铜矿山产量36.7万吨，是世界第3大铜出口国，仅次于智利和秘鲁，铜主要出口到日本、韩国、西班牙和印度。

3）锡矿

锡矿主要分布在邦加岛、勿里洞岛、苏门答腊东海岸一带，这些地区称为"锡带"。印度尼西亚锡矿主要的生产商是科巴锡业（PT Koba Tin）和印度尼西亚锡业有限公司［PT Tambang Timah Tbk（PT Timah）］两家公司，前者的大股东是马来西亚冶炼公司，后者政府占有65%的股份。实际上在邦加岛还有大量的非法锡矿在开采，产量几乎接近上述两家公司的产量。上述两家公司除矿石开采外，还拥有各自的冶炼厂，其原料有相当部分来自非法锡矿。另外，根据地方自治法，邦加岛的当地政府有权在本地颁发冶炼许可证和出口许可证。在邦加岛还有20多个小炼锡厂，年生产能力约6万吨。目前中央政府已经发布指令，要求地方政府停止发放冶炼许可证，并向那些小冶炼厂厂主征收权利金。小冶炼厂的产品也大量出口，因此，目前印度尼西亚已经取代中国成为世界第一大锡出口国，主要出口到新加坡和马来西亚，2015年印度尼西亚锡矿山产量约5万吨。

4）镍矿

印度尼西亚镍矿主要生产商是阿内卡矿业（PT Antam）和印度尼西亚国际镍业有限公司（PT International Nickel Indonesia Tbk）。近两年，随着国际镍市场的需求增加和价格的上涨，一些国际矿业资本积极投资印度尼西亚丰富的镍矿资源，其中就有全球矿业巨头力拓（Rio Tinto）公司。2015年印度尼西亚镍的矿山产量约17万吨。印度尼西亚是世界主要镍矿出口国，主要出口到中国、日本、乌克兰和希腊。

5）铝土矿

印度尼西亚铝矾土矿主要分布在启姜（Kijang）岛和民丹（Bintan）岛及其周围，主要的经营商是阿内卡矿业公司，政府拥有其65%的股权。印度尼西亚原铝主要生产商是印度尼西亚Asahan铝业公司［PT Indonesia Asahan Aluminium（Inalum）］，政府拥有该公司41%的股权，其合作伙伴是一家日本公司，拥有公司59%的股权。2015年印度尼西亚铝土矿矿山产量为100万吨。

6）金矿

2015年印度尼西亚金的查明储量为3000吨，主要产自巴布亚省的格拉斯贝格矿和艾斯伯格矿，以及中加里曼丹省的巴里巴板（Balikpapan）矿，西努沙登加拉省的松巴哇岛（Sumbawa）矿，马鲁古省的哈马黑拉（Halmahera）岛矿和西爪哇省的博果尔（Bogor）矿。最大的生产商是印度尼西亚自由港公司。2015年印度尼西亚金的矿山产量为75吨。

7）银矿

印度尼西亚银矿资源量约3.6万吨，探明储量1.1万吨，2014年产量113.5吨。主要分布在邦加勿里洞群岛、苏门答腊岛西南的朋古鲁省、加里曼丹岛中西部和西爪哇岛。主要经营银矿的有印度尼西亚国营矿业公司、PT Newmont Nusa Tenggara、PT Freeport Indonesia Company、PT Aneka Tambang、PT Kelian Equatorial Mining共5家公司。

总体来看，目前印度尼西亚开发利用的主要矿产有石油、天然气、煤炭、铜矿、镍矿、锡矿和铝土矿，其中锡、煤炭、铜、镍和金产量居世界前列。

2. 马来西亚

2014年，马来西亚采矿业产值656.5亿马币，同比增长3.1%，占GDP的7.9%，采矿业出口总值1040亿马币，同比增长7.3%，占出口总值的13.6%。马来西亚的采矿业以石油和天然气为主。

在金属矿产方面，主要矿产品有锡、金、铝土矿、铜、铁、煤炭、天然气、石油等。马来西亚曾经是全球主要的锡生产国之一。然而，近年来，由于资源枯竭和品位下降，锡精矿的产量在减少。为了满足锡冶炼厂和精炼厂的原料需求，马来西亚只得依赖从澳大利亚和印度尼西亚进口的锡精矿和粗锡。在马来西亚矿山生产企业中，只有石油、天然气和工业矿物生产具有较大的规模，煤炭、黑色和有色金属开采均为小规模矿山。金属和非金属加工企业主要为马来西亚的国内私营公司。马来西亚允许外国投资者在其国内运营的公司中持有100%的股权或与其国内的公司成立合资企业。

1）锡矿

近年来，虽然国际锡矿产品价格持续升高，但经过100多年的开采活动，马来西亚的优质锡矿资源大幅减少，品位降低，使其锡矿产量连年下降，致使该国从亚洲的其他国家非洲进口精矿以满足国内的需求，主要进口国有南非、澳大利亚、印度尼西亚和卢旺达等。2015年锡矿山产量为3800吨，比2014年增加了20吨。马来西亚目前有12座在产锡矿山（9座露天矿山、1座砂石泵开采矿山和2座挖泥开采矿山），主要集中在马来西亚半岛。马来西亚冶炼公司（MSC）是马来西亚唯一的精炼锡生产商。马来西亚精炼锡在国内消费仅占小部分，大部分供出口，主要销往韩国、日本、美国、意大利和中国台湾地区。

2）金矿

目前马来西亚约有19座金矿山生产金矿（截至2016年9月），这些金矿全部分布在吉兰丹、彭亨和（或）登嘉楼州。2015年马来西亚金矿产量达到4010千克。在整个黄金产量中，90%以上源自彭亨州，主要采自槟绒（Penjom）的槟绒金矿、哥央（Sg. Koyan）的士林星金矿和劳勿澳大利亚金矿公司（Raub Australian Gold Mining Sdn. Bhd.）位于劳勿的金矿。槟绒金矿由特种资源马来西亚公司（Specific Resources Malaysia Sdn. Bhd.）所拥有。据特种资源公司估算，该矿的矿石储量将于2018年枯竭。

3）铝土矿

柔佛州有两个正在生产的铝土矿山位于Bungai Rengit地区。马来西亚国内主要的冶炼厂有普雷斯金属冶炼厂（Press Metal Smelter）、萨拉瓦克铝业公司（Aluminium Company）与中国铝业公司合资建设的亚洲冶炼有限公司（Smelter Asia Sdn. Bhd.）。近年来，马来西亚政府试图通过引进外资来改变没有原铝生产的现状。目前马来西亚与多家外国企业协商在马建铝厂之事。其中包括力拓公司、中铝国际工程有限公司等。2015年马来西亚铝土矿产量为2100万吨。马来西亚生产的大部分铝土矿被出口至其他亚洲国家，2015年马来西亚代替印度尼西亚，成为中国进口铝土矿的最大供应国。

总体来看，马来西亚开发利用的主要矿产有锡和铝土矿。2015 年，铝土矿的产量居世界第 4 位。

3. 泰国

泰国是中南半岛 5 国中矿产资源较为丰富的国家，目前已开采的矿产有40 多种，主要包括石油、天然气、褐煤、锡、铌、钽、钨、锑、铁矿石、金、锰、银、铅、锌、重晶石、石膏、萤石、高岭土、长石、石灰石、珍珠岩、盐、滑石、叶蜡石和硅藻土等。其中，锡、钨、铌、钽、铅、锌、金、铁、锑等是泰国最重要的金属矿产；而长石、黏土、萤石、重晶石、钾盐和岩盐则是最重要的非金属矿产。此外，安山岩、玄武岩、花岗岩正日益成为泰国工业和建筑业重要的基础原料。泰国主要供出口的矿产资源有锡、钨、钽、锌、重晶石、石膏、萤石、宝玉石和钾盐等（中国地质调查局发展研究中心，2010）。

1）锡矿

锡矿是泰国最重要的优势矿产之一，资源丰富，是泰国的支柱产业之一。泰国约有锡矿床（点）250 余处，分布广泛。锡矿床分布于泰国西部，形成北起泰缅边境，南至半岛最南部泰马边境，自北向南纵贯全国的锡矿带，长达1650km，是巨大的东南亚锡矿带的一部分。泰国锡矿带可划分为北部、中部和南部 3 段。北部以清迈府为中心，矿点较密集，主要矿区有沙蒙、曼差提、泰拉、独马、都朗等。以锡、钨共生的与三叠纪花岗岩有关的热液脉型和伟晶岩型为主，伴有残积和冲积砂矿。中部矿床集中于泰缅边境，著名的矿区有比劳克和加林，类型与北部矿床相同。南部矿床占泰锡产量的85%，以砂锡为主，主要产区有拉廊、攀牙、普吉、塔库巴等地。原生矿含锡 1%～2%，砂矿含锡200～400 克/立方米，并含有较多的钨、钽等有用组分。在泰国锡矿的开采，主要由一些小公司完成，泰国冶炼及精炼有限公司（Thaisarco）是泰国唯一的锡冶炼厂，由英国联合金属管理公司（PLC）管理。2015 年泰国锡矿山产量为 200 吨。

2）钨矿

泰国是世界主要的钨生产国之一。主要钨矿床有 25 处，大体沿西部边境分布，从清莱府经夜丰颂府、北碧府至那空是贪玛呐府，与锡矿共同组成以锡钨为主的有色金属成矿带，重要的钨矿区有莫克山、夜良、夜拉玛、沙蒙、农山、比劳克、考松、旺帕等，矿床类型以热液脉型为主，还有与锡石共生的冲积砂矿。2014 年泰国钨矿山产量为 181 吨。

3）铅锌矿

泰国的主要铅锌矿床有达府的夜速（Mae Sod）铅锌矿、清迈府的帕达因（PaDaeng）锌矿和北碧府的松多（SongTho）铅矿。其中夜速矿床是世界上质量最好的锌矿床之一。铅矿床以北碧府的最重要，90%以上的铅产自北碧府，最大的矿山是松多（SongTho）矿山。泰国的铅锌矿主要用于出口，不足 10% 的铅矿石产量用于国内消费，主要用于生产蓄电池。泰国巴丹工业公司（Padaeng Industry Public Co，PDI）是泰国唯一的锌冶炼厂，年产量 11.50 万吨左右，并在泰国和周边国家开展锌矿石勘探活动，公司总部位于曼谷。PDI 的主要控股权由巴厘创投有限公司（21.7%）、泰国财政部（13.81%）和阿联酋哈伊马角矿产金属投资（12.5%）掌握。2015 年泰国的锌矿山产量为 3000 吨，占世界锌矿山产量的 0.224%。

4）铜矿

泰国铜矿资源有限，也没有得到很好的开发。位于泰国东北部的黎府省城中心附近的普西普（Puthep）铜勘探项目，是泰国尚未开发的最大铜矿项目，目前由泰国巴丹工业公司（PDI）独资运营。目前，该矿的查明铜资源量是 56 万吨，铜品位为 0.53%。

5）钾盐

总体来看，泰国钾盐资源还没有得到正式开采。目前进行的项目主要是沙空那空盆地的乌隆（Udon Thani）钾盐开发项目。该项目是泰国与加拿大亚太资源公司（APR）的合资项目。泰加双方组建亚太钾盐有限公司（APPC）共同开发乌隆钾盐矿，最初加方占 62.5% 的股份，泰国中心化学公司占 27.5%，泰国政府占 10%。此后该项目股权比例有过小幅度变化，2006 年加拿大亚太资源公司对乌隆项目的权益为 75%。合资公司所持许可证的有效范围是 2333 平方千米。该项目的调研工作在 20 世纪 90 年代中期就已开始，加拿大亚太资源公司（APR）对乌隆东南约 Somboon 地区（面积约 46.7 平方千米）进行了较详细的勘探，钻探资料已确定了至少 7200 万多吨的钾盐储量，矿体位于地下 300 米处，矿层平均厚度 4.1 米，氯化钾的平均品位为 24%。预计矿山投产后可在 20 年内每年提供 200 万吨的钾盐。该项目的可行性研究工作已经完成，相关环境评估工作也已经进行。但后来由于多种原因，项目停顿下来。

总体来看，泰国的主要优势矿产为锡矿和钾盐，其中锡矿是主要开发利用的矿产，钾盐还没得到正式开发。

4. 菲律宾

菲律宾矿业曾经在其经济中占有重要地位。20世纪60~80年代，菲律宾是全球最大的铜、铬、金和镍生产国之一，当时矿业出口占全国出口总额的一半，占GDP的6%~10%。此后由于政治局势不稳、矿石价格过低、劳工问题、自然灾害，以及菲律宾采矿企业对外资在企业股份方面的法律限制等，其矿业开始走向衰退，到2000年，矿业在国内生产总值中的比重下降到不足1%。近年来矿业产值有了较大幅度的增长，2014年矿业对GDP的贡献率为1.08%，2014年金属矿产总值仅为23.4亿美元。其中，镍矿的产值为9.73亿美元，金矿的产值为7.64亿美元，铜矿的产值为5.27亿美元。

目前，菲律宾现有矿山约为328座，主要为铜矿山（81座）、镍矿山（59座）和金矿山（以金为主矿产的矿山有140座）。

1）镍矿

菲律宾镍矿多为红土型（占99%），大部分镍矿处在浅土层，易于开采且成本低。从地区分布看，集中在东达沃省和巴拉旺省（Palawan），其他有较大规模镍矿资源的省还有北苏里高和三描礼士。近年新发现的费尔尼科（Philnico）镍钴矿已知镍资源量158万吨。目前，菲律宾现有镍矿山59座，其中大型以上镍矿山有31座。菲律宾镍产量虽然远不及印度尼西亚，但近两年增长很快，2015年镍的矿山产量为53万吨，主要产自4个中型镍矿（Taganito、Rio Tuba、Cagdianao、South Dinagat），其中最大镍矿山是塔甘尼拓（Taganito）矿业公司经营的塔甘尼拓镍矿项目，其产量约占全国总产量的45%。目前菲律宾还有几个较大的镍矿在建项目，预计几年后产量将达到10万吨。菲律宾镍矿主要出口至日本、美国、中国和新加坡。

2）铜矿

菲律宾铜矿以斑岩铜矿为主，全国各地均有分布。主要的铜矿床分布在北部吕宋山区的三描礼士省（Zambales）、本格特省（Benguet）、新比斯开省和南部棉兰老岛的北苏里高、北三宝颜省、东达沃（Davao Oriental）省、南可打巴托（South Cotabato）省，以及中部地区的宿务省等地。地质勘探工作显示，菲律宾仍存在大量的铜矿床和铜矿远景区。目前，菲律宾现有镍矿山81座，其中大型以上铜矿山有12座。2015年菲律宾铜矿山产量为9.2万吨，主要产自4个铜矿山（Atlas Toledo、Didipio、Padcal和Canatuan），其中最大铜矿山是阿特拉斯（Atlas Consolidated）矿业公司经营的阿特拉斯托莱多（Atlas Toledo）铜矿项目，其产量约占全国总产量51%。2014年，菲律宾出口精炼铜6.56万吨，主要出口至日本、美国、中国和新加坡。

3）金矿

目前，菲律宾以金为主矿产的金矿山有140座，矿床类型以浅成低温热液型金矿床和斑岩型铜—金矿床为主。2015年，菲律宾金资源储量约为1700吨，金矿主要分布在中维萨亚地区，这个地区占了菲律宾金矿蕴藏量的61%，东尼格罗省也是重要的矿产区。碧瑶（Baguio）、帕拉卡莱（Paracale）、马斯巴特（Masbate）和苏里高（Surigao）为菲律宾重要的金矿产地。2015年，菲律宾金矿山产量为20吨，主要来自马斯巴特（Masbate）、迪迪皮欧（Didipio）、帕迪拉（Padcal）等8个金矿山。

总体来看，菲律宾开发利用的主要矿产品有镍矿、铜矿、金矿、钢铁和建筑材料等。其中，镍矿、铜矿和金矿为其开展对外贸易的主要矿产，主要出口至日本、美国、中国和新加坡。

5. 越南

越南经济总体比较落后，地质矿产勘查开发程度低，使得许多矿产资源没有得到有效的开发和利用。但自1996年越南《矿产法》实施以来，越南对其国内外组织和个人在地质研究、矿产资源勘查开发领域的投资实行开放政策，使矿业得到了较快的发展。

越南是矿产资源较丰富的国家，目前已发现60多种矿产，包括石油、天然气、煤、铁、锰、铬、锡、铜、铅、锌、稀土、铝、石墨、高岭土、磷灰石、宝石及各种建筑原料等。近几年，越南开发利用的矿产品主要包括铝土矿、铁矿石、钛铁矿、重晶石、磷酸盐岩、铜矿石、铅、锆、煤、石油等。

1）铝土矿

铝土矿是越南的优势矿产之一，储量达21亿吨，主要分布在越南中南部的几个省，北部地区也有一定分布，共有矿床（点）30余处，其中探明矿石储量达1亿～5亿吨的大型铝土矿有11个，中型铝土矿3个。红土型矿床主要有多乐省达农矿床（查明储量1.7亿吨）、林同省保禄矿床（查明储量1.4亿吨）和林同省新濑矿床（查明储量1.8亿吨）等。沉积型矿床铝土矿总的矿石质量欠佳，矿床规模较小。2015年，越南铝土矿产量为110万吨。

2）铁矿

越南已知大、中型铁矿产地12处，其中大型铁矿4处、中型铁矿8处。

现已发现 3 个铁矿区：一是西北地区的保河、贵砂、娘媚、兴庆等地，其中贵砂地区的铁矿储量为 1.25 亿吨，主要是褐铁矿，品位为 43% ～ 52%；二是北部地区太原、河江、北干、高平省境内，储量为 5000 万吨，主要是磁铁矿，品位为 60% 以上；三是中部的顺化、义安、河静等地。越南储量最大的铁矿石溪铁矿床，正在准备开发；第二大铁矿黄连山省的贵乡矿床已开始露天开采富矿；还有两个大型铁矿位于保和勒村及老街博萨。2014 年，越南铁矿石产量为 185.9 万吨。

3）钛铁矿

越南钛铁矿资源丰富，目前经初步探明的钛矿储量约 2000 万吨，可开采量约 1500 万吨，矿产地 30 余处，其中大型矿床 2 个、中型 10 个、小型 11 个。有原生矿、风化残积矿和滨海砂矿。主要分布在北部地区的太原和宣光（约 600 万吨，山矿，铬含量高）、中部沿海地区的河静省（约 500 万吨）、清化省（约 400 万吨）、平定和平顺两省（约 300 万吨）。其中，滨海砂矿分布最广，储量最大，几乎纵贯越南全境，北起芒街经清化、荣市、顺化、归仁直至头顿和河仙。两个大型钛矿均为海滨砂矿，分别为荣市锦化和归仁吉庆。原生钛铁矿位于太原城西北的盖占矿床，属中型规模，矿体赋存于辉长岩体中。越南丰富的钛铁矿资源目前基本未开发利用。现阶段全国年钛矿产量约 15 万吨，其中，越矿产总公司年产量约 4 万吨，河静省产量约 5 万吨，其他地区产量约 6 万吨。产品全部出口，主要出口泰国、日本和中国等。

4）铜矿和镍矿

越南铜矿和镍矿已知产地约 30 处，其中大型矿床 2 个、中型矿床 9 个。两个大型矿床为老街新昆沉积变质铜矿和山萝班福铜镍硫化物矿床。2014 年越南铜产量为 1.2 万吨，镍产量为 6000 吨。

5）铅锌矿

越南铅锌矿床（点）主要分布在北部的北太、河江、安沛和广平等省。已知矿床（点）44 处，已公布的铅锌探明储量为 63.4 万吨。主要矿床有佐田、则屯、银山、秀丽、莫巴、米德、纳山、达班等。矿床类型以热液型为主，也有矽卡岩型。大型矿床有北太省佐田铅锌矿，矿体产在中志留—下泥盆统的灰岩层内，受断裂和岩性控制，为一热液型矿床，矿床总探明储量 49.54 万吨，铅锌品位 19%。2014 年越南铅产量为 6800 吨，锌产量为 2 万吨。

6）钨、锡矿

越南钨、锡矿带主要受中、新生代花岗岩带控制，自北向南可划分为 3

个主要矿带：三岛、富和及大叻矿带。矿区特点为砂锡、脉锡共存，钨矿、锡矿共生。锡矿探明储量4.8万吨，总资源量20.3万吨；钨矿探明储量10万吨，总资源量17万吨。重要矿床分布在披瓦、三岛、葵合和大叻等地区。2014年越南锡产量为5400吨，钨产量为2067吨。

7）金矿

越南金矿分布广泛，2015年金查明储量为74吨，总资源量约596吨，已知产地30余处，岩金、砂金、伴生金均有。其中，岩金占65%，砂金占29.2%，伴生金占5.77%，全国可划分为北部、中部和西部3个成矿区。原生金以热液金矿为主，重要金矿床有北部矿区的巴朗、纳拜等矿床，中部矿区的锦三、木村、良村等矿床，西部矿区的蓬苗、茶楠等矿床。其中，岘港附近的蓬苗金矿床，金资源量达200吨，品位为4～8克/吨；茶楠矿床有脉金资源100吨，砂金16吨。砂金储量集中在北太省巴朗金矿中，约有金资源量137吨。伴生金主要分布在老街新昆大型铜矿中，金储量34.4吨。4个大型金矿占全国总资源量的80%以上。2014年越南金产量为1.8吨。

8）稀土矿床

越南稀土矿床主要产于越南西北部，与碱性富碳酸盐的岩石有关。已知矿产地10处，现有稀土氧化物储量978万吨，总资源量1700万吨。主要分布在莱州省，已勘查两个大的原生矿床—南塞和东波。南塞矿床北段矿体产在石炭—二叠纪灰岩破碎带中，原生矿石含 Re_2O_3 平均1.4%，风化残积矿石平均含量为4.5%左右；南段矿体赋存在晚二叠世基性火山岩中，以富矿为主，平均 Re_2O_3 含量为10.6%。东波稀土矿产在早第三纪正长岩体边沿剪切带内，稀土含量一般为3%～10.7%。

此外，锰、铬、锑、硫铁矿，以及石墨、高岭土、叶蜡石、膨润土、重晶石、萤石和各种建材矿产也很多。近年的勘查也有不少新发现，如最近在邻近中国广西边境的广宁省锦普市发现一处大型富锑矿床，由32条含锑石英脉组成，平均锑品位为7%～12%，锑金属储量3.5万吨以上。

6. 缅甸

由于经济发展落后、政治等诸多原因，缅甸的矿产资源还没有得到有效的开发。近年来，缅甸生产的矿产品主要包括重晶石、石膏、铜、铅、锌、锡、钨、锑、金、银、镍、铁、石灰石、翡翠、蓝宝石、红宝石、石灰石、石油、天然气、褐煤等（中国地质调查局发展研究中心，2006）。

1）金矿

缅甸金矿分布比较广，目前查明金储量约为 350 吨，原生金和砂金在各地都有发现。原生金矿床主要分布在缅甸中北部那加山—阿拉干新生代褶皱带中，以及东南部靠近缅泰边界一带，砂金主要分布在克钦邦的卢拱盆地，以及密支那附近的伊洛瓦底江一带。主要矿床包括皎帕托金矿、皎巴萨特金矿、培昂塘石英脉型金矿，以及甘巴尼、昆东塞和维他金矿等。

2）铅、锌、银矿

缅甸已知铅、锌储量分别为 30 万吨、50 万吨，银储量估计为 750 吨，主要分布在东部高原区掸邦西部一条近南北走向的铅—锌—银成矿带中。矿带向北延伸到中国云南省，向南追溯到泰国，全长达 2000 千米，东西宽 300 千米。缅甸铅矿、锌矿、银矿主要为石英脉型、矽卡岩型及残积风化壳型。矿体规模较小、品位高、变化大。最大的矿床是掸邦北部的包德温矿床；其次是位于德林达依省东南部的亚达纳登基矿床；另一个重要的矿床是位于曼德勒东南东枝附近的包赛矿床。2014 年，缅甸铅矿山产量为 1.8 万吨，锌矿山产量为 5000 吨。

3）铜矿

目前，缅甸已知的铜矿（点）约 50 处。主要铜矿床为位于曼德勒以西105 千米的望獭。望獭富铜矿矿带位于西缅甸火山岛弧的中部，成矿作用与新生代岛弧中酸性次火山岩密切相关。望獭铜矿区已探明铜储量约 50 万吨，远景储量可达 200 万吨，全区平均铜品位为 0.78%。2014 年缅甸铜矿山产量约为 3.55 万吨。

4）钨锡矿

缅甸已知钨锡矿点 120 个。主要矿床包括茂奇、赫米英吉、亨达、巴达吉亚、海因达等。2014 年缅甸锡产量和钨产量分别为 1.75 万吨和 70 吨。

5）镍矿

缅甸镍矿床已知的有太公当（Tagaung Taung）镍矿（80 万吨）和姆韦当镍矿。其中，太公当镍矿床是已知缅甸国内最大的镍矿床之一，位于曼德勒省的 Thabeikkyin 镇区，距曼德勒市以北约 200 千米。该矿床为红土型镍矿床，据初步地质调查统计，该矿矿石储量约为 4000 万吨，镍品位为 2%，含镍金属 80 万吨。2014 年缅甸镍的产量为 2 万吨（吴良士，2011）。

6）锑矿

缅甸目前已知的锑矿点超过 31 个，主要成矿区有两个：北部的掸邦成矿区和南部的毛淡棉成矿区。主要矿床包括：掸邦的里平、孟山；毛淡棉成矿区的德漂和拉蒙巴等。其中位于克伦邦东南端的德漂矿床最具工业意义。2014年缅甸锑矿山产量约为 6000 吨。

7）铁矿

缅甸铁矿已知有 22 个铁矿点，以风化残余型铁矿为主，主要产于晚古生代和中生代灰岩和白云质灰岩上部，或于古近纪基性和超基性岩表层。矿石成分以赤铁矿和褐铁矿为主，多呈结核状、皮壳状或小透镜状。该类型矿床广泛分布在掸邦东部及曼德勒—眉谬一带，其中以东技南东约 10 千米的 PangPet 铁矿规模最大，估计赤铁矿资源储量 1000 万吨，含 TFe 约 56.4%。该类型矿床均可露天开采，但由于选矿较难，因此没得到利用。在克钦邦北部葡萄北有缅甸唯一的菱铁矿点，产于千枚状板岩与砂岩接触带上，矿石矿物以菱铁矿为主，伴有磁铁矿、赤铁矿和针铁矿等，该矿点曾开采过，但由于海拔高，交通不便，现尚未进行勘查。总之，缅甸铁矿资源比较缺乏，尚无可利用的大型矿床（吴良士，2011）。

8）宝石和玉石

缅甸盛产宝石和玉石，品种多，质地好，储量极为丰富。宝石有红宝石、蓝宝石、水晶石、金刚石、钻石等近 40 个品种。红宝石最著名的产地是位于曼德勒市东北的抹谷，该地素有"缅甸宝地"之美称。除抹谷外，主要产红宝石的地区还有掸邦孟体镇区和彬龙那瓦拉宝石矿区。

缅甸玉石的主要产地是克钦邦雾露河上游一带，如帕敢、隆钦、孟拱、陶茂、杭巴、钦锦茂、玛仰甘茂、敏茂、山克茂、瑞克茂、帕甘基茂、叫尼茂，以及摩宁镇区的茂罕地区和实皆省坎底镇区的南思崩地区等。

四、其他国家和地区

（一）伊朗

伊朗是世界上石油、天然气、铜等能源矿产资源最丰富的国家之一，素有"世界矿产博物馆"之美誉，矿产资源产业在伊朗经济中占有十分重要的地位。原油和天然气的生产、加工、运输和销售占伊朗国内生产总值（GDP）的 20%，用来生产水泥和钢铁的采矿和制造工业也是其重要部分，占 GDP 的 14.2%。目前，伊朗矿业发展尚处于起步阶段，已开采的矿产数量占已探明储量的不足两成，未来拥有巨大的发展潜力。2014 年 12 月，伊政府表示伊朗工矿业还存在约 90 亿美元的投资缺口，政府正在吸引外资以支持国内工矿业的发展。伊政府计划用 10 年的时间将铁矿石的产量从现在的 21 万吨提高到 82 万吨，原钢产量从目前的 16 万吨提高到 25 万吨。在相关炼钢厂项目完工投产后，伊朗将成为世界上少数采用直接还原铁（Direct Reduced lron，DRl）生产技术的国家。

截至 2015 年 8 月，伊朗境内已发现富金矿区 20 处、普通金矿区 24 处，已开采金矿 15 处，1 处正安装投产。当前伊朗金年产量为 3 吨，随着更多金矿发现和投产，伊朗将有可能把黄金年产量提高到 10 吨。伊朗工矿业由工矿贸易部管辖，工矿贸易部下属机构和国有大公司包括工业发展和振兴组织（IDRO）、矿产和矿业开发及振兴组织（IMIORO）、中小企业和工业园区组织（ISIPO）、贸易促进中心（TpO）、国际展览公司、工矿农商会（ICCIM）、国家铜业公司、国家铝业公司、穆巴拉克钢铁厂、伊朗汽车工业集团、伊朗工业园区公司和伊朗烟草公司等。

目前，矿产品已成为伊朗出口商品结构中最重要的非石油商品。下面简要描述铜矿、铅锌矿、金矿、铁矿及银矿的资源产业布局情况。

1. 铜矿

伊朗的铜矿开采量位居亚洲第 4 位，2013 年生产铜 43.29 万吨。根据伊朗国家通讯社发布的信息，伊朗现正开采的铜矿山有 26 个，多为露天开采，从业人员约 9000 余人，占伊朗采矿业总人数的 11.5%。

在伊朗，主要从事铜矿勘查开发的公司为伊朗国家铜业有限公司（NICICO），该公司于 2007 年 11 月全面私有化，2014 年年产铜精矿 20 万吨，控制储量为 2053.5 万吨，占伊朗境内铜矿储量的 68.45%，控制矿石量为 41.75 亿吨。主要集中在克尔曼省萨尔切什迈（Sar Cheshmeh）矿床和 Shahre Babak 矿床、东阿塞拜疆省松贡（Sungun）矿床、亚兹德省 Darreh-Zerreshk 矿床等大型铜矿项目。伊朗国家铜业公司（NICICO）总裁莫拉达里扎代（Ahmad Moradalizadeh）表示 2014 年该公司将投资 19.5 亿美元，启动 17 个铜业项目，另外，计划在 2020 年 3 月之前，将伊朗年铜产量提高至 40 万吨。

2. 铅锌矿

伊朗是一个铅锌生产大国，在亚洲排名第 4 位，仅次于中国、哈萨克斯坦和印度，伊朗境内铅探明储量为 500 万吨，锌矿石储量为 2 亿吨，居世界第 2 位。

多年来，尽管伊朗的铅锌金属储量非常丰富，但开采水平一直处于低位，而且伊朗国内市场的铅锌金属严重短缺。2013 年，伊朗铅产量 4.03 万吨，锌产量 13 万吨。在伊朗境内从事铅精矿和锌精矿生产的矿业公司有 4 家，即伊朗 Mehdiabad 矿业公司、伊朗国家锌业发展公司（IZMDC）、Bama 矿业公司和 Bafgh 矿业公司，分别在麦赫佳巴德（Mehdiabad）矿床、安古朗（Angouran）矿床、伊兰库赫（Irankuh）矿床和库什克（Kushk）矿床从事铅锌矿开采工作。而伊朗的大部分精炼铅和精炼锌都是在位于赞詹省的赞詹厂和安古朗矿冶公司生产的，这两家企业隶属于伊朗国家锌业发展公司。

在伊朗铅锌行业的发展规划中提出，20 年后伊朗的铅锌产量将达到世界铅锌产量的 3%，预计铅产量将达到 15 万～ 17 万吨 / 年，锌产量将超过 38 万～ 40 万吨 / 年。为了提高锌产量，未来几年内主要是提高现有的两个冶炼厂的产量，同时还要在库什克矿山建设一个新的锌厂。由于对麦赫佳巴德（Mehdiabad）矿床有前景区段的地质勘查工作还在加紧进行之中，因此，铅锌矿石储量还会增加。伊朗在充分发挥和有效利用自身的矿产资源方面非常积极，在不久的将来，伊朗很可能会成为世界上主要的铅锌生产国和出口国。

3. 金矿

当前伊朗仅有 15 个在产金矿，在 2014 年 11 月得到了突飞猛进的发展，随着中东最大的黄金加工厂在西阿塞拜疆省的扎尔赫舒兰（ZarehShuran）金矿投产，黄金产量从以前每年不足 3 万盎司提高到了每年 20 万盎司。根据美国地质调查局披露的信息，到 2016 年伊朗黄金产量将达到 105 万盎司以上。

位于伊斯法罕省迈拉依尔金矿区的穆杰金矿床是伊朗境内最大的金矿，具体划分为 9 个区段，矿区面积约 100 平方千米。矿区包含变质岩、侵入岩、硅化岩和硫化岩。单个区段的厚度为 6 ～ 26 米，宽度为 40 ～ 500 米，金平均品位为 2.7 克 / 吨，最高品位（15 克 / 吨）出现在较厚的石英脉中。该矿已探明的含金矿石蕴藏量超过 700 万吨，金平均品位为 8.5 克 / 吨，可预见矿石储量超过 1000 万吨，金品位 7.4 克 / 吨，约含黄金 74 吨。据最新资料报道，该矿床于 2011 年已获得政府的开采许可，投入开采。对伊朗西北部（距大布里士市东北 50 ～ 57 千米）金矿前景进行评估的力拓英国公司，在达什凯桑地区发现了萨里库纳利金矿床，估计金储量约 964.5 万盎司（300 吨），系大型金矿项目。早在七八年前，伊朗就开始对西阿塞拜疆省的扎尔舒兰矿进行工业评估。现已探明的矿床矿石储量为 1100 万吨，金品位为 7.9 克 / 吨，约含

87 吨黄金。有 3 家公司在此从事矿床开采工作，黄金年产量为 2 吨。在伊朗，从萨尔切什迈斑岩铜矿开采回收金的规模并不大（400～500 千克 / 年），从穆杰矿中的采金量为 200～300 千克 / 年。穆杰矿的采金业始于 1933 年，矿石开采能力为 20 万吨 / 年（张志东等，2012）。

4. 铁矿

探明储量为 46 亿吨，铁矿石多为磁铁矿且品位高，年产量为 4500 万吨左右。近年陆续受到中国钢厂青睐，中国进口伊朗铁矿石不断增加，伊朗已成为中国第四大铁矿石进口国，每年向中国出口 1500～2000 吨。

伊朗正在开采的铁矿山主要集中在东北部呼罗珊省 Khvaf 县 Sangan 地区、中南部亚兹德省和克尔曼省，以及西北部赞詹省、库尔德斯坦省和哈马丹省。2015 年伊朗矿业部宣布在中部卢特沙漠发现了一处大型煤矿和一处大型铁矿。

伊朗主要铁矿公司主要有以下三个。

（1）伊朗中央铁矿公司（Iran Central Iron Ore Company）。该公司目前主要开采 Choghart 铁矿床，矿区位于 Bafgh 市东北 12 千米，海拔 1286 千米，属于炎热干燥气候，降雨极少。该矿由一条长约 1000 千米的铁路连接到德黑兰，470 千米的铁路线连接到伊斯法罕钢厂，610 千米的铁路线通过 Sirjan 到达阿巴斯港。开采条件和基础设施条件良好。

（2）伊朗国家钢铁公司（National Iranian Steel Co）。该公司是中东最大的铁矿石生产商，目前主要开采的项目为 Gol Gohar 铁矿床。该地区铁矿石的储量总额约为 11.35 亿吨以上，主要矿体储量超过 6.5 亿吨。该矿区通过德黑兰阿巴斯线连接横贯伊朗的铁路线，现阶段该矿山年产能超过 600 万吨精矿，同时，一条用于每年增加 250 万吨精矿的生产线正在建设中，将在不久的将来实现运作。

（3）查多尔·马鲁矿业和工业公司（Chadormalu Mining & Industrial Co.）。该公司是伊朗最具优势的铁精矿（造球精粉）生产商。目前，该公司主要开采的项目为查多尔·马鲁（Chador Malu）铁矿床，该区位于伊朗沙漠的中心地带，有大约 4 亿吨的资源和 3.2 亿吨储量分别分布在北部和南部矿体之间，平均品位为 55.2%。该矿区于 1994 年 4 月开始大规模商业化生产，目前年产能 840 万吨精矿。

5. 银矿

根据 2006 年的统计数据，伊朗境内银总储量为 14600 吨（占世界储量的 1.5%），已探明储量 6500 吨。银通常以伴生组分形式赋存于多金属矿、金矿及铜矿床当中。绝大多数含银矿床位于克尔曼、伊斯法罕和亚兹德省。

在克尔曼省，银储量主要赋存于查赫迈希、戈达尔西阿赫 1 号矿山和卡纳特玛尔旺多金属矿当中。查赫迈希矿位于萨尔切什迈矿西北 132 千米处，矿石资源量为 155.46 万吨，是铜铅锌（伴生有金、银和汞）多金属矿床，平均品位为银 65 克 / 吨、金 1.6 克 / 吨。戈达尔西阿赫 1 号铜铁铅矿（伴生有银和钼）的银平均品位为 15 克 / 吨；卡纳特玛尔旺铜铁钡铅锌矿中，伴生的银品位为 2000 克 / 吨。在锡斯坦与俾路支斯坦省的舍依赫阿赫玛德呈矿点，银平均品位为 1150 克 / 吨，铅 4%，铜 0.32%。在哈马丹省的阿汗卡兰矿床中，银品位为 1100 克 / 吨，铅 4%（张志东等，2012）。

（二）土耳其

工矿业并不是土耳其的支柱产业，在 GDP 中所占的比重也不高。根据美国中央情报局（CIA）统计数据，2013 年土耳其国内的采矿和采石业生产总值占名义 GDP 的 1.4%，与 2012 年的 1.5% 相比稍有下降。据估计，所有与矿产行业相关活动的总价值至少在 GDP 中占 3.3%。因为采矿和采石业生产总值的计算仅考虑了原材料提取的环节，未考虑如铝、硼化工产品、水泥、铜、玻璃、钢铁、燃煤发电等的生产附加值。按固定价格计算，2013 年土耳其国内的采矿和采石业生产总值下降了 3.4%，同年，整个制造业占土耳其 GDP 的 24%，与 2012 年相比增加了 3.7%。2014 年，土耳其农业、工业和服务业的比重依次为 8.2%、26.9% 和 64.9%。

土耳其是金属和工业矿物产品的重要生产国，其生产的水泥和钢铁占世界总产量的 2%。2013 年，土耳其国内矿产资源产量情况报告显示，以下矿产资源产量大幅增加：铁矿石（毛重）（增加了 73%）、锰（增加了 67%）、花岗岩（增加了 58%）、泥炭（增加了 44%）、铅矿石（毛重）（增加了 39%）、金（增加了 16%）。2012 年，土耳其政府对 2013 年国内矿产资源产量进行了预测，认为 2013 年铁矿石（含铁量）、锌精矿（锌含量）、铅矿石（铅含量）、铜冶炼厂产量和铜矿（铜含量）等均会大幅增加。2013 年的实际矿产资源产量报告证实了这一预测结果。此外，2013 年，土耳其国内锑生产毛重和含量均增加了 37%，黄铁矿的产量增加了 13%。

土耳其主要金属矿产的开发情况如下所述。

1. 铝

土耳其国有 Eti 铝业公司，是坚吉兹（Cengiz）控股集团的一家子公司。该公司多年以来一直在对位于土耳其安纳托利亚中部的科尼亚省内的一家名为 Seydisehir 的铝冶炼厂进行了 2.5 亿美元的投资，以用于铝冶炼厂的现代化升级改造。经过彻底的升级改造，该冶炼厂成为土耳其国内唯一的氧化铝生产厂。据估计，该冶炼厂每年可以满足土耳其国内 15% 的铝需求量。土耳其国有 Eti 铝业公司在 2014 年完成新的燃煤蒸汽锅炉厂的建设，并实现新建冶炼厂的安装工作。此外，该公司还将对 Seydisehir 铝冶炼厂进行进一步的现代化升级改造投资。改造完成后的 Seydisehir 铝冶炼厂产量预计可以达到 75000 吨 / 年，甚至从 2014 年 60000 吨 / 年增加到 2016 年的 95000 吨 / 年。

2013 年，土耳其国有 Eti 铝业公司与欧洲复兴开发银行签订了 3000 万美元的贷款协议，将获得的贷款用于 Seydisehir 铝冶炼厂的升级改造投资。通过将现有的电解工艺改造为预焙阳极工艺，该冶炼厂可以降低能源、材料和水的消耗，并且可以减少温室气体的排放量，使冶炼厂运营更加高效、生产更加清洁。

2. 锑

土耳其国内锑的唯一生产商是坚吉兹（Cengiz）控股集团的下属子公司，ETI BAKIR A.S. 公司，该公司的 Halikoy 矿石提炼（浮选）工厂每天可生产 3.5 吨的锑精矿，在 Emirli 经营的一座矿井每天可生产 90 吨的锑矿。

Madencilik Ithalat ve Ihracat Sanayi ve Ticaret A.S. 是英国三星级资源有限公司的子公司。该公司持有土耳其政府颁发的环境许可证，并计划在土耳其黑海地区的博卢省 Goynuk 锑矿石生产区建设一座预计年产 14400 吨的锑矿石加工厂，以生产锑精矿。然而，2013 年，在进行了资金投资评估后，该公司决定不再投资建设该锑矿石加工厂。随后，该公司决定在阿曼投资锑矿石项目。以往博卢省 Goynuk 锑矿石生产区产出的辉锑矿矿石都是在附近一家的 Metsan 加工厂进行加工处理的。该加工厂拥有浮选厂和冶炼厂，可进行锑矿石的加工和精炼。但是由于环境方面的一些原因，该工厂被勒令停产。英国三星级资源有限公司 2012 年发布的一项技术报告表明：博卢省 Goynuk 锑矿石生产区内的 8 万吨废锑矿石堆中，锑矿石的平均品位预计为 2.13% ～ 2.36%。

3. 钴和镍

Meta Nikel Kobalt A.S.（META）是一家由 Meta 矿业集团和 Zorlu 集团共同控股的土耳其矿业公司。该公司目前正在土耳其爱琴海地区的马尼萨省的 Gordes 建设土耳其国内的第一家湿法冶金加工厂。该工程项目第一阶段在 2014 年完成，该加工厂每年可加工处理 150 万吨红土矿，生产镍和钴氢氧化物混合产品。据有关报告指出，生产得到的镍和钴氢氧化物混合产品与10000 吨镍和 750 吨钴的产量相当。待该项目的第二阶段完成后，该加工厂每年处理红土矿的生产能力将增加一倍，达到每年 300 万吨。

2014 年 7 月，Caldag Nikel Madencilik San. ve Tic. A.S. 向土耳其政府提交了该公司在马尼萨省 Caldag 矿镍和钴项目的环境影响评价报告。该公司计划建设三处基础设施，在接下来长达 15 年的时间内，对 2970 万吨的镍矿石和钴矿石进行加工处理，建成后，镍和钴的年产量可分别达到 16000 吨和900 吨。Caldag 矿生产的矿石，含镍量大约为 1.16%，含钴量大约为 0.07%，含铁量大约为 21.6%。

4. 铜和锌

Eti Bakir A.S. 公司是土耳其国内铜矿石的主要生产商，该公司的主要业务分布在土耳其的黑海地区。土耳其国内其他著名的铜矿石生产商还包括隶属于加拿大第一量子矿业有限公司的 Cayeli Bakir Isletmeleri A.S.，以及由 Park Holding A.S. 和 Turgay Ciner 联合控股的 Park Elektrik Uretim Madencilik San. ve Tic. A.S. 公司。

2013 年，Eti Bakir 公司声称在土耳其黑海地区西北部的卡斯塔莫努省的 Kure 矿区发现了储量为 2500 万吨的铜矿床。实际上，此前，Eti Bakir 公司的三座露天矿和一座井工矿的矿石储量自 2009 年一直逐步减少。因此，该公司一直致力于扩大下属 Bakibaba 矿的矿井生产量。希望到 2015 年，Eti Bakir 公司的铜精矿（铜含量大约为 18%）生产量将从 10 万吨 / 年增加到 14万吨 / 年。此外，该公司的另一座位于土耳其黑海地区东北部阿尔特温省的Murgul 矿石加工处理厂，每年可加工处理 3500 万吨的原矿石，每年可生产12 万吨的铜精矿（铜含量大约为 22%）。

Park Elektrik 公司在土耳其安纳托利亚西南部的锡尔特省经营Madenkoy 铜矿。该矿是土耳其国内最大的露天矿，拥有的铜矿石储量达4150 万吨。Park Elektrik 公司在该矿井具有的矿石开采权的有效期一直到

2037 年。2013 年年初，Park Elektrik 公司开始转变 Madenkoy 矿的开采作业方式，逐步从井工开采转变为露天开采。露天开采作业从 2013 年 4 月正式开始；在 2013 年的下半年，该矿井的井工开采作业全部停止，完全采用露天开采作业方式。预计到 2024 年，该矿井的开采周界长度将达 5 千米。2013 年，Madenkoy 矿铜矿石的年生产量达 146 万吨，铜精矿的年产量增加了 8%，增加到 96038 吨。之后，加拿大 Nuinsco 资源有限公司宣布，自 2012 年以来该公司在位于土耳其黑海地区东部的 Berta porphyry 项目工程中布置了 17 个钻孔方案，钻孔结果表明 Berta porphyry 项目区域内有 8 平方千米的铜矿石矿化区；在 2012 年布置的钻孔中，有 6 个钻孔成功取得了矿石岩芯。其中，长为 12.65 米的岩芯段，矿石品位达 1.59%；长为 36.4 米的岩芯段，矿石品位达 0.42%；长为 0.6 米的岩芯段，矿石品位达 22.7%。

2014 年 4 月，加拿大 Inmet 矿业集团（该公司在土耳其设立了分公司 Cayeli Bakir Isletmeleri A.S.）被加拿大第一量子矿业有限公司收购。第一量子矿业有限公司宣称，2013 年其下属的 Cayeli 铜矿（位于土耳其黑海地区的里泽省）铜产量为 31510 吨，镍产量为 43097 吨。

2014 年 9 月，哥伦布铜业公司（前身为帝国矿业公司）公布了自 2013 年在土耳其开塞利省 Karapinar 铜钼矿工程中实施的金刚石钻井项目的最新钻探结果。结果表明：从钻孔中钻取的岩芯中，有 31.2 米的岩芯段，铜的品位达 0.45%，含金量为 0.08 克 / 吨，该岩芯段的埋深约为 269 米；有 9 米的岩芯段，铜的品位达 0.48%，含金量为 0.06 克 / 吨，该岩芯段的埋深约为 312.5 米；有 68 米的岩芯段，铜的品位达 0.36%，含金量为 0.08 克 / 吨，该岩芯段的埋深约为 379 米。

2014 年 12 月，加拿大 Pasinex 资源有限公司宣布了对位于土耳其安纳托利亚中部锡瓦斯省的 Golcuk 区域进行地磁勘查的结果。Golcuk 区域是该公司的勘查准许区，2015 年 11 月起该公司对该区域进行磁法勘查。地磁勘查结果显示：铜矿化带一直沿着整个 7.6 千米宽的勘查准许区发育。该公司计划对已确定的铜矿化带进行进一步地下绘图分析，以获得铜矿化带的磁化规律图。

5. 金

近年来，土耳其国内的黄金产量显著增加，使得土耳其成为欧洲的主要黄金生产国。2013 年，土耳其国内主要有三大黄金生产商分别为美国 Alacer 黄金公司、加拿大埃尔拉多黄金公司及土耳其 Koza 黄金公司。越来越多的公司在土耳其国内拥有重大的黄金项目，在这些公司中比较突出的有加拿大阿拉莫斯黄金公司、加拿大阿尔德里奇矿业公司、英国阿丽安娜资源公司及英国Stratex 国际有限公司。此外，还有 23 家其他的黄金矿石勘查公司也一直活跃在土耳其的黄金行业。

Kisladag 矿是一座采用堆浸工艺的露天金矿，位于土耳其爱琴海地区乌沙克省，是土耳其国内年产量最大的金矿。2013 年，埃尔多拉多报道称，其下属的土耳其 Tuprag Metal Madencilik Sanayi ve Ticaret A.S.'s Kisladag 矿和 Efemcukuru 矿的金矿产量为 11255 千克，占土耳其国内金矿产量的1/3。Kisladag 矿的金矿产量增加了 6%，增加到 8680 千克，而 Efemcukuru 矿的金矿产量增加了 26%，增加到 2575 千克。埃尔多拉多计划对 Kisladag 矿整个金矿生产工艺流程进行第四阶段的升级改造，升级改造完成后，Kisladag 矿的破碎矿石年处理量将增加至 2500 万吨，此外还可每年额外处理 800 万吨的原矿石。但在 2013 年，埃尔多拉多推迟了该项计划。此外，埃尔多拉多计划将 Efemcukuru 矿的年生产能力从 25 万吨提高到 60 万吨，并提交了相应的环评（EIA）补充报告。目前，该报告已经通过审批。

土耳其 KozaAltin 黄金公司是土耳其国内唯一一家由政府完全控股的黄金生产公司。2013 年，该公司拥有并经营 6 座矿山，包括奥瓦哲克井工矿（该矿于 2005 年被收购并全面投产）、Mastra 矿（该矿于 2008 年被收购并全面投产，目前该矿井同时进行井工开采和露天开采作业）、Cukuralan 矿（该矿于 2010 年被收购并全面投产，目前该矿井同时进行井工开采和露天开采作业）、Kaymaz 矿（该矿于 2011 年被收购并全面投产，目前该矿井仅进行井工开采作业）等。2013 年，土耳其 Koza Altin 黄金公司的黄金年产量达到 9922 千克，相比 2012 年增加了 4%。2013 年第一季度，Koza Altin 下属的 Corakliktepe 矿开始进行露天开采作业；11 月完成第一阶段滤板和吸附—脱附循环装置（ADR）的安装工作，Himmetdede 矿开始试生产；12 月，由于缺少所需的环境许可证和相关执照，该公司在 Cukuralan 矿的生产经营活动被伊兹密尔省管理部门勒令停止。对此，Koza Altin 表示，公司持有临时的生产作业许可证，有效期至 2014 年 2 月。2014 年 1 月，Cukuralan 矿恢复了正常生产。

加拿大 Centerra 黄金公司已经从加拿大 Stratex 国际有限公司手中收回了开塞利省 Oksut 黄金项目剩下的 30% 的权益，成为 Oksut 黄金项目的唯一拥有人。加拿大前线黄金公司完成了对土耳其伊兹密尔省内的 Menderes 黄金公司的收购，拥有 Menderes 黄金公司 100% 的权益。加拿大阿尔德里奇矿业公司宣布，通过结构性投资其已成为土耳其约兹加特省内 Yenipazar 多金属项目的唯一拥有者，并已将所需的可行性研究报告递交给了美国 Alacer 黄金公司。先前，美国 Alacer 黄金公司享有该项目 6% 的纯利润拥有权。

6. 铁矿石和钢铁

2013 年，土耳其最大的铁矿石和钢铁生产商的埃雷利集团，生产了 265 万吨的铁精砂矿和铁球团矿，相比 2012 年的 283 万吨，产量有所下降。该公司生产的原钢产量占土耳其国内原钢总产量的 24%，此外，该公司每年还生产 640 万吨的成品扁钢。在所有的成品扁钢中生产商中，埃雷利集团的子公司埃雷利钢厂（Erdemir Madencilik Sanayi ve Ticaret A.S）生产了整个埃雷利集团 46% 的热轧扁钢和 100% 的冷轧扁钢。位于土耳其哈塔伊省的伊斯肯德伦市的另一家子公司德伦钢厂（Iskenderun Demir ve Qelik A.S.）生产了整个埃雷利集团 54% 的热轧扁钢。

Hekimhan Madencilik ithalat ihracat Sanayi ve Ticaret 有限公司在土耳其马拉蒂亚省经营一座名为 Deveci 的铁矿。该矿拥有土耳其国内最大的含锰铁矿床，铁矿石储量超过 5000 万吨。该公司采用露天开采工艺进行菱铁矿的开采。Hekimhan Madencilik 计划在 2015 年年初建成一座煅烧车间，并实现矿井的满负荷运营，达到 200 万吨的年产量。

2013 年，土耳其国内的成品钢材产量有史以来第一次大于原钢产量。这很大程度上是由于成品钢材产量增加了 61.4% 造成的。土耳其国内的钢产量有相当一部分是来自电弧炉的废钢。由于土耳其国内大部分废钢都出口到国外，使土耳其成为世界上最大的废钢出口国。2013 年，由于国内钢铁产量的下降，土耳其的废钢出口总值为 75 亿美元，下降了 20%，出口废钢的总重量下降了 12%，约为 1970 万吨。

第二节

主要矿山及矿业公司

一、铁矿资源开发主要项目及公司

（一）主要铁矿项目

"一带一路"沿线的铁矿床主要分布在俄罗斯、印度、蒙古、乌克兰、哈萨克斯坦、伊朗和阿富汗。俄罗斯乌拉尔地区有世界著名的岩浆型铁矿床—卡奇卡纳尔钒钛磁铁矿床。其他超大型铁矿床主要有库尔斯克、别尔格斯罗得、米哈伊洛夫、别列戈尔斯克、基济尔—卡济尔、斯托伊林斯克、科罗巴科夫斯克、列别季、卡奇卡纳尔、斯托伊罗—列别季等。印度主要的大型铁矿包括库德雷美克铁矿、拜拉迪尔铁矿、多里玛兰铁矿、奇里亚铁矿及果阿地区的丹普、萨尔戈卡、图道铁矿等。蒙古大型的铁矿床有图木尔泰、巴彦戈尔、图木尔陶勒盖、奥尔特等。目前正在开采的铁矿基本上都位于巴彦戈尔铁矿带。哈萨克斯坦主要铁矿床有索科洛夫、萨尔拜、卡恰尔和库尔茹库尔等，矿床主要为赋存在图尔盖坳陷中的矽卡岩型磁铁矿床，铁品位为 38% ~ 45%。乌克兰主要铁矿床有克里沃罗格、克列缅丘格、别洛泽尔斯科耶等，矿床类型以沉积—变质型铁矿为主，平均含铁品位 34%，富铁矿（铁品位大于 58.3%）较少。伊朗大型铁矿床有戈尔格哈尔、恰道尔马柳、乔加赫特、圣恰孚恩恰赫加兹等。阿富汗铁矿山主要集中在位于 Bamian 省哈吉加克铁矿区，

具体到矿业项目，公开资料较少，储量较大的矿业项目有俄罗斯的 StoylenskyGOK 项目和印度的 Sesa Goa 项目。StoylenskyGOK 项目由 OJSC Novolipetsk Steel、Unnamed Owner 公司开发，现处于扩产阶段，资源量 Sesa Goa 项目由 Vedanta Ltd.、Unnamed Owner、Timblo Private Ltd. 公司开发，现已投产，资源量 3.8 亿吨，其他规模由矿业公司年报获得的矿山数据如表 5-1 所示。

表 5-1　力拓集团（Rio Tinto）与安赛乐—米塔尔（ArcelorMittal）公司主要矿山

项目名称	所在国家	所属公司	发展阶段	储量（百万吨）	产量（吨）
Daitari	印度	力拓	可行性研究		
Gandhamardan	印度	力拓	运营		
Sakradihi Dubna	印度	力拓	早期勘探		
Temirtau	哈萨克斯坦	安赛乐—米塔尔	运营	298.00	
Kryviy Rih	乌克兰	安赛乐—米塔尔	运营	197.00	13600000
Tebessa	阿尔及利亚	安赛乐—米塔尔	运营	0.00	
Prijedor	波黑	安赛乐—米塔尔	运营	21.00	
Karampada	印度	安赛乐—米塔尔	储量开发		
Kentobe	哈萨克斯坦	安赛乐—米塔尔	运营		
Lisakovsk Gok	哈萨克斯坦	安赛乐—米塔尔	运营		

资料来源：矿业公司年报。

（二）主要铁矿公司

（1）俄罗斯铁矿石市场已被几大公司垄断：冶金投资公司控制着 43%的铁矿石市场、欧亚控股公司 22%、北方钢铁公司 11%、新利佩茨克钢铁公司 10%、"欧洲化学"矿物和化学公司 5%、梅切尔采矿和冶金公司 4%、图拉钢铁公司 1%。

（2）印度铁矿石主要供应商有 MMTC、KMMI、MSPL、NMDC。其中，印度品位 64% 以上铁矿的出口要通过 MMTC 出口。印度主要的国有矿山包括国家矿业发展公司（NMDC）、印度钢铁管理中心（SAIL）和 Kudremukh 铁矿公司（KIOC）。

（3）印度塔塔钢铁有限公司（Tata Steel）总部位于孟买，公司成立于 1907 年，是当时亚洲第一个综合钢铁企业，目前已经成为"财富 500 强企业"之一。塔塔钢铁公司在钢铁业有着 100 多年辉煌的历史，在成功收购英国康力斯集团（现已更名为塔塔钢铁欧洲）以后成为世界上第十大钢铁公司，目前粗钢的年生产量为 3000 万吨（MTPA）。塔塔钢铁公司已在欧洲、东南亚和环太平洋国家中建立了一个集制造和营销于一体的网络。

（4）伊朗国家钢铁公司（National Iranian Steel Co.）：该公司是中东最大的铁矿石生产商，目前主要开采的项目为 Gol Gohar 铁矿床。该地区铁矿石的储量总额约为 11.35 亿吨以上，主要矿体储量超过 6.5 亿吨。该矿区通过德黑兰阿巴斯线连接横贯伊朗铁路线,现阶段该矿山年产能超过600万吨精矿,同时,一条用于每年增加250万吨精矿的生产线正在建设中,即将实现运作。

二、铜矿资源开发主要项目及公司

(一)主要铜矿项目

全球特大型(储量 >500 万吨)及超大型(100 万吨 < 储量 <500 万吨)的铜矿床在"一带一路"沿线主要分布在西南太平洋成矿带及中亚—蒙古的斑岩铜矿带上,集中在菲律宾、印度尼西亚、俄罗斯、哈萨克斯坦及乌兹别克斯坦等国家。

由 S&P Global Market Intelligence 获得的部分"一带一路"沿线国家(某些国家数据不公开)储量较大的铜矿项目具体数据如表 5-2 所示。

表 5-2 "一带一路"沿线国家储量较大的铜矿项目

项目名称	所在国家	所属公司	发展阶段	储量(百万吨)
Taysan	菲律宾	Crazy Horse Resources Inc.	调查	1727732
Sepon Copper	老挝	MMG Ltd., Government of Laos	生产	650000
Mabilo	菲律宾	RTG Mining Inc., Galeo Equipment and Mining Co.	结束可行性研究	226800
Wetar	印度尼西亚	Finders Resources Ltd., Private Company	生产	209000
Al Hadeetha	阿曼	Alara Resources Ltd., Al Hadeetha Investments LLC	规划建设	139000
Baita Plai	罗马尼亚	Vast Resources PLC, AP Group	储量勘查	41200
Kou Sa	柬埔寨	Geopacific Resources Ltd., Royal Group, Golden Rsc Development Co.	调查	29500

资料来源:S&P Global Market Intelligence。

(二)主要铜矿公司

全球十大铜矿公司 2012 年的铜总产量为 832.48 万吨,占该年度全球铜产量的 50.45%;2002—2012 年共 10 年的统计数据显示(见表 5-3),全球十大铜矿公司占有的铜储量为 3.424 亿吨,占全球铜储量的 50.36%。10 年间,十大铜矿公司的产量平均增加了 47.7%，约 270 万吨铜。其中，产量增加最多的是自由港麦莫兰铜金公司（Freeport-McMoRan），由于其 2007 年收购了当时全球最大的铜生产商菲尔普斯道奇公司（Phelps Dodge）的全部股份，使得该公司一跃成为目前世界第二大铜矿生产商。按照现有的生产计划和铜产品价格，预计到 2018 年，全球铜矿产量将有 70% 来自这十大铜矿公司。

表 5-3 世界十大铜矿公司铜产量及储量

序 号	公司名称	2014 年产量（吨）	2014 年生产铜的价值（百万美元）	占世界铜总产量的百分比（%）
1	智利国家铜矿公司（Codelco）	1859928	12775.85	10.065
2	自由港麦莫兰铜金公司（Freeport-McMoRan）	1341909	9217.57	7.262
3	必和必拓（BHP Billiton）	1223293	8402.80	6.620
4	嘉能可斯特拉塔国际公司（Glencore Xstrala）	1196565	8219.20	6.475
5	南方铜业（Soutern Copper）	665190	4569.19	3.600
6	波兰铜业集团（KGHM Polska）	597875	4106.80	3.236
7	力拓集团（Rio Tinto）	550470	3781.18	2.979
8	英美资源集团（Anglo American）	530063	3641.00	2.869
9	安托法加斯塔集团（Antofagasta）	468353	3217.12	2.535
10	第一量子矿业集团（First Quantum Minerals Ltd.）	393771	2704.81	2.131
	合计	8827416	60635.52	47.77

资料来源：S&P Global Market Intelligence。

就资源分布情况来看，上述公司正在开发的项目主要集中在智利、秘鲁、美国和墨西哥等美洲地区。在"一带一路"沿线国家从事铜矿勘查开发的大型公司主要有自由港麦克莫兰铜金公司、嘉能可斯特拉塔国际公司和力拓集团。

1. 自由港麦克莫兰铜金公司

自由港麦克莫兰铜金公司（Freeport-McMoRan）是一家起源于美国的自然资源公司，总部位于亚利桑那州的凤凰城，是一家铜、金、钼矿开采公司。主要经营印度尼西亚（简称印尼）的格拉斯伯格（Grasberg）露天铜金矿（占股 90.64%，印尼政府持有另外 9.36% 股份），它是继埃斯康迪达（Escondida）

铜矿、Buenavista del Cobre 铜矿、科亚瓦西（Collahuasi）铜矿之后全球最大的金矿（近6500万盎司）和第四大铜矿（2430万吨）。正常情况下，每天生产大约14万吨铜矿石，地下部分的产量是8万吨。目前，由于工人罢工及铜矿市场的收紧，该矿暂停生产，公司正在与当局政府协商，分阶段启动生产。临时暂停运营预计将造成每天1360吨铜和3000盎司黄金的损失。

2. 嘉能可斯特拉塔国际公司

嘉能可斯特拉塔国际公司（Glencore Xstrata）是全球最大的商品交易商、全球第四大综合矿业公司，2012年由嘉能可和斯特拉塔合并而成，总部位于瑞士巴尔，主要经营菲律宾塔姆帕坎（Tampakan）铜金矿。2012年1月，该公司和澳大利亚上市公司英多菲矿业（Indophil）合资勘探的菲律宾塔姆帕坎铜金矿资源储量大幅提高，成为世界最大的未开发铜金矿之一。塔姆帕坎铜金矿的矿石探明和推定储量由16.9亿吨提高至22.7亿吨，增加了34%。其中铜金属量由1390万吨增加至1500万吨，黄金由460吨增加至507吨。该项目原计划投产时间是2016年，但由于政府试图为该项目颁发的环境合格证书与当地政府2010年出台的露天开采禁令相悖，该项目的商业性生产预计将推迟至2019年。

3. 力拓集团

力拓集团主要经营蒙古奥尤陶勒盖（Oyu Tolgoi）铜金矿。2009年10月，力拓集团与艾芬豪矿业公司（Ivanhoe Mines Ltd.）正式签署了奥尤陶勒盖铜金矿投资协议，力拓旗下 Turquoise Hill 资源公司拥有该铜矿66%的股份，蒙古政府则持有剩余股份。该矿位于蒙古南戈壁省汗包格德县境内（距离中国边界不足100千米），号称世界五大铜金矿之一，初步探明铜储量为3110万吨、黄金储量为1328吨、白银储量为7600吨，投产后，可年产铜42.5万吨，金49盎司，矿山寿命至少50年。力拓集团注资62亿美元建设露天开采工程，其后将继续投资70亿～80亿美元进行地下开采。该矿山已于2013年7月开始出口铜，第一批客户为中国北方的铜冶炼厂。

三、铅锌矿资源开发主要项目及公司

（一）主要铅锌矿项目——奥杰罗项目

2013年3月22日，在国务院副总理汪洋和俄罗斯副总理罗戈津的见证下，中国有色集团出资企业中国有色金属建设股份有限公司（简称中色股份）总经理王宏前与中国国家开发银行行长郑之杰、俄罗斯东西伯利亚金属公司（MBC）总经理奥赫德尔斯基在莫斯科签署了奥杰罗铅锌矿项目融资框架协议。

奥杰罗项目是一个世界级铅锌矿项目，地点位于俄罗斯联邦布里亚特共和国境内，拥有符合 JORC 标准的 1.57 亿吨矿石资源，铅的品位为 1.02%，锌的品位为 5.23%，含铅锌金属量约 980 万吨，矿石中银平均品位约 37 克／吨。MBC 直接或间接拥有 100% 的采矿权益。根据该协议，中色股份拟购奥杰罗铅锌矿项目 50% 的权益、承担该项目的建设并包销所有产品。在中色股份与 MBC 成立合资公司开发奥杰罗铅锌矿或中色股份取得该项目的建设总承包合同的情况下，国家开发银行将向该项目提供不超过 15 亿美元的贷款。

目前，中国有色金属资源自给程度较低，铅锌资源服务年限短且对外依存度均超过 40%，同时，中国资本市场在境外资源权益依然较少，锌资源实际权益仅为矿产原料进口量的 2.8%。奥杰罗项目的开发不仅对中国有色集团的可持续发展具有重大意义，也将为中国铅锌资源原料供给和带动国内大型成套设备出口做出重要贡献。

（二）主要铅锌矿公司

"一带一路"沿线国家地区储量超过 500 万吨的铅锌矿的主要经营者有俄罗斯东西伯利亚金属公司、伊朗 KDD 集团、伊朗 Itok GMBH、伊朗 MB 控股公司 LLC、印度斯坦锌矿公司、中国云南金顶锌业有限公司、中国四川宏达股份有限公司、中国深圳市中金岭南有色金属股份有限公司、哈萨克斯坦萨科亚锌矿有限公司等，下文对其中一些开发公司进行简单介绍。

1. 俄罗斯东西伯利亚金属公司（MBC）

俄罗斯东西伯利亚金属公司是"美德福"集团公司（俄罗斯最大的投资实业集团之一）产业结构中的一家矿业公司联合企业。公司成立于 2005 年 11 月，主要经营绿地项目，即从"零"阶段开展矿业工程。东西伯利亚金属公司的资产主要位于布里亚特共和国和后贝加尔边疆区。公司拥有的采矿权包括奥泽尔矿床（锌、铅）、纳扎洛夫矿床（金、锌）、耶尔马科夫矿床（铍、萤石）、塔林矿床（褐煤）、巴科恰尔矿床（铁矿）和霍洛特宁矿床（锌、铅）。公司资产中，锌、铅、铍分别占全俄现有储量的 47%、24%、80%。公司积极参与筹备、实施"美德福"集团公司的采矿战略发展计划。这项工作不仅使集团各企业的业务多样化，还增加了各企业的盈利能力。公司的经营活动旨在提高矿业资产管理的有效性，实施各种投资和基础设施项目。公司在乌兰乌德市（布里亚特共和国）设有代表处。

2004—2005 年，俄罗斯自然资源部和布里亚特共和国当地政府宣布，"美德福"投资金融集团公司下属机构在一系列拍卖会上获得了对布里亚特州矿床地下资源的使用权，公司迅速成为锌、铅、铍储量世界领先的矿业公司。为了进一步实施矿业冶金方案，东西伯利亚金属公司管理有限公司于 2005 年 11 月成立，该公司成为俄罗斯最大的垂直整合专业控股公司。2007 年初又成立了专门从事铅锌矿业的 MBC 资源公司（MBC RESOURCES），成为东西伯利亚金属公司的风险试点项目。目前，东西伯利亚金属公司依然参与对该资源公司的管理。MBC 资源公司的资产包括奥泽尔和霍洛特宁采矿选矿联合企业。此外，东西伯利亚金属公司采用自有能源和交通基础设施，还积极开展现代矿业冶金生产综合设施的设计和建设工作。东西伯利亚金属公司下属各企业生产的主要产品包括锌、铅精矿，以及金属锌和金属铅。公司为自己设立的目标是使公司下属各企业成为世界矿业冶金领域的领军企业，成为国际多金属市场上认真负责的生产商和供应商。

2. 印度斯坦锌矿公司

印度斯坦锌矿公司（Hindustan Zinc）是印度韦丹塔资源集团（Vedanta Resources）所属的世界知名矿业公司，是印度四大国有矿业公司之一，也是印度最主要的锌矿生产商。该公司拥有完全集成的锌—铅产业，若按产量计算，是世界上最大的锌—铅生产商。也是中色股份重要的合作伙伴。中色股份作为总承包商承建的其达利巴 100 千吨 / 年铅冶炼项目，成功投产并达产达标。目前，正在建设的 SKM 3.5 百万吨 / 年竖井项目进展顺利。

公司的核心业务包括铅锌矿的开采和冶炼及发电。金属铅锌的年生产能力超过 100 万吨，公司拥有的大型铅锌矿有兰普拉—阿古恰（拉姆普拉阿古刹铅锌矿）和森德撒库尔德铅锌矿，在拉贾斯坦邦的 Chanderiya 和 Dariba 拥有大型的现代化冶炼厂，公司拥有的资源储量达 389.9 百万吨。2012—2016 年公司的矿石铅锌和精炼铅锌银的产量如表 5-4 所示。

印度斯坦锌矿公司下一阶段的增长计划将在现有采矿区的基础上发展多个扩建项目，这些项目主要涉及加大地下矿井深度，以及开发地下矿区。公司计划在拉姆普拉阿古刹（Rampura Agucha）开发一座年产量为 375 万吨的地下矿区，使森德撒库尔德（Sindesar Khurd）矿区年产量从 200 万吨增加至 375 万吨，使扎瓦（Zawar）矿区年产量从 120 万吨增加至 500 万吨，使拉冶普拉达里巴（Rajpura Dariba）矿区年产量增加至120万吨，使卡亚德（Kayad）矿区年产量增加至100万吨。此外，公司还表示将在拉冶普拉达里巴矿带的Bamnia Kalan新开一座小矿。

表5-4 2012—2016年印度斯坦锌矿公司产量

产量（吨）＼时间 品种	2016年	2015年	2014年	2013年	2012年
矿山锌	744271	774330	769897	764671	738569
矿山铅	144653	112752	109821	105529	91863
精炼锌	758938	733803	749167	676921	758716
精炼铅	151576	134898	129858	124816	98724
精炼银	459	368	388	408	242

3. 中国四川宏达股份有限公司

中国四川宏达股份有限公司创建于1979年，1994年改制为股份制企业，是一家集冶金、矿山、化工行业于一体的上市公司，主要从事冶金、化工、矿山开采，拥有年产45万吨磷氨和22万吨电锌的生产能力。控股子公司云南金顶锌业有限公司拥有的兰坪铅锌矿是中国迄今探明储量最大的铅锌矿床，也是亚洲排名第1位、世界排名第4位的铅锌矿床。该公司主要产品"慈山"牌电解锌锭属"四川名牌产品"，"生灵"牌饲料级磷酸氢钙属"中国饲料工业协会推荐产品"。产品出口亚洲、美洲、欧洲等100多个国家和地区。

4. 中国深圳市中金岭南有色金属股份有限公司

中国深圳市中金岭南有色金属股份有限公司是以铅、锌、铜等有色金属生产为主业国际化经营的上市公司。

该公司集有色金属采、选、冶、加工、科研、建材、房地产开发、贸易仓储、金融为一体，跨地区、多行业综合经营。公司总部位于中国广东省深圳市，产业分布在中国、澳大利亚、加拿大、多米尼加、爱尔兰、马来西亚等。

该公司的主要产品有铅精矿、锌精矿、铅锌混合精矿、硫精矿、电铅、精锌、电锌、白银、精镉、二氧化锗、铟锭、硫酸、硫酸锌、铝型材、玻璃幕墙、冲孔镀镍钢带、球形亚镍、无汞电池锌粉、纤维状特种镍粉等30多种。主要产品质量均达到国际先进水平。电铅、精镉获得国家金质奖,精锌获得国家银质奖;电铅、精锌已在 LME 注册,白银已在 LBMA 注册;公司所属多个企业生产系统均已通过 ISO 9000 质量管理体系认证。

公司于 2009 年成功低成本收购澳大利亚 PEM 公司,成为中国有色金属行业首家绝对控股收购发达国家资源的企业,实现由国内公众公司向国际化经营公司的战略变革。2013 年全面收购澳大利亚佩利雅矿业公司,实现对海外资产 100% 的股权控制。

5. 哈萨克斯坦萨科亚锌矿有限公司(Shalkiya Zinc Ltd. LLP)

哈萨克斯坦萨科亚锌矿有限公司是一家在哈萨克斯坦从事矿产开发和铅锌矿加工的矿业公司,2006 年由多家公司合并而成,总部位于哈萨克斯坦的阿拉木图市。公司的主要业务包括哈萨克斯坦南部多金属矿的勘探、开发和加工。公司主要生产铅锌精矿,主要资产包括克孜勒奥尔达州地区的萨科亚地下铅锌矿和 Talap 铅锌矿、肯套市的铅锌矿加工处理厂等。

四、金矿资源开发主要项目及公司

(一)主要金矿项目

根据 S&P Global Market Intelligence 矿山检索数据库,截至 2014 年 12 月,对目前全球正在开发的共 635 个金矿项目进行统计,金储量共计 48000 吨,年产量 3414 吨。其中,52% 的储量属于在产阶段的项目(约 43% 属于生产阶段项目,约 6% 属扩建阶段项目,约 3% 属于新建生产矿山),约 47% 的储量属于前期阶段的项目(约 4% 属于预生产阶段项目,约 14% 属于可行性研究阶段项目,约 29% 属于储量评估阶段项目),如图 5-1 所示。就资源量而言,处于在产阶段的项目资源量约为 32600 吨,处于前期勘探研究阶段的项目资源约为 15400 吨。表 5-5 所示为全球十大高产金矿 2010—2014 年产量。

在过去的 10 年间,"一带一路"沿线国家正在生产的金矿项目数量约占全球的 25%,其中,俄罗斯金矿数量占 6%,印度尼西亚金矿数量占 6%,蒙古金矿数量占 2%,哈萨克斯坦金矿数量占 2%,乌兹别克斯坦金矿数量占 2%,土耳其金矿数量占 2%(见表 5-5)。这些地区政治经济环境稳定,为矿山的稳定开发提供了有利条件。

表 5-5 全球十大高产金矿项目 2010—2014 年的产量 （单位：吨）

矿 山	国 家	2010 年	2011 年	2012 年	2013 年	2014 年
Muruntau Open Pit	乌兹别克斯坦	59	60	59.1	55.99	55.05
Nevada Operations	美国	53.96	54.15	54.37	54.99	46.87
Grasberg	印度尼西亚	61.09	44.91	26.81	35.46	35.21
Kloof/Driefontein Complex	南非	19.72	34.21	29.08	34.75	34.77
Pueblo Viejo	多米尼加共和国	0	0	3.48	25.29	34.48
Yanacocha	秘鲁	45.46	40.22	41.87	31.68	30.17
Cortez	美国	35.49	44.2	42.61	41.59	28.05
Goldstrike	美国	38.54	33.84	36.52	27.74	28.05
Olimpiada	俄罗斯	18.16	17.6	20.31	21.49	22.57
Boddington	澳大利亚	22.64	23.05	22.52	21.9	21.65
总计		354	352	337	351	337

资料来源：S&P Global Market Intelligence。

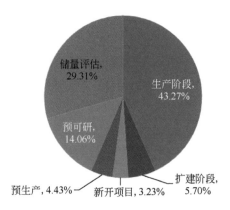

图 5-1 全球大型金矿项目开发阶段分布

　　"一带一路"沿线国家中，乌兹别克斯坦的穆龙套金矿已经连续 4 年年产量第 1 位。除印度尼西亚的格拉斯伯格（Grasberg）金矿由于工人运动，产量下滑之外，其他金矿产量较稳定，尽管 2013 年以来金价遭遇了滑坡式下跌，但是黄金产量并没有受到太大影响，这十大矿山 2014 年总生产量比 2013 年总生产量仅下降了 4%。

（二）主要金矿公司

1. 纽蒙特矿业公司

纽蒙特矿业公司成立于 1916 年，总部位于美国科罗拉多州丹佛市，在其创立之初不久就在纽约股票交易所、澳大利亚证券交易所、加拿大多伦多证券交易所挂牌上市。公司在发展过程中，通过资本运作夯实基础后，就开始进行大规模的合并和收购等扩张活动，经营范围以金、铜、煤、石油、天然气等为中心，是唯一一家跻身标普 500 指数和《财富》世界 500 强的金矿公司。该公司在"一带一路"沿线国家拥有印度尼西亚 Batu Hijau 铜金矿床。

2. 金罗斯矿业公司

金罗斯矿业公司是一家加拿大黄金矿业公司，在巴西、加拿大、智利、加纳、毛里塔尼亚、俄罗斯和美国都有矿山和项目。金罗斯矿业公司在多伦多证券交易所和纽约股票交易所上市。该公司在"一带一路"沿线国家拥有位于俄罗斯楚科奇民族自治区的 Kupol 金矿及 Dvoinoye 金矿，且都是独资矿山。Kupol 金矿是 1995 年通过区域地球化学方法被发现的；2013 年 Kupol 金矿可生产 550188 盎司黄金，现金成本为 507 美元 / 盎司。截至 2013 年 11 月中旬，Dvoinoye 金矿可生产约 25000 盎司黄金，其后三年年产量为 235000 ～ 300000 盎司。

3. 极地黄金公司

极地黄金公司位于莫斯科，是俄罗斯最大的黄金生产商，且是哈萨克斯坦最大的金属生产商之一，按照产量排名在全球位列前十位（2013 年公司的黄金产量为 165 万盎司）。该公司是全球领先的黄金开采公司之一，拥有的储量最大的金矿探明储量达 8300 万盎司，其探明储量与概算储量支持着极地黄金公司的产量增长在全行业处于领先地位（黄金产量 2013 年比 2012 年增长了 5%）。

极地黄金公司主要在俄罗斯最盛产黄金的西伯利亚东部和远东的数个省进行业务经营，拥有 5 座正在开采的矿山，有些在冲积平原中，有些处于前期准备阶段，还有数个高级开发阶段中的项目，其中 4 个正在开采的矿山分别是 Krasnoyarsk、Irkutsk、Sakha 共和国（Yakutia）以及 Magadan。另外极地黄金公司在哈萨克斯坦、罗马尼亚和吉尔吉斯斯坦拥有黄金矿山和探矿权。

4. 纳沃伊采矿冶金联合企业

乌兹别克斯坦纳沃伊采矿冶金联合企业（NMMC）是世界排名前 10 位的金和铀生产企业之一，是乌兹别克斯坦最大的矿冶企业。该公司的黄金产量居全球第 4 位，占全球前十大黄金生产企业黄金总产量的 7.2%。该公司由勘探、采矿和矿石加工部门组成，生产 U3O8 和纯金，还开采磷酸盐矿。纳沃伊采矿冶金联合企业在乌兹别克斯坦西部有 30 余座矿山，其中金矿 20 多座，主要矿山是穆龙套、卡利马吉尔金矿。黄金产量占乌兹别克斯坦黄金总产量的 85%。

5. 阿尔马雷克采矿冶金联合企业

乌兹别克斯坦阿尔马雷克采矿冶金联合企业（Алмалык）是该国最大的有色金属开采加工企业。阿尔马雷克采矿冶金联合企业成立于 20 世纪 40 年代，是拥有采矿、选矿和冶炼厂的联合企业。该公司生产的矿产品包括铜、锌、镉、金、银、硫酸、钼精矿、硒、碲、硫酸铜、硫酸锌等。

五、锡矿资源开发主要项目及公司

（一）主要锡矿项目

目前，世界上开发利用锡矿资源的主要国家有 20 多个，全球主要锡矿山主要集中分布在中国、印度尼西亚、马来西亚、澳大利亚、玻利维亚、巴西、秘鲁和加拿大等 12 个国家。

根据 S&P Global Market Intelligence 矿山检索数据库统计数据，全球锡储量大于 2 万吨的锡矿山有 42 座，主要分布在中国、印度尼西亚、玻利维亚、巴西、秘鲁、澳大利亚、俄罗斯和马来西亚等国家，从所处勘查开发阶段来看，这 42 座锡矿山中，处于储量评估阶段的 21 座，可行性研究阶段的 8 座，生产阶段的 12 座，预生产阶段 1 座。

从分布区域来看，在全球锡储量大于 2 万吨的 42 座锡矿山中，"一带一路"沿线国家拥有 18 座（见表 5-6），约占 43%，其中，俄罗斯有 6 座，中国有 4 座，印度尼西亚有 3 座，哈萨克斯坦、捷克、马来西亚、蒙古和泰国各有 1 座；其余 24 座锡储量大于 2 万吨的锡矿山主要分布如下：澳大利亚 9 座，玻利维亚、加拿大、巴西、德国各 2 座，英国、刚果、美国、秘鲁、摩洛哥、葡萄牙和西班牙各 1 座。

表 5-6 "一带一路"沿线国家重要锡矿山资源量统计

序号	矿山名称	国 家	所处阶段	资 源 量	储 量	
				数量：吨	数量：吨	品位：%
1	Belskoye	俄罗斯	储量评估	—	288000	—
2	Pravourmiiskoye	俄罗斯	生产	50000000	250000	0.5
3	Shtokverkovy	俄罗斯	储量评估	27000000	62000	0.23
4	Pyrkakay	俄罗斯	可行性研究	123500000	228475	228475
5	Sobolinoye	俄罗斯	储量评估	—	91983	
6	Vostokolovo and Dalolovo	俄罗斯	生产	12000000	96000	0.8
7	Gaofeng	中国	生产	1900000	33060	1.74
8	Nandan Longquan	中国	储量评估	98460000	689000	0.7
9	Wuchangping	中国	生产	7700787	49000	0.635
10	Xitian	中国	储量评估	64000000	320000	0.5
11	Syrymbet	哈萨克斯坦	可行性研究	13300000	106400	0.8
12	Cinovec	捷克共和国	储量评估	28000000	103970	0.37
13	Rahman Hydraulic	马来西亚	生产	—	41092	—
14	Oortsog Ovoo	蒙古	储量评估	6700000	43550	0.65
15	Tongkah Tin	泰国	可行性研究	6432000	64000	1
16	Belitung	印度尼西亚	生产	3200000	30000	0.95
17	PT Koba Tin	印度尼西亚	生产	148111000（m³）	34081	230.116（g/m³）
18	Tikus	印度尼西亚	储量评估	2000000	24000	1.2

资料来源：S&P Global Market Intelligence。

从矿山产量看（见表 5-7），2014 年中国和印度尼西亚为全球主要的锡矿生产国，锡金属矿山产量分别为 12.5 万吨和 8.4 万吨，分别占 2014 年度世界锡矿山产量的 42.23% 和 28.38%，分别列世界第 1 位和第 2 位。

2014 年世界主要锡矿项目达 70 多个，共计大约 500 万吨金属资源量，其中，处于储量评估阶段的占 37%，生产阶段占 25%，扩大生产阶段占 19%，可行性研究阶段占 16%，预生产阶段占 3%，如图 5-2 所示。2014 年 "一带一路" 沿线国家（除中国外）主要重大锡矿项目如下。

表 5-7 2013—2014 年世界主要产锡国锡金属矿山产量统计

国 家	2013 年产量 （金属量：万吨）	2013 年产量占世界 比例（%）	2014 年产量 （金属量：万吨）	2014 年产量占世 界比例（%）
中国	11	37.41	12.5	42.23
印度尼西亚	9.52	32.38	8.4	28.38
秘鲁	2.37	8.06	2.37	8.01
玻利维亚	1.93	6.56	1.8	6.08
巴西	1.2	4.08	1.2	4.05
缅甸	1.1	3.74	1.1	3.72
澳大利亚	0.647	2.2	0.61	2.06
越南	0.54	1.84	0.54	1.82
马来西亚	0.37	1.26	0.35	1.18
刚果（金）	0.3	1.02	0.3	1.01
卢旺达	0.19	0.65	0.2	0.68
老挝	0.08	0.27	0.08	0.27
俄罗斯	0.042	0.14	0.06	0.2
尼日利亚	0.057	0.19	0.05	0.17
泰国	0.02	0.07	0.02	0.07
其他	0.01	0.03	0.01	0.03
合计	29.4		29.6	

资料来源：美国地质调查局，*Mineral Commodity Summaries*，2014，2015。

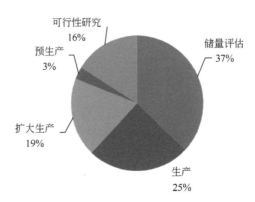

图 5-2 世界主要锡矿项目不同勘查开发阶段比重

1. 俄罗斯 Belskoye 锡矿

俄罗斯 Belskoye 锡矿位于俄罗斯伊尔库茨克州东萨彦岭的 Zalarinsky 区，目前处于储量评估阶段。据 2013 年报道的数据，该锡矿山锡储量为 288000 吨，矿权所有者为 Federal Subsurface Resources 公司。

2. 印度尼西亚 Timah 项目

该项目目前正处于生产阶段，截至 2014 年底，查明锡储量 245831 吨。近年来该矿山的锡产量呈持续减产状态，2011 年生产精炼锡 38132 吨，2012 年精炼锡产量料减少至 3 万吨，2014 年精炼锡产量为 11207 吨。印度尼西亚天马公司持有该项目 100% 股份。

（二）主要锡矿公司

目前，全球从事锡矿开发利用的公司主要包括：中国的云南锡业、个旧自立矿业、云南乘风有色金属股份有限公司、广西华锡集团，马来西亚冶炼集团，秘鲁明苏尔公司，印度尼西亚天马公司，泰国的泰萨科公司，玻利维亚的文托公司，比利时的梅泰洛金属化学有限公司共全球十大锡矿公司。2013 年，上述全球十大锡矿公司生产金属锡矿 23.2 万吨，占全球锡矿山产量的 78.9%，如表 5-8 所示。

表 5-8 世界主要锡矿公司精锡产量（单位：吨）

公司名称	2009 年	2010 年	2011 年	2012 年	2013 年	2014 年
云南锡业股份有限公司（中国）	55898	59180	56167	69760	70387	85914
马来西亚冶炼集团（马来西亚）	36407	38737	40247	37792	32652	—
明苏尔公司（秘鲁）	33920	36052	30201	25399	24967	29233
印度尼西亚天马公司（印度尼西亚）	45086	40413	38144	29600	23798	27555
泰萨科公司（泰国）	19300	23505	23874	22847	22984	—
云南乘风有色金属股份有限公司（中国）	14947	14155	15428	16600	18293	—
广西华锡集团（中国）	10500	14300	15524	14034	11872	—
文托公司（玻利维亚）	11805	11520	10964	10800	10789	—
梅泰洛金属化学有限公司（比利时）	8690	9945	10009	11350	10339	—
个旧自立冶（中国）	5600	9000	8600	7000	5999	—
总计	242153	256807	249158	245182	232083	—

资料来源：S&P Global Market Intelligence。

从分布区域看，全球十大锡矿公司中，有 7 个分布在"一带一路"沿线国家，它们 2013 年锡金属矿山产量为 18.6 万吨，占全球锡矿山产量的 63.2%。吨从矿山产量来看，云南锡业股份有限公司与明苏尔公司、印度尼西亚天马公司相近，3 家锡精矿产量都在每年 25000 吨左右。相较 2013 年，2014 年，在上述十大锡矿公司中，只有云南锡业股份有限公司（中国）迎来了两位数增长，明苏尔公司、印度尼西亚天马公司两家公司产量有小幅增长。

1. 云南锡业股份有限公司（Yunnan Tin Company Limited）

云南锡业股份有限公司（Yunnan Tin Company Limited）是中国锡行业唯一的一家上市公司，是中国最大的锡生产、加工、出口基地。2005 年以来，公司锡金属产量位居全球第 1 位，2014 年精锡产量 85914 吨，占世界产量的 29%。公司主要有锡锭、铅锭、铟锭、银锭、铋锭、铜精矿、锡铅焊料及无铅焊料，锡材、锡基合金、有机锡及无机锡化工产品等 40 多个系列 1470 多个品种。公司主导产品"云锡牌"精锡是"中国名牌产品"、国家质量免检产品，公司"云锡牌 YT"商标是"中国驰名商标"、国际知名品牌。公司产品国际市场占有率 17.37%，国内市场份额占 44.96% 左右。

目前，云南锡业主要的锡矿项目有如下 5 个（以下项目的生产阶段截止时间为 2016 年年底）。

（1）Renison Bell 项目：该项目位于澳大利亚，目前正处于生产阶段，2014 年 9 月最新数据显示该矿区锡储量为 185058 吨，品位为 1.443%，可露天开采。2013 年该矿锡矿山产量为 3159 吨。云南锡业股份有限公司拥有该项目 9% 股份，Metals X Ltd. 持有 50% 股份，L'sea Resources Intl Hldgs Ltd. 持有 41% 股份。

（2）Rentails 项目：该项目位于澳大利亚，目前正处于可行性研究阶段，2014 年 6 月数据显示该矿区锡储量为 94698 吨，品位为 0.444%。云南锡业股份有限公司拥有该项目 60% 股份，Metals X Ltd. 持有 40% 股份。

（3）屋场坪项目：该项目位于中国，目前正处于生产阶段。据 2015 年最新资料，探测锡资源储量为 49000 吨，品位为 0.635%。

（4）个旧项目：该项目位于中国，目前正处于储量评估阶段。2011 年 11 月，云南锡业股份有限公司筹集 40.8 亿元增发 A 股发行，大约 8.35 亿元用于投资个旧地区矿产开发。据估计，此地区锡矿储量约为 244800 吨，这个项目将持续 4 年，预计将增加 25000 吨锡的产量。

（5）Mt Bischoff 项目：该项目位于澳大利亚，目前正处于生产阶段，探测储量为 22525 吨，品位为 0.927%。云南锡业股份有限公司拥有该项目

60% 股份，Metals X Ltd. 持有 40% 股份。

2. 马来西亚冶炼集团（Malaysia Smelting Corporation Berhad）

马来西亚冶炼集团成立于 1887 年，为世界领先的大型锡和锡金属的生产商、全球先进的锡金属材料加工商。2013 年，该集团精锡产量达 3.26 万吨，维持了其世界第二大锡金属供应商的地位。凭借着自身的核心科技及百余年来出色的冶炼行业业绩，该集团 Butterworth 冶炼厂现已跻身于全球最具成本效益的冶炼厂之列。该冶炼厂能够将原生矿、次生矿及含锡复合矿转化为工业应用领域所需的高纯度锡金属，其精锡年产能约为 35000 吨。在伦敦金属交易所（LME）和吉隆坡锡市（KLTM）注册的 MSC Straits 精锡品牌已被全球广泛认可，其纯度涵盖标准 A 级（99.85% 锡）及高档电解锡（99.99% 锡）。2012 年 6 月马来西亚冶炼集团有限公司（MSC）耗资 40 万美元购入了非洲冶炼公司约 40% 的股份。非洲冶炼公司目前正在刚果民主共和国加丹加（Katanga）省的卢本巴希（Lubumbashi）市新建一座年产量为 3500 吨的锡冶炼厂。

目前，马来西亚冶炼集团主要锡矿项目有如下 3 个：

（1）Rahman Hydraylic 项目：该项目位于马来西亚，目前正处于生产阶段，探测储量为 35516 吨，2010 年锡金属矿山产量 2010 吨，2014 年锡矿山产量 2238 吨。马来西亚冶炼集团拥有该项目 100% 股份。

（2）PT Koba Tin 项目：该项目位于印度尼西亚，目前正处于生产阶段，探测储量为 34081 吨，2013 年锡矿山产量 387 吨。马来西亚冶炼集团拥有该项目 30% 股份，印度尼西亚天马公司持有 70% 股份。

（3）PT Tenaga Anugerah 项目：该项目位于印度尼西亚，目前正处于生产阶段，马来西亚冶炼集团拥有该项目 18.54% 股份。

3. 印度尼西亚天马公司（PT Timah）

印度尼西亚天马公司成立于 1976 年 8 月 2 日，主营锡矿业，为印度尼西亚国有企业，于 1995 年上市。该公司业务除锡矿资源的勘探、开发、加工和贸易外，营业范围还包括运输和矿业服务。该公司的锡矿山主要分布于印度尼西亚邦加勿里洞省、廖内省、南加里曼丹省、苏拉威西岛西南部、西里冈和万丹省。2014 年精炼锡产量为 27555 吨，占世界锡产量的 9.3%。印度尼西亚天马公司 95% 的精炼锡用于出口，其余 5% 用于国内消费。在亚洲范围内，出口目的国有日本、韩国、中国和新加坡；欧洲有英国、荷兰、法国、西班牙和意大利；北美国家包括美国和加拿大。

目前，印度尼西亚天马公司主要依托项目有如下 5 个。

（1）PT Koba Tin 项目：该项目位于印度尼西亚，目前正处于生产阶段，查明锡储量为 34081 吨，2011 年产量 6332 吨，2013 年产量 387 吨。印度尼西亚天马公司持有 70% 股份，马来西亚冶炼集团拥有该项目 30% 股份。

（2）Belitung 项目：该项目位于印度尼西亚，目前正处于限制生产阶段，查明锡储量为 30000 吨，品位为 0.95%。印度尼西亚天马公司持有 100% 股份。

（3）Pubyien-Tamok 项目：该项目位于缅甸，目前正处于储量评估阶段，印度尼西亚天马公司持有 80% 股份，马来西亚政府拥有 20% 股份。

（4）Timah 项目：该项目位于印度尼西亚，目前正处于限制生产阶段，查明锡储量 245831 吨，2014 年锡矿山产量 11207 吨。印度尼西亚天马公司持有 100% 股份。

（5）Timah Offshore：该项目位于印度尼西亚，目前正处于限制生产阶段，查明锡储量 449197 吨，2014 年锡矿山产量 21112 吨。印度尼西亚天马公司持有 100% 股份。

六、镍矿资源开发主要项目及公司

（一）主要镍矿项目

镍矿勘查一直是有色金属矿产勘查中最主要的矿种之一，2001—2015 年，伴随全球矿业周期的兴衰，全球镍矿勘查投入也出现了两轮变化。前一轮周期由 2001 年的 1.96 亿美元，至 2008 年达到了约 12.83 亿美元的历史峰值；受金融危机的影响，2009—2010 年，镍矿勘查投入明显下降，但 2011 年出现了小幅回升，达到了 8.4 亿美元，2012 年以来随着全球矿业形势持续下滑，连续下跌至 2015 年的 3.65 亿美元，如图 5-3 所示。

"一带一路"沿线国家中，主要从事镍矿勘查的国家有俄罗斯、印度尼西亚、中国、哈萨克斯坦、菲律宾、越南、缅甸、也门 8 个国家。2015 年上述 8 个国家镍矿勘查总投入约 0.72 亿美元，占全球镍矿勘查投入的 19.58%；其中，俄罗斯、印度尼西亚和中国为主要镍矿勘查投入国家，2015 年的镍矿勘查投入分别占"一带一路"沿线国家的 30.6%、30% 和 22.4%。

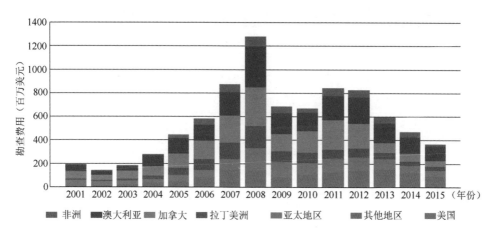

图 5-3 2001—2015 年全球镍矿勘查投入

数据来源：S&P Global Market Intelligence。

目前，全球从事镍矿资源勘查开发利用的国家（地区）有 70 多个，据
S&P Global Market Intelligence 矿山检索数据库统计数据，全球现有镍矿山
为 1953 座，其中，镍资源储量大于 10 万吨的有 236 座，其中有 85 座分布在"一
带一路"沿线国家。表 5-9 统计了沿线国家储量在 100 万吨以上的 28 座矿山，
主要分布为：菲律宾有 12 座，印度尼西亚有 10 座，俄罗斯有 4 座，中国和
马来西亚各一座。俄罗斯的泰米尔半岛（Taimyr Peninsula）镍矿为"一带一
路"沿线国家最大的镍矿山，镍资源储量为 1584.5 万吨，目前处于勘查阶段。

"一带一路"沿线国家中，主要从事镍矿勘查的国家有俄罗斯、印度尼西亚、
中国、哈萨克斯坦、菲律宾、越南、缅甸、也门 8 个国家。2015 年上述 8 个国家
镍矿勘查总投入约为 0.72 亿美元，占全球镍矿勘查投入的 19.58%；其中，俄罗斯、
印度尼西亚和中国为"一带一路"沿线国家主要的镍矿勘查投入国家。

目前，全球从事镍矿资源勘查开发利用的国家（地区）有 70 多个，据
S&P Global Market Intelligence 矿山检索数据库统计数据，全球现有镍矿山
为 1953 座，其中，镍资源储量大于 10 万吨的有 236 座，其中有 85 座分布在"一
带一路"沿线国家。表 5-9 统计了沿线国家储量在 100 万吨以上的 28 座矿山，
主要分布为：菲律宾有 12 座，印度尼西亚有 10 座，俄罗斯有 4 座，中国和
马来西亚各一座。俄罗斯的泰米尔半岛（Taimyr Peninsula）镍矿为"一带一
路"沿线国家最大的镍矿山，镍资源储量为 1584.5 万吨，目前处于勘查阶段。

表 5-9 "一带一路"沿线国家主要镍矿山资源储量统计

序号	矿 山	所 有 者	国 家	资源储量（万吨金属）
1	Taimyr Peninsula	PJSC MMC Norilsk Nickel	俄罗斯	1584.50
2	Weda Bay	Eramet, PT Antam (Persero) Tbk, Pacific Metals Co. Ltd.	印度尼西亚	934.00
3	Iisko-Tagulsk	—	俄罗斯	750.00
4	Pomalaa	PT Antam (Persero) Tbk	印度尼西亚	617.60
5	Jinchuan	Jinchuan Group Co. Ltd.	中国	550.20
6	Hanking Group	China Hanking Holdings Ltd., Unnamed Owner	印度尼西亚	480.77
7	Southern Samar	MBMI Resources Inc., Falcon Ridge Resources Mgmt	菲律宾	450.00
8	Gag Island	PT Antam (Persero) Tbk	印度尼西亚	423.60
9	Kola Peninsula	PJSC MMC Norilsk Nickel	俄罗斯	328.20
10	Sichuan Jinguang	Sichuan Jinguang Group, Philippine HPT	菲律宾	300.00
11	Surigao	Skana Capital Corp.	菲律宾	295.20
12	Mindoro	Intex Resources ASA	菲律宾	292.60
13	Pomalaa East	PT Vale Indonesia Tbk	印度尼西亚	269.00
14	La Sampala	Unnamed Owner, Local Interest	印度尼西亚	262.44
15	Pujada	Asiaticus Mgmt Corp.	菲律宾	260.00
16	Kingash	Intergeo MMC Ltd.	俄罗斯	236.94
17	Sorowako	PT Vale Indonesia Tbk	印度尼西亚	210.00
18	PT Yiwan	PT Yiwan Mining	印度尼西亚	203.60
19	Tavai	—	马来西亚	202.50
20	Maba	Solway Investment Group	印度尼西亚	193.80
21	Tapunopaka	PT Antam (Persero) Tbk	印度尼西亚	191.18
22	Taganito	Nickel Asia Corp., Pacific Metals Co. Ltd., Sojitz Corp.	菲律宾	182.07
23	Nonoc	Philnico Mining Industrial	菲律宾	158.40
24	Eramen Zambales	Eramen Minerals Inc.	菲律宾	130.70
25	Zambales	—	菲律宾	123.10
26	Cagdianao	Global Ferronickel Hldgs Inc.	菲律宾	110.22
27	Isabela	NiHAO Mineral Rsrc Intl Inc., Nickel Asia Corp.	菲律宾	107.32
28	Rio Tuba	Nickel Asia Corp., Pacific Metals Co. Ltd., Sojitz Corp.	菲律宾	101.60

资料来源：S&P Global Market Intelligence。

从矿山产量看，全球 2014 年镍产量大于 100 吨的主要镍矿山有 75 座，其中有 19 座分布在"一带一路"沿线国家，如表 5-10 所示，有 11 座位于菲律宾，俄罗斯和中国各有 3 座，印度尼西亚和越南各有 1 座。俄罗斯的泰米尔半岛（Taimyr Peninsula）镍矿和科拉半岛（Kola Peninsula）镍矿是全球主要的产镍矿山，2014 年镍产量分别为 122390 吨和 106048 吨，分别列居世界第 1 位和第 2 位。

表 5-10 2014 年"一带一路"沿线国家主要镍矿山产量统计

序 号	矿山名称	所在国家	所 有 者	产 量（吨）	占世界比例（%）
1	Taimyr Peninsula	俄罗斯	PJSC MMC Norilsk Nickel	122390	6.31
2	Kola Peninsula	俄罗斯	PJSC MMC Norilsk Nickel	106048	5.47
3	Sorowako	印度尼西亚	PT Vale Indonesia Tbk	78726	4.06
4	Jinchuan	中国	Jinchuan Group Co. Ltd.	60000	3.09
5	Cagdianao	菲律宾	Global Ferronickel Hldgs Inc.	40000	2.06
6	Carrascal	菲律宾	Carrascal Nickel Corporation	40000	2.06
7	East Yellow Mountain	中国	Xinjiang Xinxin Mining	34470	1.78
8	Taganaan	菲律宾	Nickel Asia Corp.	30000	1.55
9	Rio Tuba	菲律宾	Nickel Asia Corp., Pacific Metals Co. Ltd., Sojitz Corp.	24000	1.24
10	Hinatuan	菲律宾	Nickel Asia Corp.	22000	1.13
11	Taganito	菲律宾	Nickel Asia Corp., Pacific Metals Co. Ltd., Sojitz Corp.	21000	1.08
12	Sta. Cruz	菲律宾	Benguet Corp.	18000	0.93
13	Cagdianao	菲律宾	Nickel Asia Corp.	17000	0.88
14	Berong	菲律宾	DMCI Holdings Inc., Atlas Consolidated	14000	0.72
15	Ufaleynickel	俄罗斯	Ufaleynickel, Rezh Nickel Plant	12000	0.62
16	Kalatongke	中国	Xinjiang Xinxin Mining	11167	0.58
17	Ban Phuc	越南	Asian Mineral Resources Ltd.	6854	0.35
18	Palhi	菲律宾	Unnamed Owner	2000	0.10
19	Casiguran	菲律宾	Century Peak Metals Hldgs Corp.	1000	0.05

资料来源：S&P Global Market Intelligence。

（二）主要镍矿公司

目前，全球从事镍矿勘查开发利用的矿业公司有 70 多家，其中主要的镍矿公司有 20 家。2014 年，全球 76 个主要镍矿公司的镍产量为 160.5 万吨，占全球镍产量的 82.7%，如表 5-11 所示，其中，俄罗斯诺里尔斯克镍业公司、巴西淡水河谷公司、必和必拓集团、菲律宾亚洲镍业公司、嘉能可公司、中国金川集团 6 家公司为主要的镍矿公司，2014 年 6 家公司镍产量为 88.5 万吨，占世界产量的 45%。

表 5-11 2014 年全球主要镍矿公司产量

排 名	公司	产量（吨）	占世界比例（%）
1	诺里尔斯克镍业公司（PJSC MMC Norilsk Nickel）	244628	12.61
2	巴西淡水河谷公司（Vale SA）	175153.5	9.03
3	必和必拓集团（BHP Billiton Group）	134875.28	6.95
4	菲律宾亚洲镍业公司（Nickel Asia Corp.）	97050	5.00
5	嘉能可公司（Glencore PLC）	94659	4.88
6	淡水河谷印度尼西亚公司（PT Vale Indonesia Tbk）	78726	4.06
7	中国金川集团有限公司（Jinchuan Group Co. Ltd.）	60000	3.09
8	蒂森克古巴镍业公司（Cubaniquel）	46455	2.39
9	第一量子矿业有限公司（First Quantum Minerals Ltd.）	45878	2.36
10	卡拉斯卡尔镍矿公司（Carrascal Nickel Corporation）	40000	2.06
10	铂族金属公司（Platinum Group Metals Corp.）	40000	2.06
12	英美资源集团（Anglo American PLC）	37200	1.92
13	众鑫矿业有限公司（Zhongxin Mining Co.）	34470	1.78
14	谢里特国际公司（Sherritt International Corp.）	31276.2	1.61
15	埃赫曼（Eramet）	30806.72	1.59
16	巴西沃特兰亭工业公司（Votorantim S.A.）	28000	1.44
17	英美铂公司（Anglo American Platinum Ltd.）	24638.32	1.27
18	西部地区有限公司（Western Areas Ltd.）	23500	1.21
19	全景资源有限公司（Panoramic Resources Ltd.）	21603	1.11
20	法国兴业 Territoriale（Société Territoriale）	18704.08	0.96

资料来源：S&P Global Market Intelligence。

就资源分布情况来看，上述公司正在开发的项目主要集中在俄罗斯、菲律宾、印度尼西亚和中国。在"一带一路"沿线国家从事镍矿勘查开发的大型公司主要有俄罗斯诺里尔斯克镍业公司、巴西淡水河谷公司、菲律宾亚洲镍业公司、中国金川集团 4 家公司。

1. 俄罗斯诺里尔斯克镍业公司

俄罗斯诺里尔斯克镍业公司是一个由自身和其子公司组成的集团公司，该公司有着丰富的矿物原料资源，主要从事勘测、勘探、采矿、有色金属的选矿和冶炼、有色金属及贵金属的生产和非金属矿石的生产、销售等业务，是全球镍、钴和铂族金属的主要生产商之一。诺里尔斯克镍公司的主要产品有镍、铜、钴、贵金属（金、银及铂族金属）、硒、碲、硫、烟煤等，其中镍在全球所占的份额为 20% 以上。诺里尔斯克镍业公司的镍矿山主要是位于俄罗斯的泰米尔半岛（Taimyr Peninsula）镍矿和科拉半岛（Kola Peninsula）镍矿等7 座镍矿山。其中，泰米尔半岛（Taimyr Peninsula）镍矿是全球最大的镍矿（1584.5 万吨），2014 年镍产量为 122390 吨。

2. 巴西淡水河谷公司

成立于 1942 年 6 月 1 日的巴西淡水河谷公司，着眼全球，在世界设有 5个办事处，其中 1994 年在中国设立了办事处；公司在 15 个国家及地区有业务经营和矿产开采活动。2006 年 10 月 24 日，巴西淡水河谷矿业公司用现金以每股 86 加元（约合 76.90 美元）的价格收购了加拿大国际镍业公司 75.66%的股份，开始入主国际镍业。淡水河谷公司是 2006 年全球以销售规模计算的第四大矿产公司，在金额高达 158 亿美元的收购交易完成后，淡水河谷公司成为世界上最大的镍矿生产商和仅次于澳大利亚必和必拓公司的全球第二大矿业集团。淡水河谷的主要镍矿山主要为分布在印度尼西亚的 Pomalaa East、Sorowako 和 Bahudopi 3 个镍矿山，3 个镍矿山镍资源储量为 524 万吨。其中，Sorowako 为世界第 3 大镍矿山，2014 年镍产量为 78726 吨，占世界产量的 4%。

3. 菲律宾亚洲镍业公司

菲律宾亚洲镍业公司为菲律宾的镍矿巨头，是世界第 4 大镍矿公司，其主要镍矿山为分布于菲律宾的 Cagdianao 等 7 座镍矿山，该公司 2014 年镍产量为 90750 吨，占世界产量的 5%。

七、铝土矿资源开发主要项目及公司

（一）主要铝土矿项目

目前，全球开发利用铝土矿资源的主要国家有 40 个，根据 S&P Global Market Intelligence 矿山检索数据库统计数据，全球主要铝土矿矿山有 244 座，其中铝土矿矿石储量大于 2000 万吨的矿山有 72 座，主要分布在澳大利亚、几内亚、中国、印度尼西亚、牙买加、印度、巴西、哈萨克斯坦、苏里南、圭亚那、俄罗斯、越南、老挝 13 个国家。从所处勘查开发阶段来看，这 72 座锡矿山中，处于预查阶段的有 5 座，详查阶段的有 13 座，勘探阶段的有 1 座，可行性研究阶段的有 9 座，矿山建设阶段的有 2 座，生产阶段的有 39 座，其余 3 座矿山所处勘查开发阶段不详。

从分布区域来看，在全球 72 座铝土矿矿石储量大于 2000 万吨的矿山中，"一带一路"沿线国家拥有 27 座，如表 5-12 所示，约占 37.5%。其中，中国有 8 座，印度尼西亚有 5 座，印度和沙特阿拉伯各有 3 座，俄罗斯、哈萨克斯坦各有 2 座，越南、老挝、匈牙利和土耳其各有 1 座。

表 5-12 "一带一路"沿线重要铝土矿矿山储量统计

序 号	矿山名称	所属矿业公司名称	所在国家	开发阶段	资源储量（万吨）
1	Karabaitalsk	Unnamed Owner	哈萨克斯坦	勘探	48809
2	Gia Nghia	—	越南	可行性研究	33369
3	Panchpatmali	National Aluminium Co. Ltd.	印度	生产	31000
4	North Urals	United Co. RUSAL PLC	俄罗斯	生产	28970
5	Al Ba'itha	Saudi Arabian Mining Co., Alcoa Inc., Alumina Ltd.	沙特阿拉伯	生产	25340
6	Bucas Grande	Government	菲律宾	详查	24220
7	PT Borneo Edo International	PT Antam (Persero) Tbk	印度尼西亚	生产	23620
8	Gandhamardan	—	印度	可行性研究	23000
9	Az Zabirah	Saudi Arabian Mining Co.	沙特阿拉伯	生产	22940
10	Bolaven Plateau	China Non-ferrous Metal, Vango Mining Ltd.	老挝	可行性研究	22600
11	Tayan	PT Antam (Persero) Tbk, Showa Denko	印度尼西亚	生产	19980
12	Timan	United Co. RUSAL PLC	俄罗斯	生产	16960

续表

序 号	矿山名称	所属矿业公司名称	所在国家	开发阶段	资源储量(万吨)
13	Krasno-Oktyabrsk	Eurasian Natural Rsrc Corp. Ltd.	哈萨克斯坦	生产	14840
14	Niyamgiri		印度	预查	7770
15	Guangxi Pingguo	Guangxi Branch China Aluminium	中国	生产	7737
16	PT Gunung Kendaik	PT Antam (Persero) Tbk	印度尼西亚	生产	7400
17	Pingguo	Aluminum Corp. of China Ltd.	中国	生产	6432
18	PT Mega Citra Utama	PT Antam (Persero) Tbk, Unnamed Owner	印度尼西亚	生产	5840
19	Wuchuan Zijin	China Power Inv Guizhou Zunyi, Bureau of Guizhou Non-Ferrous	中国	详查	4397
20	Sanmenxia	Aluminum Corp. of China Ltd.	中国	生产	4310
21	Seydisehir	Ce-Ka AS	土耳其	生产	3577
22	SML	Alro S.A.	沙特阿拉伯	生产	3100
23	Chongqing	Aluminum Corp. of China Ltd.	中国	生产	3017
24	PT Dwimitra Enggang Khatulistiwa	PT Antam (Persero) Tbk, Unnamed Owner	印度尼西亚	生产	2650
25	Xiaoguan	Aluminum Corp. of China Ltd.	中国	生产	2627
26	Xiaoyi	Aluminum Corp. of China Ltd.	中国	生产	2452
27	Guizhou	Guizhou Branch China Aluminium	中国	生产	2278

资料来源：S&P Global Market Intelligence。

从国家铝土矿产量来看，中国、马来西亚、印度为"一带一路"沿线国家主要的铝土矿生产国，2015年铝土矿产量分别为6000万吨、2120万吨、1920万吨，分别占2015年度世界铝土矿产量的第2位、第3位、第4位。

从铝土矿矿山产量看，2014年全球主要的铝土矿生产矿山有33座，其中有19座分布在"一带一路"沿线国家，占57.6%（见表5-13）。在"一带一路"沿线国家的19座主要铝土矿生产矿山中，有15座分布在中国，俄罗斯有 2 座，印度和印尼各有 1 座。这 19 座铝土矿矿山 2014 年的产量为 2231 万吨，占世界储量的 9.5%。

表 5-13 2014 年"一带一路"沿线主要铝土矿产量统计

序 号	矿山名称	所在国家	所属矿业公司	铝土矿产量（万吨）	占世界产量比例（%）
1	Pingguo	中国	中国铝业	613.1	2.62
2	Xiaoyi	中国	中国铝业	332.9	1.42
3	Timan	俄罗斯	俄罗斯铝业联合公司	281.5	1.20
4	North Urals	俄罗斯	俄罗斯铝业联合公司	277.4	1.19
5	Shanxi Other	中国	中国铝业	196.7	0.84
6	Huaxing	中国	中国铝业	130.1	0.56
7	Luoyang	中国	中国铝业	66.8	0.29
8	Pingdingshan	中国	中国铝业	54	0.23
9	Bodai-Daldali	印度	印度韦丹塔资源公司	50	0.21
10	Zunyi	中国	中国铝业	36.7	0.16
11	Mianchi	中国	中国铝业	35.8	0.15
12	Xiaoguan	中国	中国铝业	33.4	0.14
13	Chongqing	中国	中国铝业	30.4	0.13
14	Xuchang	中国	中国铝业	27.3	0.12
15	Tayan	印度尼西亚	印度尼西亚阿内卡矿业公司	26.73	0.11
16	Jiaozuo	中国	中国铝业	18.4	0.08
17	Shandong	中国	中国铝业	9.4	0.04
18	Denfeng	中国	中国铝业	7.5	0.03
19	Sanmenxia	中国	中国铝业	3.2	0.01

资料来源：S&P Global Market Intelligence。

（二）主要铝土矿公司

目前，全球主要从事铝土矿开发利用的公司有力拓集团、美国铝业、必和必拓、中国铝业、澳大利亚氧化铝公司、俄罗斯铝业联合公司、挪威海德鲁公司、巴西淡水河谷公司等 21 家公司（见表 5-14），2014 年这 21 家矿业公司铝土矿产量为 15838 万吨，占 2014 年世界铝土矿产量 24500 万吨的 64.6%。其中，中国铝业、俄罗斯铝业联合公司、印度韦丹塔资源公司、印度铝业公司、印度尼西亚阿内卡矿业公司 5 家铝业公司隶属于"一带一路"沿线国家，2014 年这 5 家铝业公司的铝土矿产量为 2852 万吨，占 2014 年世界铝土矿产量的 12.2%。

表 5-14 2014 年全球主要铝土矿生产公司生产情况

世界排行	公司名称	铝土矿产量（万吨）	占世界比例（%）
1	力拓集团	3838.59	16.40
2	美国铝业	2737.65	11.70
3	必和必拓集团	1669.96	7.14
4	中国铝业	1595.70	6.82
5	澳大利亚氧化铝公司	1593.07	6.81
6	俄罗斯铝业联合公司	1185.11	5.06
7	挪威海德鲁公司	900.75	3.85
8	巴西淡水河谷	784.27	3.35
9	几内亚铝业公司	774.35	3.31
10	日本铝业公司	166.00	0.71
11	巴西沃特兰亭工业公司	163.76	0.70
12	罗马尼亚铝业公司	116.10	0.50
13	德国 DADCO 铝业	80.60	0.34
14	双日株式会社	66.40	0.28
15	希腊米蒂利尼控股公司	63.30	0.27
16	印度韦丹塔资源公司	25.50	0.11
17	印度铝业公司	24.50	0.10
18	印度尼西亚阿内卡矿业公司	21.38	0.09
19	牙买加铝业公司	13.32	0.06
20	圭亚那铝业公司	12.37	0.05
21	昭和电工株式会社	5.35	0.02

1. 中国铝业

中国铝业股份有限公司（以下简称中国铝业）成立于 2001 年 9 月 10 日，股票分别在美国纽约股票交易所、中国香港联交所和上海证券交易所挂牌交易。中国铝业是目前中国铝行业中唯一集铝土矿勘探、开采及氧化铝、原铝和铝加工生产、销售、技术研发为一体的大型铝生产经营企业，是中国最大的氧化铝、原铝和铝加工材生产商，是全球第二大氧化铝生产商、第三大原铝生产商。

中国铝业从事铝、铜、钼、钛等矿产资源的勘查、开发，矿产品、冶炼产品、加工产品、碳素制品及相关有色金属产品的生产、销售、科研、勘察设计、工程建设总承包；自营和代理各类商品及技术的进出口业务，经营来料加工、对外贸易和转口贸易。

目前，中国铝业主要的铝土矿生产项目有 15 个，2014 年这 15 个铝土矿矿山产量为 1595.7 万吨，占世界产量的 6.8%。广西苹果铝土矿为中国铝业公司最大铝土矿矿山，2014 年产量为 613 万吨，占世界产量的 2.62%。

2. 俄罗斯铝业联合公司

俄罗斯铝业联合公司（UC RUSAL）是俄罗斯蓬勃发展的大型公司之一，也是世界铝业主导型公司之一。公司成立于 2000 年 3 月，联合了俄罗斯和国外制铝工业中最有实力的公司，构成了一个从原料开采、加工到初级铝、半成品、合金铝和成品铝的全部生产流程。2001 年 4 月，俄罗斯铝业联合公司正式得到俄罗斯反垄断部的许可，通过参与公司生产流程的俄罗斯企业入股方式融资。完成这一集团化过程后，公司资本已超过 80 亿美元，从而进入世界铝业生产三强行列。俄罗斯铝业联合公司铝的年产量约为 420 万吨，约占世界市场铝产量的 12%。而氧化铝年产量约为 1130 万吨，约占世界市场的 15%。该公司旗下拥有 15 家铝加工厂、12 家氧化铝加工厂、7 家铝矾土采掘厂、3 家铝箔轧制厂及 2 家阴极块生产厂。公司各种产品的日产量如下：铝 11500 吨，氧化铝 31000 吨，铝矾土 53000 吨，铝箔 197 吨。

俄罗斯铝业联合公司是外向型企业，80% 的产品销往国际市场，主要的外销产品是初级铝。该公司向客户提供的铝制品清单涉及面很广，这些产品可用于运输、建筑、石油开采、冶金、机器制造、仪器制造、食品工业等行业。俄罗斯铝业联合公司十分重视产品质量和生产环保安全，是俄罗斯国内最早在本行业推广环保管理制度并已通过 ISO 14000 国际环保认证的企业。

目前，俄罗斯铝业联合公司主要铝土矿生产项目有 4 个，2014 年这 4 个铝土矿矿山产量为 1595.7 万吨，占世界产量的 4.36%。这 4 个矿山中有两座分布在俄罗斯，另外两座分布在几内亚和圭亚那，位于几内亚的金迪亚铝土矿矿山是俄罗斯铝业联合公司产量最大的矿山，2014 年产量为 337.9 万吨，占世界产量的 1.44%。

3. 印度韦丹塔资源公司

印度韦丹塔资源公司（Vedanta Resources）是全球多元化金属和矿业公司，于 1976 年在印度孟买创立，是印度最大的有色金属企业，目前总部位于伦敦，并在伦敦证券交易所上市，主要从事油气、铜、铅锌、铝土矿等的开发利用。目前，印度韦丹塔资源公司主要铝土矿生产项目为印度 Bodai-Daldali 铝土矿矿山，2014 年铝土矿产量为 50 万吨，占世界产量的 0.21%。

八、钾盐资源开发主要公司及项目

全球钾盐资源分布极不平衡，储量主要集中分布在加拿大、白罗斯和俄罗斯这3个国家，占全球钾盐总储量的83%。就产量而言，上述3个国家2013年钾盐年产量占据全球当年钾盐产量的60%，全球钾盐的生产和开发也表现为非常明显的区域集中性。主要的钾肥公司是由俄罗斯乌拉尔钾肥公司（Uralkali，占股50%）、白罗斯钾肥生产公司（Belaruskali，占股45%）、白罗斯铁路公司（占股5%）组成的白罗斯BPC销售联盟，该联盟的钾盐产能在1600万吨左右，占世界钾盐产能的30%。虽然在2013年7月，俄罗斯乌拉尔钾肥公司退出了BPC联盟，但国际钾盐资源的寡头垄断格局并不会因此改变，或者说钾盐资源的天然分布情况，使得这种垄断格局根本无法被改变。因此，长久以来国际钾肥贸易的定价权，一直牢牢掌握在寡头垄断企业的手中。而钾肥消费量占全球68%的中国、美国、巴西、印度和东南亚等国家钾肥的产量仅不到全球产量的13%，全球的钾肥供需格局严重不平衡。

（一）俄罗斯钾肥公司及项目

俄罗斯已探明的钾盐储量大部分（83%或27亿吨）集中在维尔赫涅卡姆斯克氯化钾矿床（位于俄罗斯别尔姆斯克边区），此矿床矿石品位高（K_2O含量平均17.39%），钾盐层的埋藏较浅，为350～450米。俄罗斯涅普（Nepa）钾盐矿床是与维尔赫涅卡姆斯克矿床并列，且未开发的另一个超大型钾盐矿床，位于俄罗斯西伯利亚伊尔库茨克州北部，面积2.2万平方千米。矿床品位高（KCl含量25%～55%），以钾石盐和光卤石为主，预测光卤石资源量超过4500亿吨，钾石盐资源量700亿吨，是世界富钾矿之一。

俄罗斯乌拉尔股份有限公司（OJSC Uralkali）是俄罗斯最大的化肥生产商和重要的出口商，拥有钾盐产能1100万吨（KCl），是世界第三大钾盐公司。公司资产包括5座矿山和7个矿石处理厂，主要生产部门的员工有11300人，乌拉尔公司生产标准和颗粒状KCl，并销售往60多个国家，其主要市场在巴西、印度、中国、南非、俄罗斯、美国和欧洲。2013年公司生产1000万吨钾盐（KCl），销售量为986万吨。公司矿石总储量约有82亿吨，世界钾盐矿石储量排名第1位。公司拥有Verkhnekamskoye中Ust-Yayvinsky矿和Polovodovsky Blocks矿的开发许可证，二者矿石储量分别为12.91亿吨和30.74亿吨，同时还具有Verkhnekamskoye矿田中Romanovsky Block矿床的开发许可证，评估矿石储量3.85亿吨。

1. Polovodovsky 项目

该项目位于俄罗斯的 Polovodovo，距离 Solikamsk 东部 16.7 千米处。目前 Polovodovsky 项目正处于储量评估阶段。2013 年 7 月，乌拉尔公司在推出一项钾盐的发展计划后决定推迟 Polovodovsky 项目的开发进度。截至 2012 年，乌拉尔公司在 Polovodovsky 地区的采矿权包括了 30.7 亿吨 K_2O 的资源量。该项目有两套主要设备，其中一套设备的开采容量为 1100 万吨 / 年。浮选矿石处理厂、造粒机组等设备正在完成建设，预计将于 2021 年投入生产，届时该项目的生产能力将达到 250 万吨 / 年，总投资约 23.5 亿美元。

2. Silvinit 项目

该项目位于俄罗斯 Solikamsk，距离 Berezniki 北部 24.4 千米处。该项目是乌拉尔公司目前主要开采的项目，开采方式为地下开采，其年产量达到 720 万吨 K_2O（2012 年），占公司全年产量的 40%。根据 2010 年 11 月国际钾肥的报道，Silvinit 项目的第五套设备已经建设完成，该项目的完成使得项目的生产能力提高到了 1.6 倍，达到了 1200 万吨的年生产水平。而整个扩大项目的投资约为 9500 万美元。

（二）白罗斯钾肥公司及项目

白罗斯钾盐资源十分丰富，已探明储量 7.5 亿吨，排在世界第 3 位，著名的斯塔罗宾超大型钾盐矿床就在该国明斯克省。该国每年开采钾盐量为 500 多万吨，产量也排在世界第 3 位。

白罗斯钾肥公司（JSC Belaruskali）是世界上最大的钾肥生产商之一，钾肥产量占全球总产量的 15%，出口超过全球总量的 16%。白罗斯钾盐公司共拥有 6 个钾盐矿山和 4 个钾肥加工厂，为此，公司组建了 4 个生产组和一个加工组，其中 2 号生产组和 4 号生产组分别对应两个钾盐矿山。该公司全资拥有 Stariobin 项目和 Petrikovsky 项目两个矿山项目，这两个项目均处于生产运营阶段，分别为 3 号生产组和 4 号生产组提供原矿。其中，Stariobin 钾盐矿床为全球最大的钾盐矿床之一，可采储量为 30 亿吨，其中表层储量约 10 亿吨，以目前的开采水平，可采年限近百年。该公司的开采技术可以实现 1000 米以下矿体的开采，因此，Petrikovsky 钾盐矿床的可采储量达到了 18 亿吨。在 2006—2012 年，公司有两个新项目投产，其中一个为 Krasonoslobodski 矿山，为 2 号生产组提供原矿。储量评估报告显示该矿山表面可采储量达到了 9400 万吨，可持续开采 40 年。Berezovsky 项目

2013 年投产，为 1 号生产组提供原矿，该矿床的储量为 2.47 亿吨，是公司发展的一个重要的资源接续。此外，2013 年公司获得了 Stariobin 项目西部 Nezhinsky 地区的地下开采权，公司初步评估该地区拥有 1.8 亿吨的储量，2014 年开始进行生产工程的建设，其原矿运往 2 号生产组进行加工。

此外，在白罗斯从事钾盐勘查开发的还有 Eurochem 公司，主要为科特尔尼科夫联合企业进行其生产前期工作。在伏尔加格勒地区的格勒米亚亲斯克矿区，Eurochem 计划 2015 年后在帕拉舍斯基（Palashersky）矿床和波拉克昂特斯基（Balakhontsevsky）矿床进行开发，将产量增加到 340 万吨，如表 5-15 所示。

表 5-15 白罗斯主要项目概况及所属公司

公司名称	主要项目	已有产能（KCl）（万吨）
白罗斯钾肥公司（BPC）	Brrezovsky	600（2012 年）
Eurochem 公司	Palashersky、Balakhontsevsky	230（2010 年格勒米亚亲斯克矿）
白罗斯钾肥厂	索里戈尔斯克	900

资料来源：S&P Global Market Intelligence。

（三）以色列钾肥公司及项目

以色列钾盐资源丰富，资源量为 12.4 亿吨，主要蕴藏于死海之中。死海是世界上含盐量最高的湖泊，平均含盐量高达 340 克 / 升，是一般海水的 10 倍。因此，以色列也是世界主要钾盐生产国。

以色列化工集团（Israel Chemicals Ltd.）拥有死海的唯一勘查开发权利，其旗下目前有 3 个矿山开采项目，两个开采钾盐——苏格兰 Boulby 项目和 Dead Sea 项目，另外一个开采磷矿。Dead Sea 项目的年生产量为 50 万吨。集团下属的以色列钾盐公司死海工程有限公司的钾盐产量约占世界总产量的 5%。钾盐大部分供出口，其中出口西欧约占 40%、北美和南美 23%、亚洲 16%、非洲 8%。尽管近年来市场萧条，盈利减少，但仍有盈利。

第三节

资源供需格局

一、铁

（一）生产

　　2014 年世界铁矿石产量约为 32.9 亿吨，创历史最高水平。全球有 40 多个国家生产铁矿石，铁矿石产量超过 1000 万吨的国家有 18 个，其中"一带一路"沿线国家有 8 个，如表 5-16 所示，2014 年这些国家铁矿石的产量占世界总产量的 57.8%。近年来，铁矿石的生产格局没有大的变化，但 2014 年蒙古作为一个新的铁矿石生产国进入到铁矿石国际市场的舞台上（自然资源部信息中心，2015）。

表 5-16　"一带一路"沿线国家铁矿石产量

序　号	国　家	2013 年	2014 年
1	中国	143639	149894
2	印度	13610	13940
3	俄罗斯	9974	10203
4	乌克兰	6987	6079
5	伊朗	4869	5154
6	哈萨克斯坦	2524	2463
7	马来西亚	1190	1067
8	蒙古	890	1026
	"一带一路"沿线国家总计	183683	189826
	世界总计	313421	328670

注：中国铁矿石产量为原矿产量。

资料来源：*World Metal Statistical Yearbook*, 2015。

（二）消费

　　铁矿石的消费量没有直接的统计数据，但是可以由生铁产量、粗钢产量及铁矿石进口量这些指标来显示铁矿石消费量的变化。其中，生铁的产量最能反映铁矿石的消费量，因为 99% 的铁矿用来生产生铁。

如表 5-17 所示，2014 年世界生铁产量为 117952 万吨，创历史新高。从区域来看，亚洲是铁矿石消费最主要的地区，"一带一路"沿线国家生铁产量为 84167 万吨，占世界总产量的 71.4%。其中，中国是铁矿石第一大消费国，2014 年生铁产量 71160 万吨，占世界生铁产量的 60.3%；印度是继中国和日本之后的第三大铁矿石消费国，2014 年生铁产量达 5380 万吨，占世界产量的 4.6%，印度的钢铁工业目前处于高速发展阶段，未来还有很大的发展空间，印度的铁矿石消费可以自给。

表 5-17 "一带一路"沿线国家生铁产量 （单位：万吨）

序　号	国　家	2013 年	2014 年
1	中国	70826	71160
2	印度	5136	5380
3	俄罗斯	5011	5148
4	乌克兰	2909	2479
"一带一路"沿线国家总计		83882	84167
世界总计		116533	117952

资料来源：《中国钢铁业》，2015 年第 2 期。

（三）贸易

国际铁矿石的贸易量连续 13 年增长，在 2014 年达到 13.9 亿吨的历史最高水平。世界铁矿石贸易的增长动力来自中国钢铁工业的迅速发展。2011—2013 年，全球铁矿石进口量增加了 13512 万吨，其中有 83.6% 来自中国，数量为 11294 万吨（自然资源部信息中心，2015）。

"一带一路"沿线国家中铁矿石的出口国主要有乌克兰、俄罗斯、马来西亚、印度、哈萨克斯坦、印度尼西亚和土耳其，其中乌克兰、俄罗斯和马来西亚铁矿石的出口量超过 1000 万吨，如表 5-18 所示（公丕萍等，2015）。

"一带一路"沿线国家中铁矿石的进口国主要有中国、土耳其、波兰、捷克和斯洛伐克。2014 年中国铁矿石进口量达到 93269 万吨，占世界铁矿石进口总量的 67.3%，如表 5-19 所示。"一带一路"沿线国家中中国铁矿石的主要来源国有伊朗和乌克兰；近年来中国从印度进口铁矿石的量逐年下降，印度已经从中国进口铁矿石前 3 位的国家中退出。

表 5-18 "一带一路"沿线国家铁矿石出口量（单位：万吨）

序 号	国 家	2013 年	2014 年
1	乌克兰	3799	4084
2	俄罗斯	5902	3906
3	马来西亚	1243	1161
4	印度	1450	950
5	印度尼西亚	2231	316
6	土耳其	86	103
"一带一路"沿线国家总计		14711	10520
世界总计		125045	138557

表 5-19 "一带一路"沿线国家铁矿石进口量（单位：万吨）

序 号	国 家	2013 年	2014 年
1	中国	82017	93269
2	土耳其	811	854
3	波兰	664	744
4	捷克	627	630
5	斯洛伐克	565	601
"一带一路"沿线国家总计		84684	96098
世界总计		125045	138557

二、铜

（一）生产

2014 年铜矿山产量为 1849.7 万吨，"一带一路"沿线国家产量为 447.34 万吨，占世界总产量的 24.2%。"一带一路"沿线主要的产铜国家中，2014 年产量在 100 万吨以上的只有中国，产量在 50 万～100 万吨的国家有俄罗斯和哈萨克斯坦，如表 5-20 所示（自然资源部信息中心，2015）。"一带一路"沿线国家中，蒙古的铜产量增加较快，而印度尼西亚由于 2014 年实行了高昂的税收政策，铜产量大幅下降。

（二）消费

2014 年世界精炼铜的消费量为 2277.63 万吨，"一带一路"沿线国家的精炼铜消费量为 1406.9 万吨，占世界消费总量的 61.7%（见表 5-21），亚洲依然是全球铜消费增长的主要力量，而中国是铜消费量最大的国家。

表 5-20 "一带一路"沿线国家铜产量（单位：万吨）

序 号	国 家	2013 年	2014 年
1	中国	170.70	163.20
2	俄罗斯	72.00	72.00
3	哈萨克斯坦	53.80	50.06
4	波兰	42.94	42.17
5	印度尼西亚	49.40	36.60
6	蒙古	18.90	25.13
7	伊朗	22.27	19.94
8	老挝	15.49	15.97
9	土耳其	12.05	11.15
10	保加利亚	11.51	11.12
"一带一路"沿线国家总计		469.06	447.34
世界总计		1829.09	1849.70

表 5-21 "一带一路"沿线国家精炼铜消费量（单位：万吨）

序 号	国 家	2013 年	2014 年
1	中国	983.01	1135.23
2	俄罗斯	48.37	56.76
3	土耳其	45.31	45.31
4	印度	42.33	43.42
5	波兰	23.86	27.80
6	泰国	24.77	25.67
7	印度尼西亚	24.39	24.47
8	沙特阿拉伯	17.28	17.28
9	马来西亚	18.29	16.13
10	伊朗	17.60	14.83
"一带一路"沿线国家总计		1245.21	1406.9
世界总计		2100.23	2277.63

（三）贸易

从出口来看，2014 年世界主要铜产品贸易的出口量为 1569.74 万吨，"一带一路"沿线国家出口铜精矿较多的是蒙古，出口精炼铜较多的国家为印度和波兰。

从进口来看，2014 年世界主要铜产品贸易的进口量为 1597.68 万吨，"一带一路"沿线国家进口铜精矿较多的国家是中国和印度，进口精炼铜的主要国家有中国和土耳其。

三、铅

（一）生产

2014年世界铅产量为551.65万吨，"一带一路"沿线国家中铅的主要生产国有中国、俄罗斯和印度等（见表5-22）（自然资源部信息中心，2015），这些国家铅的总产量占世界铅产量的62.3%。中国是世界上第一个铅生产国，2014年铅产量为285.33万吨。俄罗斯和塔吉克斯坦的铅产量有所上升，而波兰的铅产量略有下降。

表5-22 "一带一路"沿线国家铅产量（单位：万吨）

序　号	国　家	2013 年	2014 年
1	中国	304.80	285.33
2	俄罗斯	14.30	16.40
3	印度	10.55	10.46
4	玻利维亚	8.21	8.15
5	土耳其	7.81	6.54
6	伊朗	4.01	4.56
7	波兰	7.40	4.53
8	哈萨克斯坦	4.08	3.78
9	塔吉克斯坦	2.18	3.55
"一带一路"沿线国家总计		363.34	343.30
世界总计		565.52	551.65

资料来源：*World Metal Statistical Yearbook*, 2015。

（二）消费

铅消费的主要领域是铅酸蓄电池，全球80%以上的铅用于制造铅酸蓄电池。2014年世界精炼铅的消费量为1019.83万吨，"一带一路"沿线国家主要的精炼铅消费大国有中国、印度、泰国、捷克、波兰和土耳其，这些国家的铅年消费量均在10万吨以上，如表5-23所示。2014年铅消费量有较大增长的国家有印度、捷克和越南；铅消费量下降的国家有中国和印度尼西亚。从区域来看，目前亚洲已经成为铅的最大消费区域，这主要是因为中国、印度等国家工业和经济的迅速发展。

表 5-23 "一带一路"沿线国家精炼铅消费量（单位：万吨）

序 号	国 家	2013 年	2014 年
1	中国	446.68	419.94
2	印度	42.84	51.71
3	泰国	14.99	14.73
4	捷克	10.48	12.60
5	波兰	12.05	10.55
6	印度尼西亚	9.65	7.55
7	越南	5.69	6.97
8	伊朗	6.06	5.28
9	菲律宾	4.19	4.35
"一带一路"沿线国家总计		552.63	533.68
世界总计		1064.59	1019.83

资料来源：*World Metal Statistical Yearbook*, 2015。

（三）贸易

多年来，中国精炼铅的进口量一直高居不下，铅进口主要来自美国、澳大利亚和俄罗斯。

从出口来看，2014 年"一带一路"沿线国家出口铅精矿较多的国家是俄罗斯、玻利维亚、土耳其、波兰、伊朗和哈萨克斯坦等国家，出口精炼铅较多的国家有哈萨克斯坦、俄罗斯和马来西亚。

从进口来看，2014 年"一带一路"沿线国家进口铅精矿较多的国家是中国、保加利亚、印度和哈萨克斯坦，进口精炼铅的主要国家有捷克、印度、土耳其和马来西亚。

四、锌

（一）生产

2014 年世界锌产量 1403.12 万吨，"一带一路"沿线国家的产锌大国主要有中国和印度，年产量均在 50 万吨以上，其次为玻利维亚、哈萨克斯坦、俄罗斯、土耳其和伊朗等国家，年产量均在 10 万吨以上。"一带一路"沿线国家产量占世界总产量的 54.6%，如表 5-24 所示。

表 5-24 "一带一路"沿线国家锌产量（单位：万吨）

序　号	国　家	2013 年	2014 年
1	中国	539.15	544.45
2	印度	81.70	72.86
3	玻利维亚	40.73	49.30
4	哈萨克斯坦	36.11	34.66
5	俄罗斯	20.90	21.70
6	土耳其	19.97	21.15
7	伊朗	13.40	13.90
8	波兰	7.48	8.76
"一带一路"沿线国家总计		759.44	766.78
世界总计		1382.21	1403.12

资料来源：*World Metal Statistical Yearbook*，2015。

（二）消费

锌主要有 3 个消费领域：镀锌板、制造黄铜和铸造合金。2014 年世界精炼锌消费量为 1367.73 万吨，"一带一路"沿线国家精炼锌消费大国主要是中国和印度，如表 5-25 所示。2014 年精炼锌消费量增加较多的国家有中国、越南等，消费量减少的国家主要是俄罗斯。从区域来看，亚洲是世界精炼锌的主要消费区。

表 5-25 "一带一路"沿线国家精炼锌消费量（单位：万吨）

序　号	国　家	2013 年	2014 年
1	中国	599.48	642.04
2	俄罗斯	26.51	24.17
3	土耳其	23.41	23.72
4	泰国	13.23	12.77
5	印度尼西亚	11.89	11.15
6	越南	8.19	10.11
7	波兰	6.65	7.92
8	哈萨克斯坦	7.68	6.16
"一带一路"沿线国家总计		697.04	738.04
世界总计		1299.97	1367.73

资料来源：*World Metal Statistical Yearbook*，2015。

（三）贸易

中国从 2000 年开始成为锌精矿的净进口国，但近年来由于国内矿山数量的增加，锌进口量有所下降，目前中国是世界第二大锌精矿进口国，进口的锌精矿主要来自澳大利亚、秘鲁、加拿大、印度和哈萨克斯坦。

从出口来看，2014 年"一带一路"沿线国家出口锌精矿较多的国家为哈萨克斯坦等国家，出口精炼锌较多的国家有哈萨克斯坦、波兰和印度；从进口来看，2014 年"一带一路"沿线国家进口锌精矿较多的国家是中国、保加利亚、波兰和印度，进口精炼锌的主要国家有中国、印度尼西亚和印度。

五、金

（一）生产

2014 年世界黄金产量为 3133 吨，创历史新高，黄金产量较多的"一带一路"沿线国家有中国、俄罗斯和印度尼西亚等，"一带一路"沿线国家金的产量占世界金总产量的 32.3%，其中，中国的黄金产量达到 452 吨，连续 8 年居世界第 1 位，如表 5-26 所示（自然资源部信息中心，2015）。

表 5-26 "一带一路"沿线国家黄金产量（单位：万吨）

序　号	国　　家	2013 年	2014 年
1	中国	438.2	461.8
2	俄罗斯	248.8	262.2
3	印度尼西亚	109.6	116.4
4	乌兹别克斯坦	77.4	80.4
5	菲律宾	40.5	42.6
6	哈萨克斯坦	42.6	49.2
"一带一路"沿线国家总计		957.1	1012.6
世界总计		3061.5	3133.1

资料来源：*World Metal Statistical Yearbook*，2015。

（二）消费

2014 年世界黄金总需求量为 4158 吨。从国家和地区来看，俄罗斯由于国内经济形势不乐观，金首饰的制造需求下降；2014 年中东地区由于金价下降，首饰制造的需求有所上升；土耳其和印度的首饰制造业对黄金的需求也有很大的增长；而印度尼西亚、马来西亚和泰国等东南亚国家首饰的用金量有所下降。

（三）贸易

2014 年世界黄金总供应量为 4362 吨。从国家和地区来看，2014 年印度金锭进口上升至 822 吨；中东国家则因为一系列政治因素造成的消费需求降低而对金锭的需求减少；另外，土耳其的金锭进口也大幅下跌。2014 年印度超越中国再次成为全球最大的黄金消费国。

六、锡

（一）生产

2014 年世界锡产量为 34.92 万吨，"一带一路"沿线国家的主要生产国有中国、印度尼西亚等国家，如表 5-27 所示，其产量占世界总产量的 83%（自然资源部信息中心，2015）。

中国是世界第一大锡生产国，自 1993 年以来锡精矿的产量一直居世界第 1 位，2014 年锡产量 17.73 万吨，占世界产量的 50.8%。印度尼西亚是世界第二大锡生产国，2014 年产量 6.96 万吨。马来西亚曾经是世界第三大锡生产国，但是近年来因为国内锡资源量的减少和品位的下降，锡产量持续减少。

表 5-27 "一带一路"沿线国家锡产量 （单位：万吨）

序　号	国　家	2013 年	2014 年
1	中国	14.9	17.73
2	印度尼西亚	8.4	6.96
3	缅甸	0.9	1.75
4	越南	0.54	0.54
5	马来西亚	0.37	0.36
"一带一路"沿线国家总计		25.11	27.34
世界总计		32.68	34.92

（二）消费

锡的两个主要用途为锡焊料和镀锡板。2014 年世界锡消费量 38.17 万吨，"一带一路"沿线国家的中国、印度、越南、马来西亚和土耳其等国家是主要的锡消费国，占全球消费总量的 58%，如表 5-28 所示。从地区来看，亚洲是世界锡的主要消费区，以中国和印度为消费主力。中国是世界第一大锡消费国，2014 年消费量为 19.26 万吨，占世界消费总量的 50.5%。

表5-28 "一带一路"沿线国家精炼锡消费量 （单位：万吨）

序 号	国 家	2013 年	2014 年
1	中国	16.82	19.26
2	印度	1.04	1.19
3	越南	0.36	0.55
4	马来西亚	0.39	0.39
5	土耳其	0.23	0.23
"一带一路"沿线国家总计		18.84	21.62
世界总计		35.53	38.17

（三）贸易

锡矿的出口国主要是生产锡的发展中国家，而进口国主要是消费锡的发达国家。2014 年世界精炼锡出口量为 25.4 万吨，"一带一路"沿线国家的主要出口国有印度尼西亚、马来西亚。中国从 2008 年开始停止了精炼锡的出口，而印尼政府实行的新规定造成了锡出口量的大幅减少。

2014 年精炼锡的进口量为 24.03 万吨，进口量较多的国家有新加坡、美国、荷兰、日本、德国和泰国等。

七、铝

（一）生产

2014 年世界铝土矿总产量为 2.58 亿吨，"一带一路"沿线国家中主要的生产国有印度尼西亚、中国、印度、哈萨克斯坦和俄罗斯，总产量 9834.7 万吨，占世界总量的 38%，如表 5-29 所示。

表5-29 "一带一路"沿线国家铝土矿产量（单位：万吨）

序 号	国 家	2013 年	2014 年
1	印度尼西亚	5418.2	255.5
2	中国	5040	6500
3	印度	1924.5	2068.8
4	哈萨克斯坦	519.28	451.5
5	俄罗斯	602.8	558.9
"一带一路"沿线国家总计		13504.78	9834.7
世界总计		28334.79	25801.42

（二）消费

2014 年世界精炼铝的消费量为 5009.89 万吨，"一带一路"沿线国家中的铝消费大国有中国、印度、土耳其等（见表 5-30），其中，中国的消费量快速增加，占世界消费量的 48%；而消费量减少较多的国家有印度和俄罗斯。

表 5-30 "一带一路"沿线国家精炼铝消费量（单位：万吨）

序 号	国 家	2013 年	2014 年
1	中国	2195.5	2406.86
2	印度	153.37	133.78
3	土耳其	86.7	91.54
4	俄罗斯	68.5	66.78
5	印度尼西亚	49.07	40.73
6	泰国	50.82	46.25
"一带一路"沿线国家总计		2603.96	2785.94
世界总计		4606.42	5009.89

（三）贸易

印度尼西亚是世界主要的铝土矿的出口国，但是在 2014 年却限制出口，造成其出口量的大幅下滑。中国是世界第一大铝土矿进口国，2014 年进口铝土矿 3653.14 万吨，占当年世界进口量的 52.8%。

八、钾盐

（一）生产

2014 年世界钾盐产量 6600 万吨，达到历史最高峰，俄罗斯、白罗斯和中国的产量均创新的记录。2014 年钾盐产量的增加主要来自俄罗斯和白罗斯，这两个国家的产量总计 1050 万吨，占世界总产量的 27%，如表 5-31 所示（自然资源部信息中心，2015）。

表 5-31 "一带一路"沿线国家钾盐产量 （单位：万吨）

序 号	国 家	2013 年	2014 年
1	俄罗斯	610	620
2	白罗斯	424	430
"一带一路"沿线国家总计		1034	1050
世界总计		3470	3960

（二）消费

2014 年全球钾肥消费量为 3130 万吨 K_2O，其中中国、印度和东南亚的强劲进口需求成为拉动消费量的主要动力。2014 年中国钾盐需求 996 万吨 K_2O，上升到世界第一位。2015 年钾肥的消费量还会低于生产量，供应潜在过剩 800 万吨。

（三）贸易

2014 年世界钾盐总贸易量估计为 6550 万吨 KCl，上升到历史最高水平，"一带一路"沿线国家主要的消费国中国、印度、印度尼西亚和马来西亚的进口量均出现增长。2014 年中国钾盐进口量为 800 万吨，占世界钾盐总进口量的 16.5%，是世界第三大钾盐进口国。

第四节

其他资源产业发展

本节结合第三章的内容，聚焦土地、森林及水资源较丰富的印度、印度尼西亚、俄罗斯 3 个国家，分析它们的产业发展及布局特点。

一、印度

印度有丰富的土地资源，其耕地面积占世界的 1/10，居亚洲第 1 位，是世界上最大的粮食生产国之一。农业对于印度国民经济的增长起着决定性的作用，印度的农业以传统农业为主：一是对气候和雨水等自然条件依赖；二是以传统的生产工具和手工劳动为主，现代化机械少。由于适宜的气候条件及土壤质地，印度大部分土地可供农业利用，有一半国土被开发成耕地。印度国土面积大约是中国的 1/3，但是耕地面积比中国还多，这也是印度能成为世界第二人口大国的主要原因。

印度森林面积 67.8 万平方千米，覆盖率为 20.64%，森林主要分布在东北部地区、喜马拉雅和希瓦拉克地区、中部地区、安达曼尼科巴群岛、高止山脉东西两侧及沿海地带。其中，防护林约 1000 万平方千米，用于流域保护和生态脆弱区的水土保持；生产林约 1500 万平方千米，用于满足工业、铁路和国防对林产品的需求；社区林约 2400 万平方千米，目的是满足人们的多种需求；另外，还有大约 1500 万平方千米森林被划为保护区，用于生物多样性保护。

印度水资源开发利用程度较高，主要用水分别是灌溉用水、生活用水、工业用水占、电力用水及蒸发。地表水用水量占总用水量的 63.4%，地下水用水量占总用水量的 36.6%。

二、印度尼西亚

印度尼西亚陆地总面积大约 190 万平方千米。印度尼西亚全国的耕地面积约有 8000 万公顷，从事农业的人口约 4200 万人。主要耕种水稻、玉米、大豆，并盛产一些经济作物，如棕榈油、橡胶等。由于其资源物产丰富，以及其高温多雨的气候，使印度尼西亚成为世界上种植面积仅次于巴西的国家。

印度尼西亚森林覆盖率为 54.25%，达到 1 亿公顷，是世界上第三大热带森林国家，全国有 3000 万人依靠林业维持生计。森林分为生产林、有限生产林、防护林和转换林。生产林用于木材生产，有限生产林用于木材生产和水土保持，防护林用于水土保持，转换林是转变为农田的林地。

印度尼西亚每年产水量约 3.9 万亿立方米，加里曼丹岛和巴布亚岛每年产水量分别为 1.3 万亿立方米和 1.1 万亿立方米，其次为苏门答腊岛（8400亿立方米）、苏拉威西岛（2992 亿立方米）、马鲁古岛（1767 亿立方米）、爪哇岛（1640 亿立方米）和巴厘—努沙登加拉（496 亿立方米）。印度尼西亚运行中的大型坝 100 余座，各种坝型都有，主要任务是灌溉、发电和供水。

三、俄罗斯

俄罗斯土地资源十分丰富。农用地约占全国领土的 30%，可耕地面积约1.3 亿顷。但农业土地（耕地、草原、牧场）的利用率仅占全国土地的 13%，耕地仅占全国耕地面积的 6%，其余的土地为山地、荒漠、森林和永久冻土等。

俄罗斯的森林覆盖面积为 8.67 亿公顷，占国土面积的 51%，居世界第一位，木材蓄积量 820 亿立方米。国有林的面积约占全国森林总面积的 94%，约占全国总木材蓄积量的 91%。集体农庄和国有农场拥有的森林占全国森林总面积的 4%。俄罗斯政府根据森林的经营目标和主要功能，将森林划分为三大类：俄罗斯第一类森林约占全国森林面积的 21.7%；第二类森林主要分布在人口稠密地区，约占全国森林面积的 7.6%；第三类森林主要分布在多林地区，具有开发利用价值。第三类森林可进一步划分为开发林和储备林，其森林面积最大，约占全国森林面积的 70.7%。

俄罗斯是水资源开发利用的大国，人均水资源占有量为 30600 立方米，全年总用水量大约为 2673 亿立方米，人均用水量为 1800 立方米。工业用水量为 225 亿立方米，占总用水量的 84.2%；农业和渔业用水量为 305 亿立方米，占总用水量的 11.4%；城市用水量则相对较少，仅占总用水量的 4.4%，为 117 亿立方米。目前评估的可取用的清洁水约 800 亿立方米，其中，约 640 亿立方米取自江河湖泊，约 110 亿立方米取自地下水源（其绝大部分与河川径流有关），约 55 亿立方米取自海洋。取自水源的水有 10% 以上在输送过程中损失，在居民住宅区及城市公用设施供水管网中的损失达 40%。

本 章 小 结

"一带一路"沿线国家矿产资源产业发展并不均衡：

（1）中亚地区资源丰富，勘查开发程度却不高，如土库曼斯坦的金属矿产几乎没有开发，而吉尔吉斯斯坦的开发除金矿之外，其他的也较少；

（2）南亚地区阿富汗矿产资源禀赋也不错，但是除煤炭资源外，其他矿产开发程度也不高；

（3）东南亚国家总体上对金属矿产的勘查开发程度较高，但值得一提的是泰国，其钾盐的资源潜力巨大却至今为止没有开发利用。

第六章　投资环境

　　矿业投资产业链长，涉及范围广，因此，风险种类也多，除面临地质风险、采矿风险等技术风险，以及矿产品价格风险、汇率风险等市场风险外，还面临政治风险、法律政策风险、劳工风险、环境风险、社区关系风险等。矿业投资环境是衡量一个国家或地区是否能够吸引外来投资与矿业现状的重要因素。本章从基础设施情况、与中国的关系、贸易及产业政策及投资风险几个方面评价了所选"一带一路"沿线 26 个国家的投资环境，为中资企业的境外矿产资源投资提供参考和依据。

第一节

中亚地区

一、哈萨克斯坦

（一）基础设施情况

1. 公路

　　公路是哈萨克斯坦最主要的交通运输方式，其拥有的公路网仅次于俄罗斯，在独联体居第 2 位。目前公路总里程 9.74 万千米，其中，国道 2.35 万千米，州（区）道 7.39 万千米。境内共有 6 条国际公路，总长 82585 千米，具有极其重要的政治、军事和经济意义。

2. 铁路

总长约 1.51 万千米，其中电气铁路 4100 千米，承担绝大部分的货运量，在哈萨克斯坦交通运输中占据重要的地位。霍尔果斯口岸是中哈跨境铁路的重要结点，通过此处的铁路线有热特肯—霍尔果斯铁路和霍尔果斯—阿腾科里铁路。

3. 内河航运

作为一个内陆国家，水运在哈萨克斯坦不发达，内河航运全长约 4000 千米。里海、咸海、巴尔喀什湖、额尔齐斯河、锡尔河和乌拉尔河均可通航。主要港口有阿克套、阿特劳、古里耶夫等。2015 年海运货运 247.6 万吨，占全国货运总量的 0.1%。

4. 空运

哈萨克斯坦现有大型机场 21 个，其中 12 个提供国际航空服务。哈萨克斯坦共有 31 家航空公司拥有有效运营许可证。阿拉木图至北京、阿斯塔纳至乌鲁木齐都有定期航班。

5. 通信

哈萨克斯坦的电信行业比较发达，其手机用户数量列全球第 8 位，固定宽带用户数量列全球第 21 位。

6. 电力

截至 2014 年年底，哈萨克斯坦共有各类型电站 102 个，装机总容量 20844 兆瓦，电力资源分配不平衡，北部电力资源丰富，西部和南部电力资源不足。

7. 石油天然气管道

目前哈萨克斯坦运行的境内原油管线总里程约 8300 千米，中哈原油管线已具备 2000 万吨的年输油能力。目前运行的天然气管线 1 万多千米，中国—中亚天然气管线年输气能力 550 亿立方米（商务部国际贸易经济合作研究院等，2015 年）。

（二）与中国关系及合作现状

中哈两国山水相连，自两国关系正常化以来，双方经贸关系有了较快的发展。在能源、黑色金属、有色金属、机械制造、化工、轻工等领域有较多的合作。截至 2015 年年底，中国在哈注册各类企业 2479 家，其中大型企业 41 家，主要集中在油气、石化、电力、金融、通信等领域，直接投资存量为 50.95 亿美元。中哈一系列大型经济技术合作项目取得积极进展：中哈原油管道和中哈天然气管道扩建、中哈天然气管道建设、中哈谢米兹拜伊铀矿开发等。2015年中哈贸易额为105.67亿美元。

（三）矿业投资政策

哈萨克斯坦是中亚地区经济发展最快、政治局势比较稳定、社会秩序相对良好的国家，有着丰富的石油、天然气、煤炭、有色金属等矿产资源，农业基础良好，广阔的牧场适于畜牧业发展，生态状况优良，地理位置优越，人文条件也好于其他中亚国家。

1. 投资政策

哈萨克斯坦自独立以来，坚持奉行积极吸引外国投资的政策，并加强了有关立法工作。1997年，哈萨克斯坦颁布了《哈萨克斯坦吸引外国直接投资的优先经济领域的清单》和《与投资者签订合同时的优惠政策》。近些年又通过了《国家支持直接投资法》等多部法律法规，对投资者做了各种保证。此外，1985年，哈萨克斯坦批准了创办投资保护多边协会的《釜山公约》，以及1997年投资者权利保障的《莫斯科公约》。哈萨克斯坦加入了国家与自然人或法人之间投资纠纷协调公约组织（ICSID），已与英国、美国、法国、俄罗斯等国家签订了保护投资的双边协议。2015年6月，哈萨克斯坦作为意向创始成员国签署建立亚洲基础设施投资银行的协议。哈萨克斯坦于2015年12月成为世界贸易组织正式成员国。哈萨克斯坦的法律规定所批准的国际协议优先于国家法律。如果所批准的国际协议中的规则不同于国家法律中的原则内容，将接受国际协议中的原则。2003年4月，哈萨克斯坦颁布了新的《投资法》。投资立法工作对吸引外资起到了积极作用。

多年来，在良好的投资环境下，大量外国投资者不仅扩大了对哈萨克斯坦投资规模，而且进入相关经济领域，为哈萨克斯坦非能源领域发展提供了必要的资金。世界经济论坛《2016—2017年全球竞争力报告》显示，哈萨克斯坦在全球最具竞争力的138个国家和地区中排第53位。2014年，纳扎尔巴耶夫总统签署了《哈萨克斯坦共和国关于就完善投资环境问题对一些法律法规进行修订和补充的法律》，对吸引外资政策做出重大调整，旨在进一步改善投资环境和鼓励对经济优先领域的投资。此次调整无论是规模还是范围均是历年力度最大的一次。

世界银行《2017年经商环境报告》显示，哈萨克斯坦在190个经济体中排名第35位。

总体而言,哈萨克斯坦投资环境和市场环境运行相对良好,政治环境稳定。哈萨克斯坦政府一直坚持积极吸引外资的政策,鼓励外商投资,不断推进外商投资的立法工作。另外,哈萨克斯坦税法制度健全,税收政策优惠,并有宽松的外贸政策和进出口制度,这为海外矿企投资提供了便利条件。

但是哈萨克斯坦对外资企业的管控程度日益严格,政府检查项目繁多,在环保、税收、安全等方面的要求越来越多,劳务许可证办理困难。另外,其清廉指数在全球排名靠后,国家主权信用评级低。

2. 矿业政策

针对矿业领域,哈萨克斯坦建国以来曾先后颁布了《矿产资源法》《地下资源及地下资源利用法(1996年版)》等多部法律,而目前该领域的生效法律为2010年颁布的《地下资源及地下资源利用法》。此外,2011年该国政府又颁布了《关于给予地下资源利用权利的新规定》,共同组成了其在矿业领域的法律体系。

以上法律规定,哈萨克斯坦境内的矿产资源属于国家所有,土地所有权与矿业权相分离(该国允许土地私有),企业可通过竞标、与政府部门直接淡判(无须参与竞标)、由政府部门直接授予等方式,从主管矿业勘探开采的工业与技术部中获得矿业权,其中勘探权人可优先获得其发现矿藏的采矿权。经政府相关部门批准,矿业权可转让。

哈萨克斯坦矿业权共有如下5种。①勘探合同:有效期为6年,允许两次延期,每次延期不得超过两年。②开采合同:有效期25年,对于储量巨大、蕴藏量丰富的矿床,有效期可以达45年。③勘探和开发统一合同:只有具有战略意义或复杂地质条件的矿藏,在经哈萨克斯坦政府特批的情况下,方可签署此合同,合同有效期为勘探合同和开采合同有效期之和。④不用作勘探开采的地下设施的建设和(或)使用合同。⑤地下资源国家地质研究合同。所有勘探与开采方案都由附属于地质与地下资源利用委员会的矿产勘探与加工中心委员会确定(宋国明,2013)。

针对矿业领域的税费,哈萨克斯坦法律规定企业需要缴纳所得税、超额利润税、矿产开采税。所得税税率为15%,但如企业出现亏损,则亏损可在10年内摊销,亏损额可在纳税时抵扣;超额利润税是指针对矿业领域获得超高利润的企业,根据其纯利润的多少,征收15%~60%不等的税金;矿产开采税根据具体矿产品种的不同而有所差异,其中铁矿及锰铁矿的税率为 3%。

(四)投资环境分析

1. 有利因素

哈萨克斯坦政局稳定,基础设施相对较好,为了吸引外国矿业投资,重新修改了《投资法》,明确了能向投资者提供的优惠和特惠的范围和程度,还成立了专门的"投资服务中心"。20 世纪 90 年代以来,哈萨克斯坦为了促进矿业的可持续健康发展,多次修改和调整了《矿业法》,其《矿业法》清晰且符合国际通行规则。哈萨克斯坦税制相对合理,虽然汇兑存在一定限制,但总体外汇管制自由开放度高。哈萨克斯坦地质矿产资源信息资料开放程度高,允许投资者通过与政府谈判获取地质数据,受到国际矿业公司的重视。

2. 不利因素

哈萨克斯坦行政效率有待提高,官僚作风、腐败现象时有发生。哈萨克斯坦 2010 年实施了新的《地下资源及其利用法》,政府对于矿业权的控制进一步加强,同时本国公民的资源民族主义比较严重。劳动力市场准入规定严格,外国劳工进入程序繁杂。此外,各政府部门在矿业管理中管辖权有交叉。

根据加拿大弗雷泽研究所全球矿业投资环境调查结果,2016 年在世界 104 个主要国家或地区矿业投资吸引力指数中哈萨克斯坦得分 54.06 分,排名第 73 位;在矿产潜力评价排序中得分 64.29 分,排名第 45 位。根据目前总体形势判断,哈萨克斯坦国家投资风险水平中等偏高。

二、乌兹别克斯坦

(一)基础设施情况

乌兹别克斯坦是位于中亚腹地的"双内陆国",其 5 个邻国均无出海口。北部和东北与哈萨克斯坦接壤,东、东南与吉尔吉斯斯坦和塔吉克斯坦相连,西与土库曼斯坦毗邻,南部与阿富汗接壤。其国土面积 44.89 万平方千米,东部为山地,海拔 1500 ~ 3000 米,最高峰 4643 米;中西部为平原、盆地、沙漠,海拔 0 ~ 1000 米,约占国土面积的 2/3。

乌兹别克斯坦的基础设施比较落后。近年来随着经济的稳步增长,乌兹别克斯坦加大了基础设施建设力度,包括公路的新修和改造、铁路的电气化改造、火电站和水电站的兴建及电信网络的现代化改造等。

1. 公路

乌兹别克斯坦现有公路 18.4 万千米，高速公路 2755 千米。干线公路连通各州并与俄罗斯、哈萨克斯坦、塔吉克斯坦、吉尔吉斯斯坦等邻国公路网相连，路况较差，亟待改造。

2. 铁路

乌兹别克斯坦铁路总长 6000 千米，其中电气化铁路 930 千米。目前乌兹别克斯坦正逐步对铁路进行电气化改造。未来几年，计划使电气化里程达到 2000 千米。

3. 空运

乌兹别克斯坦在苏联时期享有"航空港"的美称，也是中亚地区唯一能生产飞机的国家。除国内连接各州的航线外，与中国、日本、韩国、欧洲、美国及独联体大部分国家等均有定期航班。乌兹别克斯坦国内有 12 个机场，塔什干机场最大，可以起降各类飞机。乌兹别克斯坦航空公司的班机可以直飞美国、日本、俄罗斯、德国、中国等 40 多个国家和地区。

4. 水运

乌兹别克斯坦是内陆国家，无海港；内陆河流水量小，无水运。

5. 通信电力

全国有固定电话用户 2200 万户，移动电话用户 1900 多万户，普及率为65%，互联网用户近 1000 万人，普及率近 30%。目前共有电站 42 座，以火电为主，总装机容量 1230 万千瓦，电力可自给自足，并有少量出口邻国（商务部等，2016）。

（二）与中国关系及合作现状

中乌于 1992 年 1 月 2 日建交以来，两国关系发展顺利，各领域合作不断展开。2005 年 5 月卡里莫夫总统访华期间，两国签署了《中乌友好合作伙伴关系条约》，使中乌关系迈上新的台阶。乌兹别克斯坦作为上海合作组织重要成员，双方在政治、经济、反恐等领域的合作成果显著。习近平主席 2013 年9 月 9 日同卡里莫夫总统签署《中乌关于进一步发展和深化战略伙伴关系的联合宣言》和《中乌友好合作条约》。中国与乌兹别克斯坦的全面战略伙伴关系为中国矿业企业到乌兹别克斯坦开展矿产资源的勘查开发和投资打下了基础。

（三）矿业投资政策

1. 投资政策

目前乌兹别克斯坦对于外国投资在法律上已经没有任何障碍。外国投资者可以直接投资，可以买私有股份公司的股票，甚至拥有公司100%的股份（但合资企业仍是目前吸引外资的主要渠道），国家保障并保护在境内从事经营活动的外国投资者的权益。乌兹别克斯坦《外资法》规定：国家给予投资者以担保，保护外国投资者的利益。乌兹别克斯坦吸引外资政策的重点是欢迎外国投资者利用当地资源和原材料，建立大型生产企业和对中小企业投资，尤其是被列入国家投资计划的企业，进行深加工、生产国内短缺产品，补充国内市场，出口创汇。企业的法定资金、投资所占比例越大，乌方提供的优惠政策和待遇就越多。

2. 矿业政策

乌兹别克斯坦矿业的政府主管部门是国家地质和矿产资源委员会。管理的法律依据主要是1994年颁布的《地下资源法》。该法规定，地下资源是国家财产，归乌兹别克斯坦共和国所有。根据乌兹别克斯坦总统令，禁止出口贵重金属、合金及其制品、矿石、精矿、贵重金属废料及副产品、铀及其他放射性物质、铀及其他放射性物质制品、放射性物质副产品。

（四）投资环境分析

1. 有利因素

从投资环境的吸引力角度看，乌兹别克斯坦的竞争优势主要表现在以下几个方面：政局稳定；经济增长速度较快、前景良好；市场潜力较大，可辐射中亚及独联体其他国家；劳动成本、生产成本（水、电、气等）与独联体其他国家相比处于较低水平。

2. 不利因素

在乌兹别克斯坦投资面临以下风险。①政治风险。乌兹别克斯坦是一个多民族国家，各派力量成分复杂，民族问题严重。从1997年起，宗教极端组织"乌兹别克斯坦伊斯兰运动"（"乌伊运"）在塔什干制造了系列爆炸事件，至今几乎每年都有数起恐怖袭击事件发生。②政策风险。乌兹别克斯坦法律不完善且未得到很好执行；政府常以频繁的总统令和内阁文件修改法律，以调节外商在乌兹别克斯坦的投资活动；多变的政策环境不利于投资者决策。③货币汇兑风险。乌兹别克斯坦外汇短缺，虽然法律规定货币索姆可以自由兑换，投资者可自由将投资利润汇回母国，但实际上当地银行外汇存款容易、取款难，调汇时间长。④能源供应风险。乌国虽然资源丰富，但燃料油产量不高，汽油供应时有不足，离首都越远油价越高，使得在乌实施道路、水利建设的中国承包方无法开动施工机械，项目陷入停滞。⑤社会诚信风险。乌兹别克斯坦尚未建立完整的贸易诚信体系及管理机制，加之语言障碍，导致许多中方企业受骗蒙损，而得不到有效的法律保护。

在乌兹别克斯坦开展投资、贸易、承包工程和劳务合作的过程中，要特别注意事前调查、分析、评估相关风险，事中做好风险规避和管理工作，切实保障自身利益，包括对项目或贸易客户及相关方的资信进行调查和评估，对项目所在地的政治风险和商业风险进行分析和规避，对项目本身实施的进行可行性分析等。如果在没有有效风险规避情况下发生了风险损失，也要根据损失情况尽快通过自身或相关手段追偿损失。通过信用保险机构承保的业务，则由信用保险机构定损核赔、补偿风险损失，相关机构协助信用保险机构追偿。

三、土库曼斯坦

（一）基础设施情况

近年来，随着土库曼斯坦经济的不断发展，政府加大了对基础设施的投入力度，不断改善交通运输网络和港口设施的运行能力，不仅能够基本满足外国投资者对"硬环境"的要求，而且还给外国工程承包公司提供了参与项目建设的机会。

1. 公路

土库曼斯坦公路总长约 14000 千米，其中约 2/3 为最近十几年新建的，没有高速公路。公路网可覆盖全国所有城市和州、区两级行政中心及主要乡镇。与邻国哈萨克斯坦、乌兹别克斯坦、阿富汗和伊朗的边界均有公路过境点，除短暂冰雪天气外车辆可全年通行。

2. 铁路

土库曼斯坦现已基本形成东西贯通、南北相连的铁路布局，铁路运营总里程约 4000 千米，其中 1200 千米为独立后建成，但尚无电气化铁路。与各邻国乌兹别克斯坦、阿富汗、伊朗、哈萨克斯坦之间均有铁路对接站点。

3. 空运

土航目前经营的国内国际客运航线有 50 多条，其中国际航线占 60%。航线已覆盖欧洲和亚洲主要城市,与北京有直飞航线。

4. 水运

土库曼斯坦是内陆国家,无出海口,但濒临世界著名内陆大湖——里海。水运系指经里海(内陆湖)和阿姆河(内河)的客、货运输。元首港是里海东岸最大的港口,土库曼斯坦西部的对外门户,可停靠 7000 吨大型货轮,是原油、成品油、聚丙烯等商品的主要出口通道。

5. 通信

土库曼斯坦现有程控交换设备总容量约 100 万线,其中数字交换机 81 万线,首都固网基本实现数字化,全国范围的数字化率则达到 80% 以上,固话网现可覆盖全国所有的固定居民点。移动网络目前已基本可覆盖全国,截至 2015 年 12 月,金色世纪在全国共有 260 万名移动用户。在互联网方面,土库曼斯坦 2000 年开通国际互联网业务,2013 年 8 月投入使用 4G 网络。

6. 电力

土库曼斯坦电力资源充裕,不仅可以满足本国经济和社会发展需要,而且还向伊朗、土耳其、阿富汗等国出口(商务部等,2016 年)。

(二)与中国关系及合作现状

中国与土库曼斯坦于 1992 年签署了第一个政府间《经济贸易协定》,之后又签署了《鼓励和相互保护投资协定》(1992 年 11 月)、《关于成立政府间经贸合作委员会协定》(1998 年 8 月)、《对所得避免双重征税和防止偷漏税的协定》(2009 年 12 月)、《中华人民共和国和土库曼斯坦关于土库曼斯坦向中华人民共和国增供天然气的协定》(2011 年 11 月)、《中华人民共和国政府和土库曼斯坦政府在标准、计量和认证认可领域的合作协议》(2011 年 11 月)、《中华人民共和国政府和土库曼斯坦政府经济贸易合作协定》(2011 年 11 月)等。

(三)矿业投资政策

1. 投资政策

土库曼斯坦有关外国投资管理的法规主要有《土库曼斯坦对外经济活动法》《土库曼斯坦外国投资法》《土库曼斯坦投资活动法》《自由企业经济区法》《外国租赁法》《碳氢资源法》《外国土地租赁法》和《外国投资和资本保障法》等。

土库曼斯坦吸引外资的相关优惠政策如下。

（1）土库曼斯坦保障投资主体的权利，保护任何所有制形式的投资。土库曼斯坦国家法律保证为所有的投资者提供相同的投资环境，确定投资回收的规定和程序。

（2）外国投资者可以共同对企业进行投资，或者共同购买动产和不动产。不对土库曼斯坦的外资进行国有化和征收。没收外商财产只有在外商发生违法行为，通过法律程序才能进行。

（3）外商（外国工作人员）拥有财产转汇权。外汇、支付证明、有价证券的过境制度按土库曼斯坦《外汇调剂法》的相关规定执行。

（4）外商拥有财产归还权。当外商停止其投资活动时，有权要求在 6 个月内归还其投资，以及以货币及商品形式归还其收入，作价标准可以采用一般市场价值。

（5）作为外商向法定基金投资而进口土库曼斯坦的财产，以及用于自身生产的财产免征海关税和进口税。

（6）外资法人以可自由兑换货币投入法定基金，且占法定基金 30% 以上，在原始投资偿还期内外商免纳红利税，企业免纳利润税。在完成原始投资回收后，划拨利润用于再投资的企业，用于再投资的利润免征利润税。

（7）向自由企业经济区内进口和从自由企业经济区内出口到其他国家的商品和其他财产，免征关税。

（8）在自由企业经济区内的企业，免征前 3 个赢利年度的利润税。外资占 30% 以上的企业，在期满 3 个赢利年度后，3 年内减征 50% 的利润税，此后 10 年减征 30% 的利润税。

（9）在自由企业经济区内，土库曼斯坦或外国的法人和自然人签订租约后 3 年内免征土地租金。土地税优惠期满后实行减征办法如下：外资占 30% 以上的合资企业，减半征收；对土库曼斯坦的法人和自然人，按 20% 的税率征收。

2. 矿业政策

土库曼斯坦矿业主管部门是油气和矿产资源部，由于石油和天然气工业在该国矿业中占绝对支柱地位，故有关油气的法律显得格外重要。土库曼斯坦出台了一系列关于油气的法律法规，其中最重要的是 1997 年颁布实施的《石油法》。《石油法》规定，油气开发许可证将由该国内阁部长签发，发放形式采取直接招标或通过直接谈判。该法的实施为外国公司在该国石油工业领域投资提供了法律保障。

1）勘探开发许可证

许可证的类型有勘探许可证、开采许可证、勘探和开发统一许可证。许可证发放程序由现行法律法规来确定，根据招标或直接谈判结果向拥有石油作业权者颁发许可证。外国自然人和法人只有在作为个体企业、外国法人的分公司或联合经营的参加人在土库曼斯坦注册后才能领取许可证。许可证持有者具有相应范围的作业专有权及其他规定的权利。油气勘探许可证期限是 6 年，可延长 4 年；开采许可期限为 20 年，可延长 5 年。如果许可证拥有者进行与许可证规定不符的石油作业，或未遵守合同规定的计划，或违反土库曼斯坦法律，主管机构将暂时中止许可证。如果许可证拥有者拒不改正这些错误，向主管机构提供明显虚假信息，蓄意违反合同的签订和注册日期，以及合同中规定的石油作业开始日期，主管机构有权取消许可证。

2）关于石油作业合同的有关规定

石油作业合同分为产品分成合同和联合经营合同，合同签订前必须与国家医疗、保健、生态、矿藏保护和石油作业安全的管理机构进行协商，合同在土库曼斯坦内阁（政府）的授权机构注册。许可证被取消时，合同即被认定为无效。

3）关于承包商权利与义务的规定

承包商有权在合同区进行许可证中指定的活动；有权在合同区内、外修建勘探和开采作业必需的设施，以及根据与合同区内、外公用设施和管道所有者的协议进行使用；在进行个别种类的石油作业时享受分包商提供的服务；可在土库曼斯坦和在有专门协议的其他国家自由支配所得油气资源份额。承包商有义务采用更加有效的石油作业方法和技术；严格按照法律、合同和许可证条款进行石油作业，遵守环保和矿产保护要求；如土库曼斯坦生产的设备、材料和成品在质量、价格、操作参数和供货条件方面具有竞争力，则要对其优先选购；优先选择土库曼斯坦公民作为石油作业员工，根据合同规定保障员工的培训计划。

4）关于税收的规定

承包商进行石油作业时只缴纳利润税和油气开采特许权费；如合同签订后又实行新的税收或收费，承包商只缴纳其中被取代的税费，在这种情况下，承包商向土库曼斯坦支付的费用总额不应超过签订合同时规定的应缴纳的税、费总额。

（四）投资环境分析

1. 有利因素

土库曼斯坦政局相对稳定，随着中国和中亚各国在上海合作组织框架内的区域经济合作不断深入，中土战略合作伙伴关系的建立，中土之间矿产和能源投资必将不断提升。

2. 不利因素

土库曼斯坦目前处于经济转型期，法律法规调整频繁、变化大，市场环境比较复杂。加之政府的办事手续繁杂、效率相对较低，国家的金融和外汇市场未对外开放，都给土库曼斯坦矿业投资带来了一些不确定性。

四、吉尔吉斯斯坦

（一）基础设施情况

1. 公路

吉尔吉斯斯坦是典型的内陆国家，没有出海口。公路运输是其最重要的运输方式，公路总里程约 3.4 万千米，其中各地州的公路总长 1.88 万千米，其余 1.52 万千米为城镇、乡村及各类企业用路。吉尔吉斯斯坦境内共有 8 条主要交通干线，总长 2242 千米。公路运输约占吉尔吉斯斯坦全国货运总量的 90% 以上和客运总量的 99% 以上。2015 年完成货运量 2816 万吨，同比增长 3.7%，客运量为 6.53 亿人次，增长 2.3%。

2. 铁路

吉尔吉斯斯坦境内铁路交通不发达，自 1991 年苏联解体后，其铁路网被分割为互不相连的南北两部分，铁路总长度为 423.9 千米。目前北部铁路长 322.7 千米，东起伊塞克湖西岸的巴雷克奇，向西经吉哈边境与哈萨克斯坦铁路网相连，并可直达俄罗斯；南部铁路长 101.2 千米，自奥什至贾拉拉巴德。2015 年，货运量为 128 万吨，同比下降 24.4%，客运量 28.6 万人次，同比下降 10%。

3. 空运

吉尔吉斯斯坦现有 14 家航空公司从事民航经营。其中，吉尔吉斯斯坦本国民航企业 7 家、外航企业 7 家。2015 年航空客运人数 120 万人次，同比下降 3.1%，航空货运量为 200 吨，与 2014 年持平。目前，吉尔吉斯斯坦开通民用航线 19 条，其中国内 3 条、国际航线 16 条，包括比什凯克—乌鲁木齐、奥什—乌鲁木齐（中国）两条主要航线连通中国和吉尔吉斯斯坦。

4. 水运

吉尔吉斯斯坦内河航运以伊塞克湖为主，港口包括巴雷克奇和卡拉阔尔，航线总长 189 千米。年货运量不超过 5 万吨。2015 年，吉尔吉斯斯坦货运量 1.22 万吨，同比增长 18.7%。

5. 通信

吉尔吉斯斯坦固网通信拥有 50 万名用户，移动通信截至 2013 年年底在网用户数 266 万人。2010 年年底，Skymobile 在吉尔吉斯斯坦首次启动运营 3G 网络。目前国内的互联网普及率超过 70%，由于是山地国家，在山区铺设光缆的难度较大，因此，逾 70% 的网络都是在比什凯克等大城市。截至 2014 年年底，吉尔吉斯斯坦网民数量约为 411 万人，占总人口的 72%。

6. 电力

吉尔吉斯斯坦水能储量非常丰富，目前仅开发了 10%，但已基本可以保障国内用电需求。现有水电站 18 座，年均可发电 140 亿千瓦时，总装机容量为 291 万千瓦，基本可满足国内工农业生产需求。2015 年，全国发电 130 亿千瓦时，其中，出口 3.748 亿千瓦时，包括向哈萨克斯坦出口 3.746 亿千瓦时，向中国出口 25 万千瓦时。目前，吉尔吉斯斯坦国内电网与哈萨克斯坦、乌兹别克斯坦及中国相连通（商务部等，2016 年）。

（二）与中国关系及合作现状

中吉是山水相连的邻邦，中国与吉尔吉斯斯坦从 1992 年 1 月 5 日建交，两国关系健康顺利发展，2002 年签署《中吉睦邻友好合作条约》，各领域合作不断扩大，在联合国和上海合作组织等多边领域互相支持，密切配合，维护了两国的共同利益。近些年来中吉两国领导人互访频繁。

两国经贸关系发展迅速，据中国海关总署统计，2011 年中吉双边贸易额达到 49.76 亿美元，同比增长 18.5%。其中，中方出口 48.78 亿美元，同比增长 18.2%；进口 0.98 亿美元，同比增长 36.0%。吉方有关数据显示，中国已稳居吉第二大贸易伙伴国和第二大进口来源国地位。

吉尔吉斯斯坦高度重视吉中关系发展，视对华关系为吉尔吉斯对外政策优先方向之一。2013 年 9 月，中国国家主席习近平访问吉尔吉斯，其间中吉两国元首宣布将中吉关系提升为战略伙伴关系。2014年5月18日，习近平主席在上海同吉尔吉斯斯坦总统阿塔姆巴耶夫举行会谈，强调坚持友好互信、互利共赢、深化中吉战略伙伴关系。

（三）投资环境及矿业政策

1. 投资政策

吉尔吉斯斯坦对外国投资者无行业限制，外国的投资方式包括直接投资和间接投资，外国企业可以通过全资收购和部分参股的形式对吉尔吉斯斯坦企业进行并购。吉尔吉斯斯坦在2008年出台了新税法，将现行的16种税种缩减至9项，包括7项国税和2项地税。其中，国税包括所得税、利润税、增值税、消费税、地矿税、销售税和财产税；地税包括土地税和宾馆行业税。

吉尔吉斯斯坦对外商投资有以下优惠政策：对外商投资实行国民待遇；对投资性进口商品免征进口关税；对外国投资不得歧视；外商可自由支配合法所得并享有充分的经营自主权等。

2. 矿业政策

吉尔吉斯斯坦鼓励外国投资者参与矿产资源勘探开发，外国投资者可独资或与吉方合资合作从事矿产资源的研究、勘探和开采。外国投资者无须与吉尔吉斯斯坦政府对开采所得的矿产品进行分成，产品完税后即可依法向境外输出。

矿产资源勘探开发许可证的有关规定如下。矿产资源领域的许可证分为两大类，一类是针对某个确定的矿产而发放的许可证，其中又分为矿产资源勘探许可证、开采许可证和地下设施许可证（专指用作地下矿井、治疗疾病和埋藏放射性废料而非用于矿产资源开采），具体规定可查阅吉国矿产法；另一类是发放给具有矿产资源勘探和开采能力的企业的许可证，拥有此类许可证的企业凭借自身的专业技术和人才优势有权在吉境内从事地质勘探工作，而不一定参与矿山开采或在该行业投资。

矿产资源勘探开发许可证有效期为4年，先发放2年有效期的许可证，若申领企业在2年内完成了许可证协议中规定的内容，则许可证有效期自动顺延至4年；反之，许可证委员会将拒绝予以延期，许可证作废。开采许可证的有效期根据项目实际情况确定，最长可达20年。若项目开采年限超过20年，则视许可证协议条款的完成情况来决定是否延期。

企业向吉尔吉斯斯坦地矿署提出书面申请，其中应注明企业情况、拟勘探开发的矿产资源情况等；同时随附企业营业执照副本、企业章程副本、工程计划书和银行资信证明。吉尔吉斯斯坦地矿署许可证委员会对申请书及随附文件进行审核，审核期限为 1 个月。若企业提交的文件不属实或资信能力不足，许可证委员会将拒绝发证。通过审核后，吉尔吉斯斯坦地矿署向企业发放许可证，并签署第一份许可证协议，其中规定在确定的期限内对申请项目进行规划设计。获得许可证的企业应到政府有关部门对项目的技术安全、生态环保安全和矿产资源保护等进行审批鉴定，并办理土地划拨手续。上述手续办理完毕后，吉尔吉斯斯坦地矿署与企业签署第二份许可证协议，其中注明实施项目的基本技术数据。

目前，吉尔吉斯斯坦对外国公司申领矿产资源勘探和开发许可证实行单独审议制度。具有重要战略意义、储量达到一定规模的矿产资源勘探和开发许可证必须提交吉尔吉斯斯坦政府审议，并由政府成立的招标委员会通过公开招标方式发放许可证。

3. 注意事项

（1）吉尔吉斯斯坦新公布的《投资法》虽然比最初的《外国投资法》对外国投资者在海关、税收等方面给予了更多的优惠政策，然而，从投资者的角度，尤其从在吉尔吉斯斯坦进行投资的外国企业或个人的角度看，如果不辅之以其他行之有效、操作性较强的配套措施，以及其他相关领域的同步改革，仅靠这一部法规的出台，恐怕难以在近期内对改善吉尔吉斯斯坦投资环境产生根本影响。

（2）由于诸多因素，吉尔吉斯斯坦经济发展不够稳定，这对外国投资者，尤其是从事长期性的矿山资源勘查开发领域的投资者，有极为严重的不利影响，因而，投资者应根据形势的发展，进行充分判断。

（3）《地下资源法》虽然制定了不少优惠投资者的条文，但应充分注意到，由于地方政府在利用地下资源时，有着较多的权力，这在一定程度上从法律上为地方政府"干预"矿业投资项目创造了合法的"随意性"。特别是地方政府官员利用《地下资源法》第六条有关规定，经常性地以"卫生""环保"等问题为借口，对外国矿业公司进行敲诈勒索。

（4）在吉尔吉斯斯坦开发利用矿产资源，总体上税负较高，尤其是《地下资源法》有关规定的地下资源利用权付费"红利"经常是任意性的。例如，第三十九条中"矿产勘查和开采企业，应服从由吉尔吉斯斯坦共和国法律正式批准的现行税收规章和规程"；第四十条中规定"地下资源利用，除本法第四十一条规定的情况外，均应按要求付费"。地下资源利用的付费制度包括地下资源利用权付费"红利"和地下资源利用付费（权利金）。除此之外，地下资源利用者还应支付吉尔吉斯斯坦共和国法律所规定的其他款项。即使《地下资源法》第四十一条，地下资源利用付费减免规定中有关条文涵义及解译均有一定的随意性，也应引起投资者的足够重视。

（5）要全面收集了解吉尔吉斯斯坦有关资源、投资、税收、金融、劳动、外企等方面的法律文件，以及民俗习惯、自然地理、交通情况、基础设施条件、当地物资供应和物价、口岸关税、双边贸易等情况，并聘请熟悉吉尔吉斯斯坦共和国法律的律师作为法律顾问，研究勘查开发过程中可能遇到或出现的法律问题，依法促进勘查开发工作的顺利进行（李宝强等，2009）。

（四）投资环境分析

1. 有利因素

吉尔吉斯斯坦积极改善投资环境，对外国投资者实行国民待遇，2003 年颁布的《吉尔吉斯斯坦共和国投资法》等一系列法律法规，对招商引资起到了重要的作用。吉尔吉斯斯坦鼓励外国投资者对其矿产资源进行勘查开发，产品完税后可依法输出到境外。汇兑自由且不受额度限制，人力成本不高。

2. 不利因素

吉尔吉斯斯坦政局稳定性不够，两次"颜色革命"显示其政局比较脆弱，其国内南北部族之间的矛盾也是政局不稳定的因素之一。政局不稳也造成了其矿业政策的不连续性。库姆托尔金矿国有化凸显了其政府对于矿业的干预及矿业政策的不连续性，近年来矿业投资规模总体而言逐年下滑。由于很多矿产资源所在地区海拔较高，且基础设施较为落后，造成投资成本大大增加。当地居民的资源民族主义情怀较重，政府的腐败现象也会提高矿业开发的经营管理成本。

此外，吉尔吉斯斯坦还存在其他问题，如地方政府"任意干预"，地方政府官员经常会利用"卫生、环境、安全"和原料占地恢复费等任意收费。开采许可证吊销的比例较高，这对外国投资方不利（李宝强等，2009）。

根据加拿大弗雷泽研究所全球矿业投资环境调查结果，2015 年在世界

109 个主要国家或地区矿业投资吸引力指数中吉尔吉斯斯坦得分 45.91 分，排名第 91 位；在矿产潜力评价排序中得分 0.56 分，排名第 66 位。根据目前总体形势判断，吉尔吉斯斯坦国家投资风险水平高。

五、塔吉克斯坦

（一）基础设施情况

塔吉克斯坦在苏联时期属于边远地区，基础设施建设落后于独联体其他国家。塔吉克斯坦独立后政府无力在此领域进行投资，且经过几年的内战破坏，基础设施陈旧落后，严重制约了国家经济发展。1995 年以后，政府开始在国际社会的帮助下对基础设施进行恢复、改善、重建，近几年条件得到了很大的改善。

1. 公路

塔吉克斯坦国土面积的 93% 为山地，地形地貌复杂，筑路困难，交通条件较差，交通主要以公路为主。据统计，塔吉克斯坦现有公路总长 1.37 万千米，几乎全部建于苏联时期。由于损坏严重，通行困难，已不能满足社会发展的需要。塔吉克斯坦政府将发展交通作为国民经济发展的优先领域，现有以下 4 条公路骨干线，均以首都杜尚别为中心，向周边国家辐射。①塔中（中国）公路，西起杜尚别，东到中塔边境阔勒买口岸，全长 1009 千米；②塔吉（吉尔吉斯斯坦）公路；③塔阿（阿富汗）公路；④塔乌（乌兹别克斯坦）公路。2015 年塔吉克斯坦公路的货运量为 6986 万吨，较 2014 年同比增长 3.3%；客运量为 5.57 亿人，比 2014 年增加 2.3%。

2. 铁路

塔吉克斯坦有北、中、南三条互不相连的铁路线，通过邻国乌兹别克斯坦与独联体及周边国家相连。塔吉克斯坦铁路总长 950.7 千米，使用长度 616.7 千米，其中 114 千米已超期服役。2015 年铁路货运量为 612 万吨，同比下降 10.1%；铁路的客运量为 42.68 万人次，比 2015 年减少 5%。

3. 空运

塔吉克斯坦主要机场有杜尚别机场、胡占德机场、库利亚布机场。2015 年塔吉克航空客运量超过 78.46 万人次，同比下降 28.2%；货运量为 258.88 吨，同比增加 8%。

4. 水运

塔吉克斯坦为内陆国家，无海运；国内水系不适合于航行，也无内河航运（商务部等，2015，2016）。

（二）与中国关系及合作现状

中国与塔吉克斯坦自 1992 年 1 月 4 日建交以来，两国关系积极、健康、稳步向前发展。两国彻底解决了历史遗留的边界问题，签署了《中塔睦邻友好合作条约》，并于 2013 年 5 月建立战略伙伴关系。2014 年，习近平主席对塔吉克斯坦进行首次国事访问。2014 年 5 月和 11 月，拉赫蒙总统分别来中国出席亚信峰会和 APEC 东道主伙伴对话会。2015 年 9 月，拉赫蒙总统来中国出席中国人民抗日战争暨世界反法西斯战争胜利 70 周年纪念活动。2015 年 12 月，塔吉克斯坦总理拉苏尔佐达来中国出席上海合作组织总理会议及世界互联网大会。两国经贸关系密切，2015 年 1 ～ 11 月，双边贸易额 16.87 亿美元，同比下降 27.6%。其中，中方出口 16.42 亿美元，同比下降 27.6%；进口 0.45 亿美元，同比增长 2.6%。中国是塔吉克斯坦最大投资来源国和第二大贸易伙伴（外交部官网）。

（三）投资环境及矿业政策

1. 投资政策

内战结束后，塔吉克斯坦政府努力改善本国的投资环境。目前，塔吉克斯坦外资管理的主要法律依据是 1999 年 12 月 11 日颁布的《塔吉克斯坦共和国外商投资法》。该法的主要内容如下。

（1）外国投资者在塔吉克斯坦共和国投资可采用以下方式：①获得有塔吉克斯坦共和国公民或法人参股的企业或组织的股份；②建立外方独资企业；③获得股票证券等产权；④与塔吉克斯坦公民或法人共享，或者单独取得土地及其他自然资源的使用权或产权；⑤与塔吉克斯坦公民或法人签署协议，从事其他形式的外国投资。

（2）今后 10 年内，如果发生相关法律被修改从而导致投资环境恶化的情况，则外国投资适用最初投资时生效的法律规定。

（3）外国投资者可以将其投资所得的合法收入以外币形式汇往国外。

（4）引入外资的企业登记由财政部负责管理。

（5）作为合资企业外方投资的资产项目进口到塔吉克斯坦境内时，可免交关税及进口税。合资企业中外方雇员的个人财产也可免交关税及进口税。

（6）外国投资者和外资企业可以按照塔吉克斯坦共和国的法律规定，通过购买或租用获得土地使用权。依照塔吉克斯坦共和国的法律规定，获得房屋和建筑物的所有权，也意味着获得了该不动产所占土地的使用权。

（7）外国投资者和外资企业在获得政府颁发的许可证之后，可以在塔吉克斯坦共和国划定的经济区内从事矿产资源的勘探、开采和加工业务。

（8）如果塔吉克斯坦共和国签署的有关国际协定与《塔吉克斯坦共和国外商投资法》中的某些规定不符时，应以国际协定为准。

2. 矿业政策

塔吉克斯坦 1994 年颁布了《塔吉克斯坦共和国矿产法》。但因内战，该法没有充分发挥它在利用外资方面的作用。

（四）投资环境

1. 有利因素

塔吉克斯坦与中国双边关系良好，政治关系稳定。在良好的大环境下开展矿产资源领域的合作，既符合我国"两种资源、两个市场"的战略决策，又与塔吉克斯坦"利用外资加快矿业开发步伐"的政策精神相一致，因此，切实贯彻中塔政府间协议，做好、做实中塔矿产资源合作项目，是今后努力的方向（邱瑞照等，2009）。

2. 不利因素

（1）塔吉克斯坦 1995 年 11 月 4 日发布的《外汇调节和外汇管制法》保证本国货币自由兑换，2014 年中塔两国银行启动了人民币兑索莫尼汇率挂牌交易，实现了两国本币跨境结算（朱隽，2016）。塔吉克斯坦税收管理复杂，一些优惠（如利润税减免）不适用于矿产开发企业。对资源开发利用，除符合国际通常规则的权利金之外，还明文规定收取"签字费""商业发现费""采掘费"。同时，对开采伴生矿种所得利润，除正常的利润税（所得税）外，还要专门收取"超额利润税"。

（2）塔吉克斯坦《塔吉克斯坦共和国外商投资法》第五章第三十三条规定，"外国投资者和外资企业，在获得政府颁发的许可证之后，可以在塔吉克斯坦共和国划定的经济区内从事自然资源的勘探、开采和加工业务"；第三十五条规定，"外国投资者和外资企业，可以与政府有关机构签署协定或合同，取得特别许可权，从事自然资源的勘探、开采等经济活动，这些合同应明确规定外国投资者所从事的活动及条件"。但是，实际上，取得许可证和特别许可权的条件、程序特别复杂且透明度不高（邱瑞照等，2009）。

（3）中亚各国经济发展的严重依赖性，必然导致其经济受到世界政治因素的干扰，美、日、俄等国在中亚的角逐，成为政治不稳定的重要因素；同时，三股势力猖厥，极端组织和其他恶势力的侵入，使中亚各国的内乱、恐怖时有发生，社会治安混乱，人们普遍缺乏安全感，如最近塔吉克斯坦政局动荡，给驻塔吉克斯坦企业带来了近1亿美元的损失，这极大地削弱了外来投资者的投资信心。

根据中国出口信用保险公司《国家风险分析报告——"一带一路"沿线国家（2015）》研究结果，塔吉克斯坦国家风险参考评级7级（7/9），国家风险展望为稳定（中国出口信用保险公司，2015）。

第二节

北亚、东北亚地区

一、俄罗斯

（一）基础设施情况

俄罗斯幅员辽阔，地理环境复杂多变，公路交通较落后，铁路、航空和水运有一定的基础。

1. 公路

截至2014年年底，俄罗斯公路网总里程142.4万千米，公路客运115.51亿人次，货运56.35亿吨。俄罗斯的公路多半路况不佳，质量不符合国际养护标准，其公路状况较塔吉克斯坦等中亚国家都差。俄罗斯公路主要分布在欧洲部分，共有25条与其他国家相连，仅有少数几条公路与亚洲的中国、哈萨克斯坦等国家相连接。

2. 铁路

截至 2014 年年底，俄罗斯铁路网总运营里程为 8.6 万千米，仅次于美国，居世界第 2 位。2014 年货运量为 12.27 亿吨。俄罗斯铁路公司已成立高铁项目部，计划建成从乌拉尔地区到大西洋之滨的连接十几个主要城市的统一高铁网络。目前俄罗斯共有 10 条国际铁路干线与包括中国在内的其他国家相连。

3. 水运

俄罗斯内河通航里程为 10.17 万千米，欧洲地区主要为伏尔加河，这是俄罗斯与欧洲国家相连的最重要的河运航道。远东地区最重要的河运航道是阿穆尔河。2013 年内河货运量为 1.35 亿吨。

4. 空运

俄罗斯国际机场共 71 个，现有航空公司 46 家，中国多家航空公司均已开通到莫斯科、圣彼得堡、新西伯利亚等城市的直航班机，中俄航空交通顺畅。

5. 管道运输

截至 2014 年年底，俄罗斯石油、天然气输送管道总长 25 万千米，其中，天然气管道 17.52 万千米，石油管道 7.48 万千米。2015 年出口石油 2.43 亿吨，出口天然气 1834.35 亿立方米。中俄原油管道已经修建，中俄天然气管道正在探讨修建中。

6. 通信

互联网建设近年来发展迅速，2014 年俄罗斯有 62% 的居民使用互联网。

7. 电力

俄罗斯是电力生产大国，2014 年年底其电站总装机容量为 2.32 亿千瓦，位列世界第 3 位。俄罗斯与所有邻国电网相联，互联互通，电力有进有出（商务部等，2015，2016）。

（二）与中国关系及合作现状

俄罗斯位于"丝绸之路经济带"中蒙俄经济走廊带，自 2001 年中俄签订《睦邻友好合作条约》以来，两国的高水平战略关系已经保持至今。习近平首访国家选择俄罗斯，既是对中俄全面战略协作伙伴关系的确认，也对增强国际关系特别是大国间关系的平衡具有极大的推动作用。

中俄能源合作情况如下：2014 年，中俄签署了《扩大原油贸易合作协议》《天津炼油厂建设和运营合作协议》，两国石油领域合作由此迈出突破性的一大步。目前，中方每年通过管道从俄方进口 1500 万吨原油。虽然也曾遭遇运费纠纷，但两国原油贸易总体进展顺利，双方均有扩大合作的意愿。

经贸合作是中俄关系的重要环节。最近 10 年两国经贸往来，除金融危机时期受到一些冲击以外，始终保持两位数的增长速度。统计数据显示，中俄双边贸易额在 20 年内增长 14 倍，2012 年更是达到创纪录的 882 亿美元。2015 年，中俄双边贸易额 680.6 亿美元，比 2014 年下降 28.6%。

（三）矿业政策及风险

（1）矿产资源有偿使用的税费政策。为了保证俄罗斯各族人民的经济和社会利益，以及合理利用和保护地下资源，俄罗斯联邦《地下资源法》规定地下资源实行有偿使用。有偿使用付费的种类如下：①参加竞争（招标或拍卖）费和许可证费；②地下资源使用权付费；③矿物原料基地再生产提成费；④消费税及其他捐税和费用（土地、海运和海底地段付费、地质信息费）。当联邦政府同地下资源使用者签订了产品分成协议时，则可免除资源使用者缴纳联邦税法规定的捐税和费用，但产品的利润所得税除外，具体的份额由联邦政府规定。

（2）市场机制在地勘工作中的作用。目前地勘工作资金来源已从联邦转向采矿企业和国内外投资者。矿物原料基地再生产基金的建立是地勘工作运行机制改革的重要进展，也是地勘单位和企业进入市场的前提条件之一。

（3）矿产资源的合理利用及保护政策。俄罗斯联邦《地下资源法》明确规定地下资源要合理利用及保护。

（四）投资环境分析

1. 有利因素

近年来俄罗斯政府为改善投资环境做出了很大的努力，包括制定新的《外资法》《税法》、重新修订《地下资源法》、不断修改和完善《产品分成协议法》、减少企业有关的赋税等。其政治经济环境也在不断变好，引入外资的步伐也在加快。迄今为止，俄罗斯的土地资源、劳动力价格和其他成本仍然是十分低廉的，但这些优势条件似乎并未成为俄罗斯吸引外国直接投资的重要砝码，大部分外国投资者仍对俄罗斯市场持观望态度。

2. 不利因素

导致外资始终对俄罗斯市场持观望态度的原因并非俄罗斯宏观经济的好坏，而是俄罗斯至今仍存在的税制不健全、企业管理落后、政府官员腐败及官僚作风等因素，正是这些因素阻碍了外国投资在俄罗斯的增长。许多外国投资者不敢轻易进入俄罗斯，除由于该国缺乏有效的现代管理体制外，更多的则是在俄罗斯投资会莫名其妙地增加原先根本不存在的额外成本支出。例如，政府官员的腐败和官僚作风使得投资者既增加了成本，又多耗费了时间，而且很可能没有结果。

俄罗斯的投资环境一般，世界经济论坛《2016—2017 年全球竞争力报告》显示，俄罗斯在全球最具竞争力的 138 个国家和地区中排第 43 位。

二、蒙古

（一）基础设施情况

蒙古地处东北亚，是世界第二大内陆国家，国土面积共 156.65 万平方千米，北与俄罗斯接壤，东、南、西与中国接壤，中蒙两国边境线长达 4710 千米。蒙古首都为乌兰巴托，是蒙古最大的城市。

蒙古基础设施较落后，水电资源匮乏，很大程度上也制约着矿产业的发展。蒙古交通运输以铁路和公路为主，境内有一条连接中、俄的铁路，国际机场 1 个，为乌兰巴托"成吉思汗"机场，与北京、天津、呼和浩特、莫斯科、伊尔库茨克、首尔、东京、大阪和法兰克福之间有定期航班（商务部国际贸易经济合作研究院等，2015）。

（二）与中国关系及合作现状

蒙古是最早承认中华人民共和国的国家之一。1949 年 10 月 16 日，中蒙建交。20 世纪 60 年代中后期，受中苏关系恶化影响，中蒙两国关系经历曲折。1989 年中蒙两国关系实现正常化以来，睦邻友好，合作关系发展顺利。2003 年中蒙两国宣布建立睦邻互信伙伴关系。2011 年中蒙两国宣布建立战略伙伴关系。2013 年中蒙双方签署《中蒙战略伙伴关系中长期发展纲要》。2014 年，中蒙双边发表联合宣言，将中蒙关系提升为全面战略伙伴关系。

2013 年 5 月，杨洁篪国务委员访问蒙古，同蒙古总统额勒贝格道尔吉、总理阿勒坦呼雅格、副总理特尔毕希达格瓦、外长包勒德分别举行会见会谈。2013 年 7 月，全国人民代表大会常务委员会副委员长向巴平措赴蒙古出席蒙古总统额勒贝格道尔吉就职仪式。2013 年 9 月，习近平主席在比什凯克出席上海合作组织成员国元首理事会会议期间会见蒙古总统额勒贝格道尔吉。

2013年4月，蒙古大呼拉尔主席恩赫包勒德来华出席博鳌亚洲论坛2013年年会，习近平主席、张德江委员长会见。10月，蒙古总理阿勒坦呼雅格访华，李克强总理同其会谈，习近平主席、张德江委员长分别会见。2014年1月，蒙外长包勒德访华，双方签署《中蒙友好交流年纪念活动方案》。5月，蒙古总统额勒贝格道尔吉来华出席亚洲相互协作与信任措施第四次会议，习近平主席会见。

2014年中蒙两国领导人高层互访频繁。2014年6月，王毅外长访蒙，同蒙古总统额勒贝格道尔吉、总理阿勒坦呼雅格、副总理特尔比希达格瓦分别会见，同蒙古外长包勒德举行会谈。习近平主席和蒙古总统额勒贝格道尔吉分别在5月上海亚洲相互协作与信任措施会议、8月习近平主席访问蒙古、9月塔吉克斯坦杜尚别上海合作组织成员国元首峰会和中蒙俄三国首脑会晤、11月北京亚太经合组织会议多边场合共进行5次会晤。

2014年8月，国家主席习近平对蒙古进行国事访问，同蒙古总统额勒贝格道尔吉签署《中华人民共和国和蒙古国建立和发展全面战略伙伴关系的联合宣言》，将两国关系提升为全面战略伙伴关系。访问期间，26项中蒙两国重要合作文件签署，涵盖政治、经贸、文化、科技、军事等领域。

2015年10月23日，在呼和浩特首届中蒙博览会期间，举行了矿产资源开发洽谈会，中蒙双方官员表示进一步拓宽合作领域、提高合作层次、开展务实合作。

蒙古图木尔廷敖包锌矿是中蒙矿业领域最大的合作项目，被赞誉为"中蒙友好合作的典范"。

（三）矿业政策及风险分析

20世纪90年代伊始，蒙古实行私有化改革，经过20多年的"阵痛"，蒙古经济开始复苏并呈现较快的增长态势，特别是蒙古政府近年来实施"矿业兴国"战略后，国民经济在矿业开发带动下，实现快速发展。从投资环境的吸引力角度看，蒙古的竞争优势有矿产资源丰富、经济增长前景良好、市场化程度较高。

蒙古政治环境整体稳定，但受政治选举周期和政党轮替影响，政策连续性和稳定性较差。受蒙古大呼拉尔选举政治因素影响，2012年6月4日蒙古大呼拉尔通过了《战略领域外国投资协调法》，将矿产资源列为国家安全的战略性领域，并对外国投资者，尤其是外国国有投资或含国有成分的投资者在投资战略领域设置了更严格的投资限制。《战略领域外国投资协调法》生效后，严重影响了外国投资者对蒙矿业投资信息，导致蒙古接受外国直接投资额出现了大幅度下降，从2011年的16亿美元锐减至2012年的6.3亿美元，对蒙古经济增长产生了严重影响。迫于经济增长压力，2013年9月，蒙古大呼拉尔通过《投资法》，并废止了《战略领域外国投资协调法》。新《投资法》对外国投资者和蒙古本土投资者实行统一待遇，并简化了企业投资注册程序，取消了对外国私营投资者在投资领域的限制。新《投资法》的生效虽然对恢复外国投资者信息发挥了一定积极作用，但受近年来国际市场大宗矿产品价格持续走低等外部因素影响，蒙古吸引外国投资规模2013年和2014年连续两年出现大幅下降。

矿产业是蒙古经济发展的重要支柱产业。2014年矿产业总值6.69万亿图（约36.80亿美元），同比增长22.5%，占工业总值的68.7%，2014年蒙古矿产品出口占出口总额比重达83.0%。

（四）投资环境分析

1. 有利因素

蒙古矿产资源丰富，近年来政府通过"矿业兴国"的策略，使国民经济在矿业的带动下快速增长，成为世界上发展最快的经济体之一。蒙古政府也制定了一系列政策，鼓励外国投资，外国对蒙古的投资65%集中在矿业领域（韩九曦，2013）。另外，蒙古相对安定，人民友好，社会环境较好。

2. 不利因素

蒙古经济基础差，产业基础薄弱，经济增长过度依赖矿业并受国际原材料价格波动的影响，超过80%的外资都投入矿业领域。随着国际矿产品特别是煤炭价格持续走低，蒙古外贸出口和外国投资在短期内缺乏动力。

世界经济论坛《2016—2017年全球竞争力报告》显示，蒙古在全球最具竞争力的138个国家和地区中排第102位。世界银行《2017年营商环境报告》显示，蒙古在全球190个经济体营商便利度排名中排第64位。加拿大Fraser研究所发布的《2016年度矿业报告》显示，蒙古投资吸引力在全球104个国家中排第81位，政策认知度排在第101位（104个国家）、矿产资源潜力排在第50位（104个国家）。根据目前总体形势判断，蒙古投资风险水平较高（Taylor Jackson and Kenneth P. Green，2015）。

第三节

南亚、东南亚地区

一、印度

（一）基础设施情况

印度是南亚次大陆最大的国家，国土面积列世界第 7 位，有 29 个邦和 7 个中央直辖区。印度首都新德里，人口约 1800 万人。印度宏观经济基本面良好，预计在较长时间内可保持稳定快速增长，但是印度的基础设施却一直遭人诟病，与其经济发展相比，至少落后了 10 年，严重制约了其经济发展。

1. 铁路

印度铁路总长 6.46 万千米，在全世界列居第 3 位，复线率 30%，电气化率 31%，承担着全国近 40% 的货运量及 20% 的客运量。印度与邻国巴基斯坦、尼泊尔、孟加拉之间均有铁路相通。印度铁路相对老化且落后，铁道标志和车辆老旧。政府计划以公私合营的方式对全国 22 个主要火车站进行现代化改造，并计划到 2020 年新增铁路 25000 千米。

2. 公路

印度拥有世界第二大公路交通网。据印度交通运输部门统计，印度公路总长约 490 万千米，承载着全国客运总量的 85% 和货运总量的 60%。印度和邻国巴基斯坦、尼泊尔、不丹、孟加拉、缅甸之间均有公路互通。"十二五"计划的第一年（2012—2013 财年），约 16 亿卢布用于公路运输和公路安全。印度政府的目标是，每天完成 20 千米国家级高速公路建设。但是因为土地私有化，征地难题成为公路建设最突出的掣肘。

3. 空运

印度国际及国内班次繁忙，是当今世界上发展速度最快的民航市场之一，在全世界列第 9 位。目前，印度拥有 125 多个运营机场，国有航空公司开通境内 120 个目的地，以及全球 39 个国家级地区的航线。2015 年印度机场客运量达 1.9 亿人次，货运总量为 253 万吨。"十二五"期间，印度拟投入 120 亿卢比，预计至 2020 年建成仅次于美国和中国的全球第三大航空市场。

4．水运

印度拥有 7517 千米海岸线，海运能力居世界第 16 位，拥有 12 个主要港口和 187 个非主要港口，2015 年主要港口最大吞吐量为 8.7 亿吨。印度对外贸易总量的 95% 和总价值的 70% 通过水运实现。印度内河的运输能力较低，有 6 条主要的内河航道，通航里程 1.45 万千米。

"十一五"（2007—2012 年）期间，印度包括公路、铁路、港口、机场、电力、通信、油气管道和灌溉系统在内的基础设施投资从占 GDP 的 5.7% 增长到了占 GDP 的 8%，但是基础设施投资依然明显不足。在对应于中国的"十二五"期间，印度在基础设施领域增加投资 1 万亿美元。

（二）与中国关系及合作现状

中印两国于 1950 年建交，印度是第一个同中国建交的非社会主义国家。1954 年，中印发生边界冲突，此后两国关系冷淡。1976 年，中印两国恢复互派大使，双边关系逐步改善和发展，近年来中印两国在互相尊重、平等互利、互不干涉内政的基础上稳步发展，双边高层往来频繁。2013 年 5 月，李克强总理将印度作为上任后的首访国家，访问印度期间签署了一系列合作协议。2015 年 2 月，国家主席习近平在人民大会堂会见访华的印度外长。2015 年 5 月，印度总理莫迪访华，受到国家主席习近平、总理李克强和全国人大常委会委员长张德江的接见。

作为新兴经济体的代表，中国和印度已然成为全球经济增长的重要驱动力。进入 21 世纪以来，中印双边经贸合作持续稳定发展。双边贸易额从 2000 年的 29 亿美元增长到 2014 年的 705.9 亿美元，14 年间增长了 23 倍，中国已经成为印度的第一大贸易伙伴；2015 年中印双边贸易额为 716.54 亿美元。在经济合作方面，截至 2015 年年底，中国对印度的工程承包合同额达 657.78 亿美元，营业额达 440.10 亿美元。两国双向直接投资也取得了积极进展。

（三）矿业政策及风险分析

1．投资政策

印度税制以宪法为基础，没有议会的授权，政府不能课税。印度实行中央、邦和地方三级课税制度，各级政府课税权明确划分，但税制十分复杂。

（1）中央税：中央政府课征税种包括公司所得税、资本所得税、个人所得税、遗产和赠予税、销代税、消费税、增值税、社会保障税、节省外汇税、注册税、卜地和建筑物价值税、支出税、印花税、关税等。

（2）邦税：各邦政府课征税种主要包括交通工具税、农业所得税、职业税等。

（3）地方税：地方政府课征税种主要包括土地与建筑物税（对租金征收）、土地增值税、广告税、财产转让税等。

印度主要税赋有公司所得税、资本收入税、个人所得税等，具体税率如下。

（1）公司所得税：印度的纳税年度即财政年度，从每年的4月1日到次年的3月31日。现行税率如下：本国公司35%（另需加税款2%的附加税）；外国公司40%（不征收2%的附加税）。在印度注册成立的或将其管理权和控制权放在印度的公司，视为本国公司，其在世界范围的收入均要纳税。除此以外的公司即为外国公司，只对其在印度境内的经营收入征税。

（2）资本收入税：本税主要是指出售资产所得收入的赋税。"长期资产"是指拥有实物资产的时间超过3年，或持有股票、证券、基金等超过1年。长期实物资产出售收入的税率一般为20%，而出售同样属于长期资产的股票、证券、基金等的收入免于征税。"短期资产"是指拥有实物资产的时间低于3年，或持有股票、证券、基金等的时间低于1年。短期实物资产出售收入的税率与公司所得税率相同，而出售前持有时间低于1年的股票、证券、基金等的收入按10%收税。

（3）个人所得税：需要征收个人所得税的项目如下。

＊ 工资收入：包括工资、补贴、津贴、退休金等。

＊ 房产收入：如房屋租赁所得等。

＊ 业务和技能所得：通过做业务和利用自己的专业技能所得的佣金。

＊ 资本收入：如利息、证券和股票收入等。

＊ 其他收入：如彩票、博彩等。

2. 矿业政策

印度是联邦制国家，矿产资源属于国家所有。具体而言，在各个邦管辖地区的矿产权归邦政府，而近海水域、陆上水域、大陆架、专属经济区，以及印度其他海区的矿产权归中央政府。印度的矿业主要法律有《矿山和矿产（开发与管理）法，1957》《矿山法，1955》和《矿业权法，1960》；矿产政策分《国家矿产政策，2008》和邦矿产政策。最新的法律《矿山和矿产（开发与管理）法，2011》替代了《矿山和矿产（开发与管理）法，1957》，该法旨在对矿业部门进行一个完整全面的改革，解决可持续发展和当地发展的问题，为受采矿影响的人创建利益共享机制。

2006年，印度矿业部宣布制定新的国家矿业政策，目的是促进印度矿业部门的投资，原计划2007年出台，但由于中央政府和邦政府之间存在严重分歧，计划被暂搁置下来；最终在2008年联合政府出台《国家矿业政策，2008》，目的在于进行大规模的探矿以完成最理想的开采和用最先进的技术吸引投资。

矿业权类型分为勘查许可证、探矿执照和采矿租约，具体规定如表6-1所示。

表6-1 印度矿业权的一般规定

矿业权类型	勘查许可证	探矿执照	采矿租约
授予期限（年）	3	3	20 ≤ 采矿租约 ≤ 30
最大可更新年限	不可更新	2	≤ 20
面积	≤ 5000 平方千米，一个邦内不得超过 1 万平方千米	≤ 25 平方千米	≤ 10 平方千米
申请的处理期限	6个月	9个月	12个月

印度取得矿业权的方式为向邦政府提交申请，矿业权申请人在取得国家批准的矿业权时，按其占有的面积大小、勘查或开采的矿种，以及使用的期限长短，依据法律和国家的有关规定，向国家缴纳一定的费用。

中央政府可以在政府公报上用公告的形式颁布和管理有关矿产资源勘探许可证或采矿租约的规章制度，同时，中央政府还可以在政府公报上用公告的形式，就批准有关印度所辖水域或大陆架内海矿产资源的勘探许可证或采矿租约发布规章。

邦政府可以在政府公报上用公告的形式就管理有关矿产的采石租约、采矿租约或其他矿产特许权的授予发布规章制度。

矿山和矿产管理和开发法还规定勘查许可证、探矿执照和采矿租约地区范围的限制仅限于邦的范围，对于大规模矿业投资项目（计划投资超过20亿卢比）的采矿租约，如果两年内不能开工，其权力将被终止。在政府拥有的公司和其他企业之间的竞争是公平的，提前终止租约的地区向公共与私人公司和政府所有的公司进行再授权时，租约的转移不能获得溢价收入。

（四）投资环境分析

印度虽然矿产资源比较丰富，但是内需同样巨大，更重要的是与中国关系一般。中印关系时冷时淡，制约了中印经贸关系的健康发展，另外，中印两国均实施出口导向型的产业政策，在国际贸易中成了竞争对手，因此，当前与印度在矿产勘查与开发方面的合作还比较困难。

1. 有利因素

从投资环境吸引力角度看，印度的竞争优势有以下几个方面：政治相对稳定；经济增长前景良好；人口超过 12 亿人，市场潜力巨大；地理位置优越，辐射中东、东非、南亚、东南亚市场。

2. 不利因素

不利因素表现在印度的外商投资门槛较高、审批程序复杂、行政效率低下、社会安全存在隐患、基础设施落后等。

世界经济论坛《2016—2017 年全球竞争力报告》显示，印度在全球最具竞争力的 138 个国家和地区中排第 39 位。

二、巴基斯坦

（一）基础设施情况

巴基斯坦用于基础设施领域建设的公共领域发展项目（PSDP）资金严重不足，对外国援助和贷款的依赖度高，一些规划中的基建项目开工和建设进度滞后。巴基斯坦相对落后的基础设施建设是制约其经济发展的主要因素之一。

1. 公路

公路是巴基斯坦主要的交通命脉。截至 2014 年年底，巴基斯坦公路通车总里程 263775 千米，包括 6 条高速公路、23 条国道、3 条战略公路和若干辅助道路。巴基斯坦与周边邻国均有公路连接，并设有陆路口岸。巴基斯坦公路客运占客运总量的 90%，公路货运占货运总量的 96%。巴基斯坦公路局于 2009 年制定了"十年投资规划"，拟在未来 10 年（2010—2020 年）全面扩建公路网络，提高公路密度和道路运输速度，降低车辆运营成本和道路故障。

2. 铁路

巴基斯坦铁路始建于 1861 年，1947 年巴基斯坦铁路网已初具规模，但建国后由于体制、资金和管理等原因，铁路建设长期停滞不前。巴基斯坦铁路铺轨里程为 11658 千米，运营里程为 7791 千米。铁路设施和机车均较老旧，年运送旅客能力大约为 7800 万人次，货物运载能力仅 600 万吨。

3. 空运

巴基斯坦共有 9 个国际机场和 27 个国内机场，开辟了 30 多条国际航线。巴基斯坦各机场旅客运输量约为 1500 万人次，货、邮运输量为 31.8 万吨。伊斯兰堡、拉合尔和卡拉奇分别为巴北部、中部和南部地区的航空枢纽。目前，巴基斯坦已与 94 个国家和地区签署了双边航空协议，32 家外国航空公司有定期往返巴基斯坦的航班。

4. 水运

海运方面，目前巴基斯坦共有三大海港，其中，2015 年卡拉奇港、卡西姆港货物年吞吐量分别为 4342 万吨和 2480 万吨，共承担了巴基斯坦 95% 的国际货物贸易量。中国援建的瓜达尔港于 2007 年 3 月投入运营，由于未能与国内的公路和铁路运输网络有效连接，加之港口设施尚待完善，所以，目前的吞吐量有限（年均 100 万吨左右）。

（二）与中国关系及合作现状

中国和巴基斯坦是山水相依的友好邻邦，两国人民有着悠久的传统友谊。中巴自 1951 年 5 月 21 日建交以来，交往密切，双方友好合作关系经受了国际和国内的风云变幻，堪称不同社会制度国家间合作关系的典范。在国际事务中，双方互相支持，积极配合，成为维护亚洲地区和平与稳定的重要因素。两国有着全天候的传统友谊和全方位的合作关系，在各领域的互利合作关系不断发展。

中巴贸易有一定的互补性，合作空间和潜力较大。近年来双边贸易增速均保持在 10% 以上。目前，中国已成为巴基斯坦第二大贸易伙伴。中国对巴基斯坦的出口商品日趋多样化，机电产品所占比重逐年增加，但中国自巴基斯坦进口的商品种类变化不大，仍停留在传统商品上。近年来随着双边贸易规模的扩大，贸易纠纷也呈上升趋势，中资企业应高度重视。据中国海关统计，2015 年中巴双边贸易额为 189.27 亿美元，同比增长 18.3%。其中，中国出口 164.50 亿美元，同比增长 24.2%；中国进口 24.77 亿美元，同比下降 10.1%；中方贸易顺差 139.73 亿美元。

（三）矿业政策及风险分析

巴基斯坦石油和资源部于 2013 年对 1995 年的《国家矿产政策》进行了修订，并予以实施。《国家矿产政策》规定，省政府和联邦单位应对监管、详细勘探、矿产开发及作业安全负责，并负责对上述活动制定相关决策。联邦责任包括地质和地球物理测绘、本国和国际协调，以及国家政策和计划的编制。联邦政府向各省提供支持和建议。所生产矿产商品的特许权使用费由当地政府确定并定期更新，更新后的特许权使用费被发送给省政府、联邦单位及联邦政府。

2012 年，信德省（Sindh）政府内政部（Home Department）根据《刑事诉讼法典》第 144 节的规定，颁布禁令禁止在特达区（Thatta District）内非法采掘砂砾和宝石。警方对违反者进行了严惩，警方还有权根据《巴基斯坦刑法典》第 188 节的规定，就违反《刑事诉讼法典》第 144 节的规定而登记申诉。

2013 年 1 月，旁遮普省（Punjab）矿业与矿产部（Mines and Minerals Department）颁发了 110 份耐火黏土勘探许可证，许可证获得方利用现代设备挖掘并识别新的耐火黏土资源区。

（四）投资环境分析

巴基斯坦位于南亚次大陆，与中国接壤，近年来积极开展吸收外资和加大对外合作，其投资合作环境呈现以下特点。

（1）中巴两国关系特殊友好。中巴两国有着全天候的传统友谊和全方位的合作关系，对华友好是巴外交政策的基石，中巴友好深入人心。

（2）市场潜力较大。巴基斯坦拥有约 1.9 亿人口，是世界第六人口大国，2014—2015 财年人均国内生产总值（GDP）1512 美元，市场潜力较大。

（3）经济尚不发达。巴基斯坦经济以农业为主，但近年来农业在 GDP 中的份额正在下降，工业所占比重逐年增长。

（4）地理位置优越。巴基斯坦地处南亚，南濒阿拉伯海，其他三面分别与印度、中国、阿富汗和伊朗接壤，是联系南亚、中亚、西亚（中东）地区的枢纽。市场辐射范围广，可辐射中东和中亚等地区，与上述地区贸易关系紧密。

（5）政府和民间大力欢迎投资。巴基斯坦政府推行经济改革和经济自由化、私有化，制定了较宽松、自由的投资政策，希望通过改善政策体系、提供优惠待遇和良好投资服务来增强吸引外资方面的竞争力。巴基斯坦几乎所有经济领域均向外资开放，外国和当地投资者享有同等待遇，允许外商拥有 100% 的股权，允许外商自由汇出资金。此外，外商在巴基斯坦投资享受设备进口关税、初期折旧提存、版权技术服务费等方面优惠政策。

（6）在地区优惠政策方面，巴基斯坦政府鼓励外国企业到出口加工区和特殊经济区投资设厂，各工业区政策比较灵活。巴基斯坦现有出口加工区 21 个（已建成 6 个）。2012 年，巴基斯坦颁布《特殊经济区法》，对于在特殊经济区内的外商投资实施鼓励政策。

（7）巴基斯坦已与 46 个国家签订《投资保护协定》（包括中国），与 52 个国家签订《避免双重征税协定》（包括中国）。此外，巴基斯坦参与区域经济合作比较活跃，迄今已与斯里兰卡、中国、马来西亚、东盟等国家和区域组织签署《自贸协定》，还与伊朗、毛里求斯、伊斯兰发展中八国集团（D8 集团）等国家和组织签署《优惠贸易安排》，上述贸易协定大部分已开始实施。

（8）巴基斯坦投资环境仍存在较多问题和瓶颈，如电力短缺、基础设施建设相对落后；通货膨胀居高不下，经营成本不断上升；政局时有动荡、安全形势较严峻等。

2013—2014 财年，巴基斯坦吸收外商直接投资 29.79 亿美元，吸引外资的主要领域有油气开采、金融服务、通信、化工、建筑业、交通、能源、纺织业等。世界经济论坛《2016—2017 年全球竞争力报告》显示，巴基斯坦在全球最具竞争力的 138 个国家和地区中排第 122 位。

三、阿富汗

（一）基础设施情况

阿富汗是亚洲中西部的内陆国家，国土面积 64.75 万平方千米，人口约 2810 万人。

1. 公路

2001 年战后以来，阿富汗政府在战乱中艰难地进行着公路建设，根据规划，阿富汗将建设总里程接近 3 万千米的公路网。环阿富汗铁路干线总长度约 2600 千米。阿富汗有 8 条国际运输通道，分别连接塔吉克斯坦、伊朗等 5 个邻国，长约 1153 千米。

2. 铁路

阿富汗的铁路建设刚刚起步，阿富汗希望修建连接中亚、南亚的跨国通道。但是其铁路建设面临三大问题：一是铁路轨距问题，二是建设可行性问题，三是资金来源问题。

3. 空运

国际航线方面，现有喀布尔、坎大哈和马扎里沙里夫 3 个国际机场。目前在阿富汗运营的航空公司有 13 家、国际航线 16 条。

4. 通信和电力

阿富汗移动通信较为便捷，互联网较为普及，电力供应短缺，全国 4/5 的电力靠进口满足。2015/16 财年阿富汗国内发电和进口量总计达 48.13 亿千瓦时。

由于长期战乱，阿富汗的基础设施建设严重落后，政府支出的各类基础设施建设主要靠国际社会援助。虽然规划了很多建设项目，但都因为资金缺乏而无力实施。

（二）与中国关系及合作现状

阿富汗同中国是传统睦邻友好邻邦，1955 年正式建交，双边关系发展顺利，2012 年，两国建立战略合作伙伴关系。2014 年 2 月，国家主席习近平出席俄罗斯索契冬奥会期间会见阿富汗总统卡尔扎伊。

中国是阿富汗的重要贸易伙伴。据阿富汗中央统计局统计，2014—2015 财年中国成为阿富汗第三大进口国。2014—2015 财年，阿富汗进口和出口贸易额分别是 77.29 亿美元和 5.71 亿美元。其中，从中国进口 10.38 亿美元，占阿富汗进口总额的 13.4%；向中国出口 1500 万美元，占阿富汗出口总额的 2.6%。根据 2014 年中阿两国政府换文，2015 年起，中国政府给予原产于阿富汗 97% 输华产品零关税待遇。中国对阿富汗主要出口商品为电器及电子产品、运输设备、机械设备和纺织服装，主要进口商品为农产品。

（三）矿业政策及风险分析

1. 税收制度

总体来看，阿富汗的税收体系实行属地税制，按《阿富汗私有投资法》规定，阿富汗对外国投资者实行国民待遇，即外资公司和当地公司享有同样的待遇和同等纳税义务。除地方税有差异外，阿富汗实行全国统一的税收制度，共有 9 种税，分别为个人所得税、公司所得税、资本损益税、发票税、进口关税、固定税、附加税、土地税和市政税。所得税率最高为 20%，公司所得税为 20%，资本损益税为 20%；但尚未开启增值税。

2. 阿富汗对外国投资的优惠政策

阿富汗鼓励吸收外资，投资促进局对外资公司的设立给予方便，实行"一站式"服务。外资公司所得利润可全额汇出，对使用外籍雇员没有限制，如 3 年内无盈利可免税、直接申请最低额的公司税。企业投资阿富汗优先发展领域（如大型能矿资源性项目）进口用于生产的机械设备可申请免税，进口建筑材料也可减税。但在当地采购的设备材料，不可以免税或退税。

阿富汗政府鼓励和欢迎外商投资，特别是能矿资源、农业、建材、电信和运输物流领域的投资，但没有减免税金等明确的地区投资鼓励政策。在喀布尔、马扎里沙里夫、坎大哈设有工业园区，同时正在贾拉拉巴德和喀布尔建设新的工业园区。阿富汗农村金融公司对在工业园投资的企业可以提供优惠贷款。

由于政治和安全的不确定性，阿富汗近几年的国际投资吸引力显著下降，其高度依赖外国援助的"外生性经济"面临巨大的挑战，埃纳克铜矿、哈吉夹克铁矿等战略性投资项目也久拖不决。

阿富汗矿业与石油部负责对包括矿产勘探与开发在内的矿业进行管理、监督及调控，财政部负责征税。《矿业收益管理政策》确保来自矿业收益被分配给指定的行业。矿产地籍部（Mineral Cadaster Department）负责接受并处理矿业权申请、协调相关技术和环境评估、处理续展，以及征收申请费和地上权的费用。阿富汗国家环境保护局（NEPA）根据《环境法》向开采企业颁发证书。

阿富汗的矿业法规包括《矿产法》(2005 年)和《矿业条例》(2009 年)。2011 年，阿富汗矿业与石油部起草了 2005 年《矿产法》的修正案，但是该修正案被司法部和阿富汗下议院（Wolesi Jirga）搁置，并且已在议会中讨论了近两年。现行《矿产法》规定所有的天然矿产属于国家财产，但又赋予公司权利申请矿产勘探许可证和开发许可证，并进行矿产勘探和开发。从砂、砾石中提取矿产商品，以及建造材料采石场的权利按先到先得的原则获得。《矿产法》规定阿富汗矿业与石油部应遵守《采掘业透明度行动计划》的规定。《采掘业透明度行动计划》联合全球的政府、公共和私人公司，以及民间团体，共同提升来自石油、天然气及非燃料矿物等天然资源收益的透明度。2010 年 2 月，阿富汗被认可满足《采掘业透明度行动计划》标准的所有要求。

《矿产法》中未包括固定特许权使用费，但新的矿产条例中将包括该费用。2013 年，几乎所有阿富汗矿业与石油部所发布合同上的固定特许权使用费都得到了投标人的同意。例如，阿联酋的 West Land 一般贸易有限责任公司（West Land General Trading L. L. C.，WLGT）同意支付 26% 的特许权使用费，阿富汗的阿富汗克里斯托自然资源公司（Afghan Krystal Natural Resources Co.）同意支付 20% 的特许权使用费。另外，大理石的特许权使用费为 10%～30%，青金石的特许权使用费为 15%。

（四）投资环境分析

1. 有利因素

阿富汗的投资吸引力不在当前，而在于未来，即安全局势好转后的市场机会。阿富汗多年战乱，一切需要从头开始。同时，从地缘上讲，阿富汗位于西亚、南亚和中亚交汇处，是南北交通要道，在发展过境运输贸易、构建连接东南西北地区的运输通道方面，具有得天独厚的地理区位优势。投资吸引力主要体现在两个方面：一是品种多、储量大的能矿资源开发；二是发展工农业及区域经贸合作的各类互联互通的"通道"项目，如跨境输水、输电、铁路和公路、石油天然气输送管道项目。

2. 不利因素

受 2014 年阿富汗国内大选和美国北约撤军等因素影响，2014—2015 财年阿富汗投资出现较大幅度的下降。根据阿富汗投资促进局统计，2014—2015 财年阿富汗投资总额约 7.58 亿美元，比 2013—2014 财年的 14.68 亿美元下降近一半。新增投资主要来自制造业、运输与仓储业、建筑业和能矿业等。

阿富汗投资环境急剧恶化发生在 2014 年年底美国及北约从阿富汗撤军后，安全堪忧，导致许多重大投资项目驻足不前，外国投资者也基于安全形势不明朗而纷纷离开阿富汗。同时阿富汗国内税务、海关等经济行政部门效率低下，总体投资环境较差。

据世界银行《2015 年营商环境报告》，阿富汗在全球 189 个经济体中营商环境排名第 183 位。联合国发布的 2015 年全球国家幸福指数排行中，阿富汗在 158 个国家和地区中位列第 153 位。

四、印度尼西亚

（一）基础设施情况

印度尼西亚（以下简称印尼）共由 17508 个大小岛屿组成，2015 年总人口达 2.56 亿，根据印尼政府公布的数据，印尼有 300 多个民族。印尼主要工业和超过 80% 的人口都分布在爪哇岛、苏门答腊岛、加里曼丹岛和苏拉威西岛等几大岛上，其他岛屿基本属于未开发地区。印尼是群岛国家，与邻国直接接壤较少，外界互联互通主要通过海路、航空等方式。总体来看，印尼基础设施建设发展相对滞后，是制约印尼经济增长和投资环境改善的一个主要瓶颈。

1. 铁路

印尼铁路所有权为国家所有，由印尼国有资产管理公司经营，目前印尼全国铁路总里程 6458 千米，其中窄轨铁路 5961 千米。

2. 公路

印尼陆路运输比较发达的地区是爪哇、苏门答腊、苏拉威西、巴厘岛等。印尼公路全长 34 万千米（2014 年），但公路质量不高，高速公路建设停滞不前。印尼将把高速公路建设列为重点工程之一，2014—2019 年计划以爪哇岛和苏门答腊岛为主，在全国将建设 2650 千米长的公路及 1000 千米的高速公路。

3. 水运

目前印尼全国水运航道 21579 千米，共有各类港口 670 个，主要港口 25 个；共有河运、海运船只 6600 艘左右。

4. 空运

全国有 179 个航空港，其中达到国际标准的有 23 个。航空公司主要有 Garuda 航空公司、Merpati 航空公司、Lion 航空公司、Sriwijaya 航空公司。民用机场 196 个，其中 29 个国际机场、167 个国内机场。为满足日益增长的航空运输需求，印尼交通运输部计划在 2019 年之前新建 15 个机场。雅加达苏加诺—哈达国际机场为最大机场。

（二）与中国关系及合作现状

目前，中国与印度尼西亚关系提升为全面战略伙伴关系。2013 年 10 月，中国国家主席习近平访问了印度尼西亚，并作了题为《携手建设中国—东盟命

213

运共同体》的重要演讲，习近平主席的演讲全面阐述了中国对印尼和东盟睦邻友好政策，提出了携手建设中国—东盟命运共同体的伟大构想，为双方共同建设"21世纪海上丝绸之路"指明了方向。更重要的是中印尼双方发表了《中印尼全面战略伙伴关系未来规划》，该规划涉及自然资源、能源和矿业等领域，并鼓励中国企业到印尼投资。2014年3月，印尼总统苏西洛签署《2014年第12号总统决定书》，正式废除《1967年第6号通告》，把"支那"（Cina）改称"中华"。2015年10月，由中国铁路总公司牵头的中国企业联合体与印尼国有建设公司（WIKA）牵头的印尼国有企业联合体，在印尼首都雅加达签署了《雅万高铁合资协议》，根据该协议，雅万高铁项目将由中国和印度尼西亚合作建设，线路总长150千米。总之，中国与印度尼西亚的全面战略伙伴关系有利于中国矿业企业到印度尼西亚开展矿产资源的勘查开发和投资工作。

（三）矿业政策及风险分析

能源和矿产资源部是印度尼西亚矿业的政府主管部门，但是印度尼西亚与矿业有关的法律制度并不完善。

近年来，印尼在矿产品出口和矿业投资方面出台和修改了很多法规政策，如2010年发布了《关于矿区的管理规定》《关于煤炭和矿产品经营活动的规定》《关于采矿活动的监管和控制》《关于矿山复垦和闭坑规定》等规定，修改了《禁止类、限制类投资产业目录》等一系列规章制度和政策，取消了价值100万美元以上矿产出口必须使用信用证的规定等。2011年又宣布不再颁发或延长矿业经营许可证、拟禁止出口低等级镍产品（该禁令于2014年1月生效），规定自2011年12月1日起，在印尼的投资者可以申请免税优惠，有意申请免税优惠的投资者，必须把总投资额10%的资金存放在印尼国民银行等。

2012年印尼总统签署《2012年第24号政府条例》，规定外国矿业公司在投产后的5～10年中，必须在6年内将20%的股权出售给当地投资者，在第7年以前必须出售至少30%的股权给当地投资者，第8年必须售出至少37%，第9年为44%，第10年为51%；此前外资可控股权最高可达80%。另外，还颁布了新的《矿业投资及矿产品出口条例》，将矿石出口税逐步上调，所有煤炭和矿业企业最迟在2014年5月6日前完全停止出口原煤和矿石等。

2013年发布了《关于敦促印尼国内矿业加工产业发展的2013年第3号总统令》，要求提高矿业加工有关许可证办理效率，提高矿产品附加值；颁布锡出口交易新规定，所有国内锡出口商在出口之前都应在国内交易所完成交易等。

2014年1月颁发《关于精炼矿产品出口关税规定》，规定对除铜精矿以外的精矿，在2014年征收20%出口税，2015年上半年、下半年分别征收30%和40%的出口税，在2016年上半年、下半年分别征收50%和60%的出口税。对铜精矿2014年征收25%的出口税，2015年上半年、下半年分别征收35%和40%的出口税，2016年上半年、下半年分别征收50%和60%的出口税。

这些政策中，最重要的有两条：一是要求外国矿业公司在投产后的5～10年中，必须将矿业权多数股份出售给本地投资者，外资最高比例为49%，此前外资可控股权最高可达80%；二是限制原矿出口并在关税上做出相应调整。《矿产和煤炭矿业法》规定，2014年1月后在印尼采矿的企业具有就地加工冶炼的义务。2013年12月，印尼国会和能矿部达成最终决定，于2014年1月12日开始实施原矿出口禁令。但为避免对经济造成过大冲击，印尼政府还是做出了妥协，适当延长经过选矿或粗加工的精矿石（包括铜、锰、铅、锌等矿种）的出口终止期至2017年1月后，但仍禁止镍矿和铝土矿出口。

（四）投资环境分析

1. 有利因素

印度尼西亚地理位置重要，控制着关键的海洋交通线，国内人口众多，有着丰富、廉价的劳动力资源，市场化程度高，金融市场较为开放，另外，其政局稳定，自然资源丰富，经济前景较好。印度尼西亚通过利用外资的快速增长，已经成为东盟10国中最具吸引力的投资国之一。

2. 不利因素

印度尼西亚正逐步推行政治与经济改革。但从中长期来看，印度尼西亚政局要彻底摆脱动荡，并建立透明、稳定的民主政治制度还面临不少阻碍。虽然印尼政府采取了许多措施来改善投资环境，但投资信心还是被充斥于各级政府的腐败及严重的法律体系缺陷所削弱。政府进行经济改革的承诺也推进迟缓，并且很不平衡。印度尼西亚的经济目前虽然在持续增长，但增长水平低于创造足够就业及消除贫困的水平；同时，经济增长还主要维系在出口行业上。因此，全球能源及其他主要商品价格的频繁变动对印度尼西亚来说是一个显著的风险因素。虽然目前经济方面没有重要的风险，但经济体制的僵化可能使恐怖袭击、自然灾害、投资者信心的下降及货币的失控等突发事件或潜在因素恶化。

在中国与印度尼西亚双边经贸合作方面，风险主要体现在以下几个方面：中国知识产权在印度尼西亚受损问题较为突出，一些中国知名产品商标在印度尼西亚屡被恶意抢注，导致相关中国企业损失严重，甚至使中国名优产品被迫退出印度尼西亚市场；在印度尼西亚通过司法程序解决商标被抢注问题的代价较高，即使胜诉，执行起来也有难度；印度尼西亚政府机关办事效率与政策透明度不高，司法体系存在腐败现象，外商在投资经营过程中经常要支付许多额外的费用来与印度尼西亚政府打交道，通过司法救济方式化解外商投资经营过程中遇到的风险或者纠纷的可能性较小。

根据目前总体形势判断，印度尼西亚国家投资风险水平较高。根据加拿大弗雷泽研究所全球矿业投资环境调查结果，2014 年在世界 122 个主要国家或地区矿业投资政策潜力评价排序中印度尼西亚得分 15.83 分，排名第 112 位；在矿产潜力评价排序中得分 0.69 分，排名第 35 位。世界经济论坛《2016—2017 年全球竞争力报告》显示，印尼在全球最具竞争力的 138 个国家和地区中排第 41 位。

五、马来西亚

（一）基础设施情况

马来西亚是亚洲基础设施建设最发达的国家之一。

1. 公路

截至 2014 年，马来西亚的公路总长约 20.4 万千米，并包括长达 1132 英里的大道。该国最长的高速公路是南北大道，全长 497 英里，介于泰国边界与新加坡之间。

2. 铁路

马来西亚铁路系统为国营，铁路网贯穿半岛南北，2014 年的前 3 个季度，马来西亚铁路共运载旅客 167.7 万人次，货物 608.4 万吨。马来西亚某些城市有造价相对低廉的高架轻轨系统，如吉隆坡。亚细安铁路快车连接吉隆坡与曼谷，未来打算从新加坡延伸到中国。

3. 空运

马来西亚共有 118 个机场，其中 8 个国际机场，38 个机场铺设硬面跑道。国家航空公司是马来西亚航空，提供国际与国内航班，此外还有两家马来西亚籍的航空公司。

4. 水运

马来西亚内河运输不发达，95%的贸易通过海运完成。马来西亚共有各类船只 1008 艘，其中，100 吨位以上的注册商船 508 艘，注册总吨位 175.5万吨；远洋船只 50 艘。马来西亚共有 19 个港口，其中国际港 7 个。马来西亚大力发展远洋运输和港口建设，主要航运公司为马来西亚国际船务公司，主要港口有巴生、槟城、关丹、新山、古晋和纳闽等。

5. 通信

根据马来西亚能源、通信和多媒体部统计，马来西亚的电信网络在东南亚仅次于新加坡，有 356 万名固网用户，超过 4324 万名手机用户。近年来马来西亚通信行业获得迅猛发展，电子商务得到广泛应用，政府开发了精致的网上支付系统，致力于推广网上银行。电信网络在都市区域相当庞大，但是乡村居民很少有机会受惠。

6. 电力

传统上，马来西亚的能源生产主要依靠石油与天然气。该国目前具有1318.5 亿千瓦时的发电能力。然而，马来西亚的天然气储量静态保障年限为33 年，石油储量静态保障年限为 19 年。为此，马来西亚政府正致力于发展可再生能源，目前的发电量有 16% 来自水力发电，其余 84% 来自火力发电。

另外，马来西亚共有 200 个工业区，全国超过 95% 的人民可享用干净水源。

（二）与中国关系及合作现状

中马两国之间有着悠久的历史往来。早在公元前 2 世纪，中国商人就去马来半岛从事商业活动。1974 年 5 月 31 日，中马两国建交，马来西亚成为东盟中第一个与中国建交的国家。2013 年，两国政府签署《中马经贸合作发展五年规划》，为深化两国经贸合作确定了发展蓝图。当前，马来西亚无论政府还是商界都积极支持 "21 世纪海上丝绸之路" 的建设。2013 年 4 月，南车株机公司投资 4 亿马币在马建设南车马来西亚轨道交通装备制造基地。2015 年5 月 1 日，马来西亚国际贸易及工业部长慕斯达法公布，马来西亚 2014 年的贸易取得 5.9% 增长，中国继续成为马来西亚最大贸易国。2015 年 2 月，首钢马来西亚东钢项目一期一步工程首块钢坯出炉，标志着首钢第一座海外综合钢厂项目跨越了一个新里程。该项目位于马来西亚东部，由首钢国际贸易工程公司与马来西亚协德控股公司、东钢集团有限公司等合作方共同投资建设，首钢国际贸易工程公司拥有首钢马来西亚东钢公司 40% 的股权，项目全部建成后计划年产能可达 300 万吨。马来西亚自然资源与环境部副秘书长默罕默德在 2015 年 9 月出席中国—东盟矿业合作论坛时表示，马来西亚一些地区的矿产还没有得到开采，希望得到中国矿业开采技术的援助，希望加强与中国的合作，开采一些可以出口的铜矿等矿产。

（三）矿业政策及风险分析

在马来西亚联邦宪法中没有明确提到自然资源所有权的归属问题。同时，宪法确认国土委员会对矿业、农业、林业或其他目的的全联邦土地的利用问题负有促进和管理的基本职责。国土委员会制定的《国家土地法》指出，"国土范围地上地下的所有矿产和岩石矿物，除已被处置者外均要置于州政府的管理之下"。目前，在拉布安岛和吉隆坡直辖区联邦土地、沿海大陆架和专属经济区的一切矿产资源所有权归联邦政府所有，其余各州的矿产资源归州政府所有，沙捞越和沙巴州在海域矿产资源所有权方面也享有一定权力。联邦政府和州政府通过有关的条例行使各自管理矿业的职能，并对固体矿产和油气矿产实行不同的管理方式。

1. 矿业相关立法与政策

马来西亚矿业方面有关的立法与政策主要有如下几项。

（1）1974 年《地质调查法》。依据该法，监管地质调查，建立地质档案，提供与其相关的信息资料。

（2）1994 年《第 525 号矿产开发法》。依据该法，监管矿产和矿石的勘探开采及其他相关事项。

（3）2008 年《689 号地质师法》。依据该法建立了地质师协会，为地质师提供注册服务，负责管理地质工作及相关事务。

（4）《2 号国家矿产政策》。该项政策旨在通过矿产资源的有效、可靠、可持续开发和优化使用，提高矿产行业对国家社会经济发展的贡献率。

另外，许多州都有自己的矿产法令，如 Kelantan、Pahang、Sarawak、Perak、NegeriSembilan、Melaka、Kedah、Johor；另外，Terengganu、Perak、Pahang 及 Selangor 也颁布了各州的采石场规定。

2. 矿权管理

马来西亚 1994 年的《矿产开发法》（MDA）和《州矿产法令》（SME）

规定，州政府负责本州矿权的管理，州政府设有矿产资源委员会（SMRC），具体负责矿权的审批。在各州政府都设有一站式的管理中心，中心设在土地和矿山领导办公室（SDLM），负责矿产勘查许可证、勘探许可证和采矿租约及延期申请办理工作。中心拥有关于矿权地的全部信息，包括是否已经审批和目前的执行情况。全部矿权的申请要提交到州矿产资源委员会（SMRC）审批。

马来西亚矿法规定主要有3种矿权：勘查许可证、勘探许可证和采矿租约。

（1）勘查许可证。勘探对象为冲积型矿床，最大面积为25～400公顷，期限为2年，可延期2年，若要更新，须在许可证期满前的6个月之前提出申请。

（2）勘探许可证。勘探对象为原生矿床，最大面积为400～20000公顷，期限为10年，可延期5年，如果要更新，必须在许可证期满前的12个月之前提出申请。任何个人或公司批准的2个或2个以上的勘查许可证或勘探许可证规定的相邻的面积勘查许可证不能超过800公顷；勘探许可证不能超过4万公顷。对勘查或勘探许可证的持有者每年有最低勘探支出的要求。勘查或勘探许可证持有者拥有在许可证规定的土地范围内取得采矿租约的优先权。

（3）采矿租约。初始期限21年，可以延期21年。租约持有者在进行矿产开采前必须先进行矿山的可行性研究，如果有要求的话还要制订土地复垦计划；根据1974年《环境质量法规》，如果有要求的话，还要进行环境影响评估。

3. 矿业环境方面的法律规定

马来西亚矿业开发的环境立法是按照1987年的《环境质量（受禁止的活动）环境影响评估法令》进行的，此法是1974年《第127号法规》（《环境质量法规》）的修正案。矿业是19个被限制的活动之一，法规修正案要求对这些活动进行环境影响评估，如在新开发地区矿业执照申请面积超过250公顷时，需要进行环境影响评估。按照1992年出台的矿业法规，申请采矿租约必须准备一份环境保护规划，必须由州政府会同环境司联合审查通过。这项规定将允许对危害环境者吊销采矿租约。恢复计划将构成采矿租约申请的一部分内容。恢复是指"保持土地安全和美学欣赏状态或达到利于进一步利用和娱乐利用的条件"。虽然所有环境内容必须经过环境主管部门审查，但实际上矿业监督是由矿产与地球科学局按照《矿业条例》负责实施的。对违反的处罚细则是依照《环境质量条例》制定的，包括罚款和刑罚。对于违法行为来说，责令关闭矿山是最有威慑力的处罚方式。

4. 税收制度和其他有关费用

在税收方面，马来西亚对内资和外资企业基本上是同样对待的；特殊行业有特殊的规定。例如，公司税的税率通常是 28%，但石油业的税率是38%。

马来西亚固体矿产开发公司征收的税务主要有以下几项。

（1）所得税。由联邦政府统一征收，目前税率为 28%。对于矿山企业，不允许加速折旧，但勘探开支可在当年扣减。

（2）进口税。是联邦税种，适用于任何与采矿工业有关的进口项目。

（3）出口税。一些资源性商品出口要征收出口税，如原油出口。

（4）权利金。由州政府征收。几乎各州都有自己的征收方案，根据自己的实际情况来确定。

（5）土地租金。由州政府征收，各州之间有所不同。

从事油气开发的石油公司，根据它们与国家石油公司达成的产量分成合同交纳各种税费。马来西亚与澳大利亚、中国、美国、加拿大、日本及东盟五国等 28 个国家签署了双边税收协议；与澳大利亚、德国、美国、中国等 51个国家或国际组织签订了双边投资保障协议。马来西亚是联合国解决投资争端公约的签字国之一，其国内的法律体系也比较公开。过去的一些为数很少的外国投资纠纷案，都通过现行的争端解决机制得到了令人满意的处理。

（四）投资环境分析

1. 有利因素

马来西亚投资环境的竞争优势主要体现在 5 个方面：地理位置优越，位于东南亚核心地带，可成为进入东盟市场和前往中东澳新的桥梁；经济基础稳固，经济增长前景较好；原材料资源丰富；人力资源素质较高，工资成本较低；民族关系融洽，三大种族和谐相处，政治动荡风险低。

世界经济论坛《2016—2017 年全球竞争力报告》显示，马来西亚在全球最具竞争力的 138 个国家和地区中排第 25 位；在亚洲发展经济体中保持最高排名，也在 24 个转型国家中被评为第二大最具竞争力的国家。世界银行《2017 年营商环境报告》显示，马来西亚营商环境在全球 190 个经济体中排名第 23 位，在亚洲仅次于新加坡、韩国、中国台湾和中国香港。

2. 不利因素

相较于东南亚许多国家政权变动频繁、社会动荡、民族宗教问题突出、受恐怖主义严重威胁，马来西亚的政治风险较低，但依然存在，包括逐渐激烈的党派之争、美国对马来西亚的影响、与邻国的领土争端、毒品等社会治安问题，以及内部的排华情绪等。

根据加拿大弗雷泽研究所全球矿业投资环境调查结果，2014 年在世界122 个主要国家或地区矿业投资政策潜力评价排序中马来西亚得分 5.23 分，排名第 120 位；在矿产潜力评价排序中得分 0.2 分，排名第 121 位。

六、泰国

（一）基础设施概况

泰国基础设施较好，铁路、公路、水运、空运都很发达。

1. 公路

泰国公路交通运输业较发达，公路网覆盖全国城乡各地，公路总里程约51537 千米。其中，一级公路 7100 千米，二级公路 10780 千米，府级公路33200 千米，城际公路 280 千米。

2. 铁路

铁路系统相对较落后，铁路网里程约 4430 千米，均为窄轨，覆盖全国47 府；4 条主要铁路干线以曼谷为中心向北部、东部、南部及东北部延伸，北部到清迈，东部到老挝边境，南部到马来西亚国境。目前，从云南昆明连接越南、柬埔寨、泰国、马来西亚和新加坡的铁路大部分路段由现有的铁路连接而成。

3. 空运

航空事业比较发达。全国共有 38 个大小机场，其中国际机场有 7 个，从泰国任何一个地方飞到曼谷仅 1 小时左右。曼谷是东南亚地区重要的航空枢纽，国际航线可直飞亚、欧、美及大洋洲的 30 多个城市，中国香港、北京、上海、广州、昆明、成都、汕头等都有国际航班往返曼谷。

4. 水运

泰国港口分别位于曼谷（KhlongToeiPort/BangkokPort）、东海岸的廉差邦（LaemChabangPort）和马达朴，以及南海岸的宋仁、沙敦、陶公、普吉和拉农等府，年吞吐量超过 450 万标准集装箱。曼谷是最重要的港口，承担全国 95% 的出口和几乎全部进口商品的吞吐。湄公河和湄南河是泰国两大水路运输干线，内陆水道约 4000 千米，重要港口包括清盛港（ChiangSaenPort）、清孔港（ChiangKhongPort）等。

（二）与中国关系及合作现状

1975 年 7 月 1 日，中国与泰国建立外交关系。建交以来，两国高层保持密切交往，互设大使馆。2012 年，中泰两国签订《中华人民共和国政府和泰国政府关于中国在泰国孔敬设立总领事馆的换文》和《中华人民共和国政府与泰王国政府关于铁路发展合作的谅解备忘录》。习近平总书记会见前泰国总理英拉，签署了第二份战略性合作共同行动计划，英拉表示，泰方高度重视发展与中国的全面战略合作伙伴关系，加强传统友谊，扩大贸易、投资、农业、旅游、基础设施建设等领域的合作，将两国关系提高到新的水平。2013 年，李克强总理和泰国前总理英拉的互访进一步深化了两国间的政治互信，双方在各领域的合作取得可喜的成就，中国已成为泰国第一大出口目的地、第二大进口来源国和最大旅游客源国。

（三）矿业法规与政策介绍

泰国固体矿产矿业权管理的法律依据主要是 1967 年的《矿产法》和 1966 年的《矿产权利金税率法》，以及 1992 年的《国家环境保护与促进法》、1977 年的《投资促进法》。1967 年《矿产法》分别在 1973 年、1979 年、1991 年和 2002 年做过部分修改。

泰国的矿业权和地表权两权分离，土地所有者不拥有地下矿产，一切矿产为政府所有。泰国矿业的主管部门是工业部。任何公司或个人在进行矿产勘查和开发活动之前，必须先得到政府颁发的矿权。

泰国主要矿权包括如下几种。

1. 独占勘查许可证（EPL）

独占勘察许可证给持证者在规定区内对指定矿产的勘查有独占性的权力，最大面积为 500 英亩，期限为 1 年，不可延期。该证由工业部部长颁发，不可转让。

2. 特殊勘查许可证（SPL）

申请人在提出的勘查计划需要大量的资金和专门技术时应申请特殊勘查许可证。申请人必须详细说明在许可证有效期内，每年的勘查费用和在这项活动中国家可得到哪些特别的利益。该许可证的最大使用面积为 4000 英亩，有效期为 5 年，不可延期。该证由工业部部长颁发，不可转让。

上述两种勘查许可证在勘查工作进行之前需要得到地表权所有者的许可。

3. 采矿许可证

获得勘查许可证的公司或个人，经勘查发现有经济价值的矿床之后，可以申请采矿许可证。持证人享有在规定地区内开采指定矿产的专属权。一个采矿许可证的最大面积为 120 英亩，有效期最长为 25 年，由工业部部长颁发。申请人必须说明在这项活动中可以给国家提供哪些特别的利益。在矿产勘查与开发活动和管理过程中，环境部门也有相当大的权力。勘查和采矿许可证的持有者在开展工作前还必须得到有关环境部门的许可。因此，从某种意义上讲，工业部并不是决定矿产勘查和开发风险活动实施的最终机构，最终结果往往取决于环境管理机构——科学技术环境部或其他土地森林管理机构。

（四）投资环境分析

1. 有利因素

从投资环境吸引力的角度看，泰国的竞争优势有 6 个方面：社会较稳定，对华友好；经济增长前景良好；市场潜力较大；地理位置优越，地处东南亚地理中心；工资成本低于发达国家；政策透明度较高，贸易自由化程度较高。

世界经济论坛《2014—2015 年全球竞争力报告》显示，泰国在全球最具竞争力的 144 个国家和地区中排第 31 位。据世界银行《2015 年全球营商环境报告》显示，泰国营商便利性世界排名有所改善，排名第 26 位。

2. 不利因素

总体来看，泰国投资环境良好：一是供水、供电条件可基本满足建厂需要；二是交通条件好，产品可通过铁路、公路直达港口。但值得注意的是，泰国矿山开发建设技术力量薄弱，无矿山设计和研究单位。另外，近几年来，泰国政局持续动荡，各派政治斗争较为激烈，对其投资环境带来一定的影响。首先，政局的动荡会影响外国投资者的信心，导致投资者选择观望或停止扩大投资规模；其次，由于政府高层经常变动致使其行政效率较低，投资项目审批程序复杂，周期较长。因此，目前中国企业赴泰开展投资合作必须考虑政治风险因素，不少项目特别是大型投资项目审批周期较长，有的项目历时数年尚无结果，且手续繁杂，前期投入费用较高，投资者须有心理和财力方面的充分准备。

七、老挝

（一）基础设施概况

老挝是内陆国，基础设施比较落后，近年来政府加大对基础设施的投入，贯通南北的 13 号公路保持通畅，中心城市基础设施有所改善。老挝已修建了4 座连接泰国的跨湄公河大桥（万象—廊开、沙湾拿吉省—穆达汉府、甘蒙他曲—那空伯侬府、波乔会晒—泰国清孔）。2015 年 5 月 9 日，老挝、缅甸两国间第一座跨湄公河友谊大桥正式通车。

1. 公路

老挝公路里程 43604 千米，其中，混凝土路 866 千米，柏油路 6496 千米，碎石路 15324 千米，土路 20919 千米。老挝没有高速公路，公路运输占全国运输总量的 79%。昆曼公路的贯通降低了中国与东南亚国家的陆路运输成本，有利于中国与东南亚国家的经贸往来。

2. 铁路

老挝现有铁路 3.5 千米，从首都万象的塔那凉车站通往老泰边境的友谊大桥，由泰国政府投资 1.97 亿泰株修建，于 2008 年 5 月完工，2009 年 3 月正式通车。2015 年年底，中老铁路举行了开工奠基仪式。

3. 空运

老挝有 7 个机场，首都万象机场能起降大飞机。国际航线有万象—昆明、万象—南宁、万象—广州、万象—常州、万象—曼谷、万象—仁川、万象—河内、万象—胡志明市、巴色—暹粒、万象—吉隆坡、万象—新加坡、琅勃拉邦—曼谷、琅勃拉邦—景洪、琅勃拉邦—成都，客运量为 44 万人次 / 年，货运量为 2 万吨 / 年；其他机场包括万象瓦岱机场、勃拉邦机场和巴色机场等。

（二）与中国关系及合作现状

中国和老挝是山水相连的友好邻邦，1961 年 4 月 25 日中国和老挝正式建立外交关系。20 世纪 70 年代末至 80 年代中，双方关系曾出现曲折。1989年中老关系正常化，双边关系得到全面恢复和发展。此后，中老两国领导人保持频繁互访，经贸关系发展顺利。双方先后签署了贸易、投资保护、旅游、汽车运输等经贸合作文件，成立了双边经贸与技术合作委员会。

中国企业于 20 世纪 90 年代开始赴老挝投资办厂，目前是老挝主要投资方之一，投资领域涉及水电、矿产开发等行业。老挝重视矿业发展，欢迎外国的合作投资，截至 2014 年，老挝已经授予外国投资者 200 多个采矿许可证，涉及石油、天然气、褐煤、金矿及宝石的勘查开发。在所有的投资国中，中国投资者持有采矿许可的比例最高，达到 50 个。

（三）矿业法规与政策

1. 税收政策

在老挝投资的外国投资者，应根据老挝有关强制性法规规定，每年向老挝政府缴纳 20% 的利润所得税，其他税收和手续费依照老挝已颁行的税法缴纳；外国投资者进口的用于项目和生产经营上的设备、生产工具和零配件及其他物资，应向老挝政府缴纳占进口物资总额 1% 的进口关税；用于出口加工所需的原材料和半成品免征进口关税，出口产品免征出口关税；进口用于生产进口替代的原材料和半成品享受老挝政府规定的关税减让政策。

特获老挝政府批准、有助于老挝社会经济发展或对老挝社会经济发展起重大作用的大规模投资，老挝政府将给予外国投资者各种优惠条件，免征各种进口设备、生产工具和零配件及其他物资的进口关税，减免利润所得税等。

在老挝投资工作的外国人依据法规规定必须向老挝政府缴纳本人总收入 10% 的个人所得税。

2. 对土地使用权、财产所有权的保护规定

外国投资者在老挝的投资和财产充分受到老挝法律的保护，国家不征用、不占有和收归国家所有。在特殊情况下，根据社会公共利益的需要可以征收，国家将尽快给予相应合理的补偿。

外国投资者有权在老挝租赁土地，有权转让由此而获得的各种权益，有权拥有和转让自己在所租土地上修缮和建设的动产和不动产。土地可以长时间租赁，至少 30 年并可以延期。外国投资者只有在获得老挝外国投资管委会的书面批准后，方可开办企业。

新的投资法取消了原有的项目审批手续费和资料费，并限定审批时限。少于 100 万美元的投资，审批时限为 15 个工作日；大于 100 万美元且低于 500 万美元的投资，审批时限为 45 个工作日；大于 500 万美元且低于 1000 万美元的投资，审批时限为 60 个工作日。

3. 外国投资管理机构

外国投资管理委员会自收到外国投资者呈报申请文件之日起，最迟要在

60 天内予以考虑并做出书面答复。被征询外国投资者意见和各种技术审批的有关部门，自收到上述建议之日起 20 天内做出书面答复。

外国投资管理委员会会同有关部委和各部门，依照老挝法律、投资许可证和经济技术性研究报告，负责对外国投资的实施情况进行监督和检查。有关部委和地方主管部门负责在各自的职权范围内进行管理。

（四）投资环境分析

老挝政治稳定，资源丰富，开发潜力大；供水、供电条件较好，可基本满足建厂需要；但是交通条件较差，影响大规模开发。另外，老挝矿山开发建设技术力量薄弱，无矿山设计和研究单位。

根据世界银行发布的《2017 年营商环境报告》显示，老挝在全球 190 个经济体中排名第 139 位。世界经济论坛《2016—2017 年全球竞争力报告》显示，老挝在全球最具竞争力的 138 个国家和地区中排第 93 位。

八、菲律宾

（一）基础设施情况

菲律宾恰好处于亚洲的中心位置，是唯一能在 4 小时之内抵达本地区主要首都城市的国家。历史上，它一直是地区与全球贸易的中心，甚至在早期西班牙殖民时代，与亚洲邻邦的易货贸易就已经十分活跃。与其他老东盟成员相比，菲律宾的基础设施比较落后，但近年来，菲律宾对基础设施的投入不断加大，前总统阿基诺也将发展基础设施作为一项重要内容纳入了《2011—2016 年菲律宾发展中期规划》。

1. 公路

菲律宾通行里程约 21.6 万千米，国道占 15%，省道占 13%，市镇路占 12%，其余 60% 为乡村土路。菲律宾高速公路总长 500 多千米。菲律宾共有 7440 座桥梁。

2. 铁路

菲律宾铁路总长 1200 千米，主要集中于吕宋岛，其中，可运营的铁路 400 多千米，其余均需要改造升级。

3. 空运

菲律宾共有 288 个机场，其中 8 个为国际机场（重要的国际机场位于马尼拉和宿务）。很多机场设施落后，许多省会机场是土石跑道的简易机场。菲律宾大多数主要航线每天或每周都有多个航班从马尼拉飞往亚洲国家和地区，以及美国、欧洲与中东的主要城市。

4. 水运

菲律宾水运总长 3219 千米，有 414 个主要港口。大多数港口需要扩建和升级，以容纳大吨位轮船和货物。菲律宾的集装箱码头设施完善，能高速有效地处理货运。

（二）与中国关系及合作现状

中国同菲律宾于 1975 年 6 月 9 日建交。建交以来，中菲关系总体发展顺利，各领域合作不断拓展。2012 年 3 月，中国政府特使、农业部副部长牛盾访菲；9 月，菲总统特使、内政部长罗哈斯来华出席中国—东盟博览会；10 月，中国政府特使、外交部副部长傅莹访菲；11 月，菲旅游部长吉米内兹出席上海国际旅游博览会。2013 年 8 月，菲外长德尔罗萨里奥来华参加中国—东盟特别外长会。2014 年 11 月，前总统阿基诺应邀来华出席亚太经合组织（APEC）第二十二次领导人非正式会议期间习近平主席同其简短会面。

2015 年，双边贸易额为 456.50 亿美元，同比增长 2.68%，其中，中国出口 266.73 亿美元，增长 13.63%；中国进口 189.76 亿美元，减少 9.56%。2015 年中国对菲律宾贸易呈现顺差，顺差额为 76.9 亿美元。

截至 2013 年 12 月底，菲律宾累计对中国实际投资额为 30.8 亿美元，直接投资额为 3.8 亿美元。2013 年，中国对菲律宾直接投资额为 4383 万美元，菲律宾对中国投资 6726 万美元。2015 年，中国在菲律宾签订承包工程新签合同 28.11 亿美元，完成营业额 20.42 亿美元。

（三）矿业法律法规

根据菲律宾《矿业法》，承包商在采矿协议下，享有以下投资担保。①投资回收权。投资者有权将投资清算后的全部收益按投资币种以回收日的汇率现金回收。②汇出收益权。投资者有权将投资所得按投资币种以汇出日的汇率汇出。③外贷权。投资者有权按汇出时的汇率折成外币偿付国外贷款本金和利息，以及由融资或技术援助合同产生的外债。④免于没收权。政府不得没收外国投资者和企业的财产，在由于公共用途、国家利益、国防而征用的情况下，外国投资者和企业有权按当日汇价，按投资币种汇出没收财产的等值补偿。⑤免于征用权。政府不得征用外国投资和企业资产，在国家处于战争和紧急状态期间需要征用的，政府将在征用时或战争和紧急状态结束后给予投资者公正补偿。外国投资者和企业有权根据当日汇价，按投资币种汇出征用财产的等值补偿。⑥保密权。在项目期间，政府和环境与自然资源部对任何由承包商按照矿业法和其执行规定提供的保密信息保密。

菲律宾《矿业法》规定的矿业活动一直被列为投资优先计划（IPP）中。根据菲律宾《矿业法》第90条，承包商在采矿协议和 FTAA 下可享有综合投资法（OIC）中规定的各项财政和非财政鼓励政策（勘探许可只享有财政优惠）。按菲律宾《投资法》规定，获得优惠鼓励的矿业企业必须在菲律宾投资署注册。只有菲律宾人或菲律宾企业（菲律宾人股份至少占60%，并由菲律宾人拥有和掌管30年）可以享受优惠，100%出口企业不在此列。但如果企业产品出口达70%以上或是先锋项目（生产在菲律宾没进行过商业化生产的产品或提供未在菲律宾试用过的技术、配方、加工和生产计划）可以享受优惠。

（四）投资环境分析

菲律宾政府希望借助中国经济的快速发展，带动其经济增长，愿意与中国加强在各个领域尤其是经贸领域的合作，在共同开发自然资源方面表现出积极的态度，是中国开发和利用海外矿产资源的一个较为理想的区域。

1. 有利因素

菲律宾最大的优势是拥有数量众多、廉价、受过教育、懂英语的劳动力。菲律宾居民识字率达到94.6%，在亚洲地区名列前茅；加之菲律宾劳动成本大大低于发达国家的水平，因而，吸引了大量西方公司把业务转移到菲律宾。

2. 不利因素

菲律宾社会治安不稳定、基础设施有待改善、法制改革进展缓慢。经济发展急需的各项改革常在国会争论不休；旨在吸引私人资金的公私伙伴关系（PPP）项目进展缓慢；严重滞后的基础设施，特别是电力系统，成为潜在的外国投资者关注的主要问题。

总体来说，菲律宾是一个资源潜力较大的国家，但资源勘查开发的政策环境较差，阻碍了外资进入投资矿产资源的步伐。较低的运输成本和当地华人的关系等是中国企业投资菲律宾的独特优势。世界经济论坛《2016—2017年全球竞争力报告》显示，菲律宾在全球最具竞争力的138个国家和地区中排在第57位。

九、越南

（一）基础设施情况

越南的交通体系较为完整。近年来交通运输业经过重组，提高服务质量，取得了较好的经济效益，但交通运输仍为越南经济发展的薄弱环节。越南铁路网络总里程约 2600 千米，共 7 条干线；公路总长 20 万千米，柏油路、水泥路约占 74%；水路总长 1.77 万千米，国内商船 579 艘，注册在其他国家的国际商船 86 艘，港口 6 个。全国共有大小机场 45 个，直升机场 1 个。越南拥有汽油管道 206 千米、输气管道 955 千米。截至 2013 年 5 月 31 日，越南国家输配电总公司共运行输配电网线路 16591 千米，包括 4841 千米 500 千伏线路、11750 千米 220 千伏线路，较 2008 年 7 月增加了 50%，96 个变电站包括 18 个 500 千伏、75 个 220 千伏变电站，总容量 45696 兆瓦时。

（二）与中国关系及合作现状

进入 21 世纪以来，在"长期稳定、面向未来、睦邻友好、全面合作"十六字方针和"好邻居、好朋友、好同志、好伙伴"四好精神指引下，中越双方政治互信不断增强，各领域友好合作方兴未艾，中越全面战略合作伙伴关系不断得到巩固和加强。

中越均处在经济社会发展的关键时期，双方视对方的发展为自身发展的机遇。2013 年两国关系继续保持发展势头，高层接触频繁。两国领导人就新形势下增进战略互信、推进务实合作、妥善处理分歧深入交换意见并达成广泛共识，为中越关系稳定向好发展注入了新的能量。

近年来，中国与越南经贸合作日益密切，双方在贸易、投资、工程承包等领域的合作都取得全面进展。2015 年双边贸易额为 959.66 亿美元，中国仍是越南第一大贸易伙伴。我国出口越南商品主要为机电产品和工业原材料等，从越南主要进口矿产资源和农产品等。

（三）矿业政策及风险分析

根据越南《矿产法》及其实施细则，以及《外国投资法》及其实施细则规定，越南政府欢迎和鼓励外国组织和个人投资越南矿产开采业，并保护其合法权益，但要求外国组织和个人投资越南采矿业必须按照越南有关政策规定办理投资项目申请报批手续，并获取政府有关部门批准颁发的相关"许可证"后方可开展矿业活动，且按有关规定享受越南对外资企业提供的相关优惠政策。

相关许可证（如矿产考察许可证、矿产勘探许可证、矿产开采许可证等）由越南国家资源环境部（国家地质矿产局）受理审批；矿业公司投资许可证（营业执照）则根据投资项目的种类和投资额的大小由省（市）计划投资厅或国家计划投资部受理，并报省（市）人民委员会或中央政府总理审批。申请上述矿产项目"许可证"需要提交的文件材料包括项目申请书、考察（勘探）方案、国家主管部门批准的勘探结果报告、可行性研究报告、环保标准报告，以及经过公证的外商营业执照或在越外资企业投资许可证副本等。受理机关自接收符合要求的申请材料之日起 60 天内（不含征求有关地方和部门意见的时间）完成审查报批手续。

为了保证矿产资源得到保护、节约及合理有效开发利用，越南对矿产资源开采也征收资源税，其税率规定如下：金属矿产（黄金、稀土除外）的资源税率为 1%～5%（其中，黄金为 2%～6%、稀土为 3%～8%），非金属矿产（宝石、煤炭、石油和天然气除外）的资源税率为 1%～5%（其中，宝石为 3%～8%、煤炭为 1%～3%、石油为 6%～25%、天然气为 0%～10%）。对《投资法》规定的鼓励优惠投资对象的投资项目，从事资源（石油除外）开发的项目，自开发日起三年内减征资源税的 50%；若遇到自然灾害、战争或意外事故，对已报税的开发资源部分受到损失的，则该损失部分可免征资源税。

（四）投资环境分析

1. 有利因素

越南吸收外资的主要优势如下。一是劳动力成本相对较低。根据越南国家统计总局数据，2014 年，越南人均 GDP 约 2028 美元，不到中国人均 GDP 的 1/3，与中国中、西部地区相当。二是地理位置优越，海岸线长达 3260 千米，港口众多，运输便利。三是面向东盟，投资者可利用自贸区优惠政策，将产品销往东盟其他国家。四是对基础设施、配套设施的巨大潜在需求。

2. 不利因素

越南影响外资的不利因素如下。一是近年来宏观经济不稳定，通胀压力大。2014 年年均消费价格指数（CPI）涨幅 4.09%，银行贷款利率高达 12%～16%。二是劳动力素质不高，越南共有约 5400 万名劳动力，但受过良好教育和培训的人员仅占 18.4%。三是配套工业较落后，生产所需机械设备和原材料大部分依赖进口。

尽管越南矿藏比较丰富，大部分矿产资源至今尚待开发，且投资环境比较有利；尽管我国在矿产开采、冶炼、加工方面有较高的技术水平和雄厚的技术力量，中越双方在该领域有着广阔的合作空间，但是在实践中普遍反映合作难度大。例如，按越南《外资法实施细则》规定，矿产勘探、开发和深加工项目属鼓励领域，石油及稀有矿产开采加工项目属限制投资领域，但是在实际操作中却并非如此。对石油和稀有矿产开采实际上不允许中国公司参与；多农铝矿虽向我国开放，其前提是要求中国政府出资修建 316 千米铁路和港口。此外，按商业运作，越方不积极。已探明的矿产资源越南政府已交中央公司或地方管理，外资进入必须以合资或合作经营的方式进行。如采用合资方式，越南方面要价很高，虽无明文规定，实际操作时其要求的股份可能高达 50%。即便已经设立的外资矿产公司，也存在由于申请不到矿山开采权或矿源得不到保障而无法正常生产的情况。

越南的投资环境在宏观上是比较透明有利的，且近几年在吸收外资上也取得了较好的成绩，但是在矿业投资领域仍然存在 "投资规定"与投资事实的差异，所存在的许多矿业投资实际问题仍然需要进一步解决，矿业投资环境有待进一步改善。

根据世界银行《2017 营商环境报告》显示，在报告统计的全球 190 个经济体中，越南营商环境便利度排名第 82 位。世界经济论坛《2016—2017 年全球竞争力报告》显示，越南在全球最具竞争力的 138 个国家和地区中排名第 60 位，竞争力指数 4.31，与哥伦比亚相当。

第四节

其他国家及地区

一、伊朗

（一）基础设施情况

伊朗国土面积约 165 万平方千米，人口约 7780 万，2015 财年伊朗国内生产总值（GDP）约合 3876 亿美元，是地区经济大国，发展潜力巨大。

1. 公路

据伊朗政府公布的数据，2013/14财年，伊朗公路总长7.89万千米（包括11652千米高速公路），其中铺面公路约占2/3。公路是伊朗运输业的骨干力量，绝大部分的人员流动和货物运输均由公路运输完成。2015年6月，伊朗政府表示将在现有2000千米高速公路基础上，将其高速公路总里程扩至10000千米。自2013年以来，伊朗已经建设了700千米高速公路，另外还有400千米在建，道路基础设施领域预计需要30亿美元投资。

2. 铁路

2014/15财年，伊朗铁路总长约10376千米，运送旅客2480万人次，运输货物3490万吨。目前伊朗—土库曼斯坦—哈萨克斯坦的南北通道已经通车；两伊铁路（巴士拉—萨拉姆齐铁路线）已开建；伊朗与阿塞拜疆、俄罗斯正努力加快3国铁路网建设。目前，连结中亚与波斯湾的"哈—土—伊铁路"正式宣布通车。

2014年12月，中国、阿富汗、塔吉克斯坦、哈萨克斯坦、伊朗5国签署协议，将建设连接中国至伊朗的铁路线。该条铁路将从中国喀什出发，通过阿富汗、塔吉克斯坦、哈萨克斯坦，最终与伊朗铁路线连接。

3. 空运

伊朗国内现有319个机场，国际航空港13个（主要在德黑兰、马什哈德、伊斯法罕、设拉子、大不里士、库姆、阿瓦士、阿拉克、阿巴斯港、基什岛和格什姆岛）。2015年7月，伊朗问题达成全面协议后，伊朗民航产业需求旺盛。自从伊核协议达成后，国外航空公司要求与伊朗建立航线的需求也日益增多。目前，伊朗与法国计划从每周只有3个航班增至10个航班；与土耳其计划从每周70个航班增至100个；与俄罗斯计划从每周7个航班增至28个。伊朗政府同时还在计划考虑新开到丹麦、波斯湾国家和其他邻国的航线。但根据伊朗法律，外商投资只能占伊朗航空公司股份的49%，其余51%必须由伊朗合作伙伴占股。

目前从中国前往伊朗的主要航线如下：北京—乌鲁木齐—德黑兰（中国南方航空公司），北京—迪拜—德黑兰（阿联酋航空公司），北京—德黑兰（伊朗航空公司），北京（上海、广州）—德黑兰（伊朗马汉航空公司），北京—多哈—德黑兰（卡塔尔航空公司），北京—伊斯坦布尔—德黑兰（土耳其航空）。

4. 水运

伊朗海港大部分集中在南部波斯湾，如阿巴斯港、霍梅尼港、布什尔港，以及波斯湾外的恰巴哈尔港。里海的安札里港是伊朗北部的主要港口。伊朗是中东的波斯湾地区最大的油轮拥有国，截至 2013 年 3 月，伊朗国家邮轮公司有 44 条大、中、小型油轮，载重量超过 6000 万桶原油。2014 年，伊朗新购了 12 艘液化石油天然气船。伊朗每年投入 50 万亿里亚尔（约合 2 亿美元）用于改善海运基础设施和增加运力。2014 年 6 月，伊朗港口与海事组织宣布，计划将伊朗的年海运能力从目前的 1.85 亿吨提高至 2 亿吨。另外，伊朗的私企已准备投资 6.25 亿美元用于港口工程。目前，伊朗国内有大小港口约 200 个，其中，Emam Khomeini 和 Shahid Rajaee 两大港口吞吐能力占全国的 90%。

5. 通信

目前，伊朗在 266 个城市提供了基于 900MHz 频率的 GSM 移动通信服务。2014 年全国固定电话用户数约 3260 万名，移动电话用户数约 9570 万名，宽带用户数为 500 万名。近年来伊朗电信行业取得了较快的发展，主要体现在移动电话和网络用户迅速增长；但伊朗电信行业基础设施总体比较落后，3G 覆盖率不高，宽带覆盖率低，且资费高。伊朗对互联网内容审查严格，对不符合穆斯林教义的内容（图片、视频）进行屏蔽，无法正常使用微信等社交网络。

6. 电力

伊朗每年通过向邻国输出电力获利约 10 亿美元，每年输出电力约 110 亿千瓦时，而在夏季要引进 39 亿千瓦时的电力。伊朗目前向土库曼斯坦、亚美尼亚、土耳其、阿塞拜疆、巴基斯坦、阿富汗、叙利亚和伊拉克输送电力。2014 年，伊朗全年发电量 2770 亿千瓦时，基本满足工农业生产和民用需求。目前伊朗分布式电站容量为 550 兆瓦时，其中，30 兆瓦时输入国家电网，200 兆瓦时用于本地工业消费。

根据伊朗能源部消息，目前伊朗的电力领域需要多达 500 亿美元的投资，伊朗把发展电力工业作为国家的优先选择。目前，伊朗总发电量达 74000 兆瓦时，每年的电力消费增长约 7%。伊朗政府计划在 2016 年新增 2000 兆瓦时以满足需求，并计划新建天然气、太阳能和风能电力，在 20 年内共计新增 5000 兆瓦时。发电和电力传输将每年增加 7% ～ 8%。伊朗将在未来 5 年增加 33 兆瓦时的发电容量，逐渐废除老旧和低效率发电厂，并将天然气发电厂转变为混合循环发电厂。伊朗计划至 2025 年，将其发电厂的能效从目前的 33% 增加至 45%。

（二）与中国关系及合作现状

中国和伊朗 1971 年建交，1979 年伊朗伊斯兰革命后，中国是第一个承认伊朗伊斯兰共和国的国家。近年来，中伊双边关系保持良好的发展势头，经济领域合作密切。中国近年来一直保持伊朗第一大贸易伙伴国地位，同时也是伊朗最大的石油及非石油产品出口市场。2014 年，中伊双边贸易额创历史最高水平，达到 518.5 亿美元，比 2013 年增长 31.1%；2015 年中伊双边贸易额下降至 338.4 亿美元。工程承包领域是中伊经贸合作的一大亮点。据初步统计，截至 2014 年年底，中国在伊朗跟踪、在建和已完成的承包工程项目共 365 个，总金额 1636 亿美元。其中，已建项目 76 个，总金额 82 亿美元；在建项目 67 个，总金额 232 亿美元；跟踪项目 222 个，总金额 1322 亿美元。投资方面，2014 年中国对伊朗直接投资流量 5.93 亿美元，直接投资存量 34.84 亿美元。

（三）矿业政策及风险

伊朗现行的矿业法是 1998 年颁布的《采矿法案》。2012 年，为抵消由伊朗里亚尔的通货膨胀引起的国产矿产品成本的增加，一些矿业公司和工业、矿山部门同意矿产品在伊朗商品交易所出售，其价格由外国货币汇率决定，而不是取决于官方汇率。此变化导致了伊朗国内的金属产品和石化产品的价格降低了 15%～20%。同年 10 月，伊朗政府实施了一项禁令，禁止约 50 种产品出口，其中包括若干矿产品，以维持国内产品的供应。该禁令影响了矿产品的当地需求和价格。

1. 矿业权设置

伊朗现行矿业法中将矿产资源定义为地球上具有商业可采价值的自然资源（除地热、天然气和石油外，因为地热、天然气和石油的开发利用受到不同法律的制约和管理）。矿业法将地下资源分为四类。

第一类资源：建筑行业中用到的砂石、砾石、石膏、石灰石等，以及海洋贝壳、火山灰、岩盐等。

第二类资源：①金属矿产资源，如铁、金、铬、锡、汞、锌、铜、钛、锑、钼、钴、钨、镉等；②硝酸盐、磷酸盐、硼酸盐、碱盐、硫酸盐、碳酸盐、氯化物（除了第一类中的）及其他类似物质；③云母、石墨、滑石、火黏土、长石、硅质岩和砂、珍珠岩、硅藻土、沸石、铝土矿、红色氧化物、黄土、工业土壤及其他类似物质；④宝玉石类矿产资源，如钻石、祖母绿、红宝石、翡翠、绿松石、各类玛瑙及其他类似物质；⑤各种煤、页岩、沥青和天然沥青岩；

⑥大陆架矿物物质。

第三类资源：碳氢化合物、硫化氢及盐。

第四类资源：放射性矿物资源，如铀。

伊朗现行矿业法中规定，矿产资源开采和勘探活动可由有资格的自然人和法人承担，必须由工矿贸易部提供许可证。按照矿业法规定，在上游勘探领域，伊朗工矿部向申请矿产勘探的合格外资企业发放勘探许可证。勘探发现矿源并经检查确认后，工矿部向勘探许可证持有人颁发标明矿源详细情况的"发现证书"。发现证书持有人具有法定的优先采矿权，并可在发证一年后将证书转让给第三人。若勘探没有发现矿源，勘探许可证持有人也无法获得任何赔偿或补偿。在下游采矿领域，外资仅允许以与伊朗企业合资的形式进入，且外资占股比例不允许超过49%。实践中，大型矿山开采多采取"回购合同"（Buy-Back）的方式，以产出的矿石分批优先折抵外商投资及利润。在下游加工、冶炼、运输、销售领域，外资可以独资或合资合作的方式进入伊朗。在出口环节，必须取得由伊朗工矿部统一发放的矿产品出口许可证。目前，伊朗工矿部、海关、商检等多部门对原矿出口采取了一些限制措施，鼓励外资在伊朗境内开展矿产加工和冶炼，以提高产品附加值并带动国内就业。

此外，根据《伊朗"五五"计划执行法》第104、134款规定，在伊朗新建化工厂、炼油厂，以及发电能力超过100万千瓦时的发电厂、年产30万吨以上的矿山及年产10万吨以上的轧钢厂在可行性研究阶段需要经过环保测试。上述任何项目如果距离城市过近，无论规模如何，必须经过环保测试。开发地上或地下水资源，建立城市、工业、畜牧业、服务业供水系统必须获得许可证；设立需要排放大量污水的企业必须得到政府的许可。违反以上条款的行为将得到相应处罚。同时，伊朗鼓励加强矿区环保。2011年2月，伊朗议会修改《矿山法》，对开发新技术、保护矿区环境的业主，减免征收其矿产品国家收入部分中20%的金额。

2. 矿业税收

伊朗国外投资者与当地公司和自然人一样同等纳税。目前，伊朗企业营业利润所得税征收的基本税率是25%，增值税征收的基本税率是9%。企业除需要缴纳5%的公司税和0.2%的培训费外，合同金额的10%左右属法定扣减税范围，税率为12%～54%，属累计制，税收较高。伊朗主要税赋和税率的基本情况如下。

（1）工资所得税：某自然人受雇于其他人（自然人或法人），就他们在伊朗的职业提供服务，从而根据工作时间或工作量以现金或非现金方式得到的收入应缴纳工资所得税。伊朗税法规定，职工的工资收入应纳税额应是扣除免税部分（4200万里亚尔）后收入的10%，超出部分按以下税率纳税：

＊ 应税收入为3000万里亚尔以下，税率为15%。

＊ 应税收入为3000万～1亿里亚尔，税率为20%。

＊ 应税收入为1亿～2.5亿里亚尔，税率为25%。

＊ 应税收入为2.5亿～10亿里亚尔，税率为30%。

＊ 应税收入为10亿里亚尔以上，税率为35%。

（2）营业所得税：每个自然人通过从事某项经营或以税法未提到的其他方式在伊朗获得的收入，在减掉本法规定的免税款额之后应缴纳营业所得税。纳税人的营业收入扣除免税额后按以下交税：

＊ 应税收入为3000万里亚尔以下，税率为15%。

＊ 应税收入为3000万～1亿里亚尔，税率为20%。

＊ 应税收入为1亿～2.5亿里亚尔，税率为25%。

＊ 应税收入为2.5亿～10亿里亚尔，税率为30%。

＊ 应税收入为10亿里亚尔以上，税率为35%。

（3）法人所得税：公司的收入和法人通过其在伊朗境内外其他盈利性业务活动所获得的收入总额，在扣除了经营中的亏损、非免税亏损和直接税法规定的免税款额之后，分别依照25%纳税。对于在伊朗签订的任何有关建设承包、技术项目、制造安装项目、运输项目、建筑规划项目、测量、绘图、技术监理与核算、技术援助和培训、技术转让和其他方面的服务合同，按总收入的12%纳税。外国航运和海运公司在伊朗的货运和客运收入税率定为其全部收入的5%，无论此收入是从伊朗还是从目的地或途中所得。

（4）其他税费：公司优先股和有价文件（证券）在股票交易所的每笔交易，将按股票销售价0.5%的税率纳税，对股票交易人不再征收其他所得税。公司优先股或股东股的每笔交易，将按优先股名义价4%的税率纳税，对股票交易人不再征收其他所得税。优先股交易者应向税务组织缴纳交易税。公证处在更改或整理交易文件时应取得纳税凭证作为公证文件的附件。对于交易所接受的股票上市公司，用于股票交易的储备金纳税率为0.5%，但不再征收其他所得税，公司应在注册资本增加之日起30天内将税款汇入税务组织指定账户。法庭辩护律师和在专门诉讼案中担任律师的人，有责任在委托书中限定律师酬金，并在委托书上贴相当于其 5% 的印花税票。

（四）投资环境

1. 有利因素

伊朗地理位置优越，法律法规较为健全，政局较为稳定，矿产资源丰富，开发潜力较大。在对外贸易、吸引外资、大型工程对外合作方面，伊朗不存在对中资企业的歧视性政策法规或差别性待遇。就经济结构而言，伊朗与中国互补性强，未来合作空间和潜力很大。伊朗可以长期稳定地向中国供应石油、天然气等能源产品，以及矿石、石化产品等大宗商品。中国制造的机械设备、轻工产品及日用消费品等商品也可以满足伊朗的需要。伊朗希望继续深化与中国在能源、交通、通信、石化、冶金、机械制造等各领域的经贸合作。

以现任总统鲁哈尼为首的务实改革派于 2013 年掌握政权，积极致力于摆脱经济滞涨困境，建设 "抵抗型" 经济，推动私有化改革，促进外国投资，控制通货膨胀，实现正常的对外经济交往。2014 年，伊朗政局较为稳定，经济增速从负数变为正增长，社会经济各方面均呈现复苏景象。基于国家利益的现实需要，伊朗政府调整与加强对外关系，逐步推行经济开放政策，大力吸引外资和引进国外先进技术设备，扩大对外贸易往来和经济合作，重建与发展本国油气工业和其他经济部门，致力于国民经济的恢复和振兴。近期，伊朗以开放促发展、以发展促开放的政策措施取得了一定的效果，前景可期。

2. 不利因素

在伊朗进行商业活动排在前 5 位的障碍分别是融资困难、政策不稳定、通胀严重、政府效率低下及基础设施差。

在世界银行《2017 年全球经商环境报告》排名中，伊朗也仅位列 190 个经济体中的第 120 位。

二、土耳其

（一）基础设施情况

1. 公路

土耳其公路总长达 38.58 万千米，其中国家级高速公路长达 3.52 万千米。目前，95% 的乘客和 90% 的货物都是通过公路来运输的。土耳其政府计划在 2023 年前建成 3.65 米双线车道、7500 千米高速公路和 7 万千米沥青公路；

2019年在博斯普鲁斯海峡建成海底隧道和第三座大桥，在达达尼尔海峡架设一座大桥。

2. 铁路

土耳其铁路总长为12008千米，年运输旅客4644万人次、货物2660万吨。目前土耳其90%的铁路线路属于单行线，73%的铁路属于非电力和无信号线。其中，30%的铁路服务期超过27年，且处于闲置状态，维护和更新严重不足。土耳其目前旅客运输的2%和货物运输的4%是通过铁路进行的。位于博斯普鲁斯海峡口的马尔马拉海底铁路隧道于2014年10月29日通车，该隧道把欧、亚两洲的铁路连接起来。

土耳其政府计划投资450亿美元，到2023年，在全国境内修建1万千米高速铁路，增修4000千米普通铁路，修建8000千米电气化信号铁路，每年改造500千米铁路，铁路总长25940千米。同时，将铁路进一步私有化，将火车站改造并入高速列车车站，推动土耳其与高加索、中东和北非的铁路项目，并将铁路连接到全国主要港口。

3. 空运

土耳其现有52个民用机场，其中21个向国际航班开放。土耳其航空公司是欧洲发展最快的航空公司之一，其运输量和运输能力增长在欧洲都名列前茅，其航班目的地多达257个，位居全球各航空公司之首。2013年，土耳其航空旅客数量高达1.5亿人次，其中国际旅客7328万人次；航运货物260万吨，其中国际货物185万吨。

4. 水运

土耳其三面环海，即黑海、爱琴海和地中海，还有达达尼尔海峡和博斯普鲁斯海峡，海岸线长达8333千米，这使其海上运输颇具竞争优势。土耳其重要的港口包括阿姆巴利港（Ambarli）、梅尔辛港（Mersin）、阿利亚加港（Aliaga）、蒂利斯基里西港（Diliskelesi）、埃雷利港（Eregli）、伊兹密尔港（Izmir）、伊兹米特港（Izmit）和亚勒姆贾港（Yarimca）。其中，阿姆巴利港（Ambarli）和梅尔辛港（Mersin）的年吞吐量为212.16万标准集装箱和112.69万标准集装箱（TEU）。

目前，土耳其政府计划在爱琴海、地中海、马尔马拉海和黑海建设转运港，到2019年建成至少一个世界十大港口，提供3200万标准集装箱的运输处理能力，5亿吨固体和3.5亿吨液体的处理能力。

（二）与中国关系及合作现状

中国与土耳其自 1971 年 8 月建交以来，双边关系发展顺利。2012 年、2013 年中国和土耳其先后在对方国家举办文化年活动。据土耳其统计局统计，2014 年中土双边贸易额为 277.4 亿美元，较 2013 年下降了 2.1%。其中，土耳其对中国出口 28.6 亿美元，占土耳其出口总额的 1.8%；土耳其自中国进口 248.8 亿美元，占土耳其进口总额的 10.3%。土耳其逆差 220.2 亿美元，增长 4.4%。中国为土耳其第十九大出口市场和第二大进口来源地。矿产品一直是土耳其对中国出口的最主要产品，2014 年出口额为 18.0 亿美元，占土耳其对中国出口总额的 62.9%；化工产品为土耳其对中国出口的第二大类产品，在出口中的比重为 11.3%；纺织品及原料为土耳其对中国出口的第三大类产品，在对中国出口中的比重达到 8.6%，出口金额 2.6 亿美元。土耳其自中国进口的主要商品为机电产品、纺织品和贱金属及制品，2014 年合计进口 165.5 亿美元，占土耳其自中国进口总额的 66.5%，其中机电产品约占土耳其自中国进口产品的一半。除上述产品外，化工产品、家具玩具制品等也为土耳其自中国进口的主要大类商品（HS 类），在进口中的比重均超过 6%。目前，中土双边贸易呈现持续下降态势，在对中国出口大幅下降而自中国进口仍保持微弱增长的情况下，土耳其对中国贸易赤字进一步扩大。

土耳其是与中国共建"丝绸之路经济带"和"21 世纪海上丝绸之路"的重要合作伙伴。土耳其政府设定了 2023 年跻身全球前十大经济体的发展目标。更加繁荣的土耳其将为全球投资者提供出色的平台。土耳其与中国发展阶段接近，技术水平相似，商业文化相通，将在多个领域为中国投资者提供宝贵投资机遇，是中国企业"走出去"的理想目的地。

（三）矿业政策及风险

1. 矿业立法

土耳其的矿产资源勘查和开采活动受到 1985 年 6 月 15 日颁布的《第 3213 号矿产资源法》的制约。土耳其政府分别于 2004 年和 2010 年颁布了《第 5177 号矿产资源法》和《第 5995 号矿产资源法》，对 1985 年颁布的《第 3213 号矿产资源法》进行了修订。《矿产资源法》的实施与管理（针对开采法规）于 2010 年 11 月 6 日正式生效；矿业权市场准入制度，以及与《矿产资源法》实施相关的管理制度于 2005 年 6 月 21 日生效。土耳其《宪法》第 165 条规定，自然资源（如矿产）属于国家所有。在某块土地上发现的一切矿产资源（沙子和砾石除外）均为国家所有，不属于该土地的所有者。政府给个人或法人实体发放具有一定期限的矿产资源勘查许可证和采矿许可证，许可证期限的长短因具体的矿产资源而异。土耳其《矿产资源法》第 6 条规定，采矿权只授予土耳其公民和土耳其法人实体。而在 2003 年 6 月土耳其政府出台了《外国直接投资法》（第 4875 号法律文件），允许外商在土耳其建立公司，只要符合《矿产资源法》的规定内容，便可持有矿产资源采矿权且与土耳其本国企业享受同等权益。

　　土耳其政府于 2010 年对《矿产资源法》进行了修订，对管辖环境许可证及勘查许可证的法律框架进行了重大修改。修订后的法律，一方面简化了环境许可证申请和审批的流程；另一方面对采矿作业区域施加了一些限制条件，以对森林和野生动物栖息地加以保护，并严格控制无证开采活动。修订后的法律对许可证持有人施加了具体的限制条件，包括设立投资资金来体现持证人的财务承诺，强制要求持证人必须在指定的时间范围内在指定的勘查区域内取得相应矿物资源勘查工作的稳步进展。因此，如果一旦许可证持有人没有在规定期限内做到以上两点，则政府有权吊销其许可证。

　　土耳其政府于 2013 年 6 月颁布了《第 6491 号土耳其石油法》，取代了沿用 60 年的《石油法（第 6326 号）》。新颁布的法律规定，石油和天然气的上游产业由石油事务总局（PIGM）进行管理，下游产业由能源市场监管局（Enerji Piyasasi Duzenleme Kurumu）进行管理。2013 年新颁布的《土耳其石油法》解除了禁止外国公司在土耳其国内从事石油开采活动的禁令，也取消了单个公司在某一石油区内申请许可证数量的限制。土耳其国有石油和天然气公司（Turkiye Petrolleri Anonim Ortakligi，TPAO）不再享有获得矿物资源勘查许可证的法定权利。石油开采许可证的持有人可以参与市场的交易活动，并且可以将生产的产品对外出口。

　　天然气的配送、出口、进口和传输主要受到 2001 年颁布的《第 4646 号天然气市场法》的监管和制约。土耳其政府于 2005 年颁布了《第 5367 号天然气市场法》，对该法律进行了修订。土耳其国内生产的和进口的液化石油天然气（LPG）主要受到 2005 年颁布的《第 5307 号天然气市场法》的监管和制约。2013 年第四季度，土耳其国会开始考虑一项新的法案，以改革土耳其国内的天然气行业。拟议的法案将国有垄断企业土耳其石油管道公司（Boru Hatlariile Petrol Tasima A.S.）分离成 3 个新的法律实体，分别为气体传输经营集团、液化天然气（LNG）交易集团及存储设备运营集团。原先的天然气出口权和进口权将移交给私人实体。

2. 矿业权设置

土耳其《矿产资源法》中将矿产资源定义为地球上具有商业可采价值的自然资源（除地热、天然气和石油外）。地热、天然气和石油的开发利用受到不同法律的制约和管理。《矿产资源法》将地下资源分为如下六类。

第一类资源：①建筑施工和道路施工中用到的沙子、砾石；②水泥行业和陶瓷行业中用到的砖、瓦、黏土、水泥黏土、泥灰岩、火山灰石。

第二类资源：①从砂石、石屑、安山岩、玄武岩、方解石、白云石、花岗石和石灰石中制得的碎石；②用作装饰材料的安山岩、玄武岩、花岗岩、大理石、石块，同时也包括石灰华。

第三类资源：二氧化碳、硫化氢及盐。

第四类资源：①工业中用到的矿物原料，如括硼、钙、锂、钠；②能源矿物资源，如无烟煤、褐煤；③还包括一些贵金属，如铜、金、铁、银。

第五类资源：贵金属和宝石，如钻石和蓝宝石。

第六类资源：放射性矿物资源，如铀。

企业可获得与矿产资源开采和勘查活动相关的三类许可证。

第一类为勘查许可证。获得该证后，企业可在某块地区进行矿产勘查活动，期限为3年，可申请延长2年。企业在获得勘查许可证后可对上文中第二类资源的②类资源、第三类资源、第四类资源及第五类资源进行勘查。然而在进行第五类资源的勘查时，企业必须还具备相应的勘查资质。企业无须获得矿产资源勘查许可证即可对第一类资源中的①类和②类资源及第二类资源中的①类资源进行勘查。

第二类为开采许可证。获得该证后，企业拥有了在某块地区的采矿权。一般情况下，开采许可证只颁发给那些已获得勘查许可证的企业，并且相应的勘查许可证还必须在有效期内。开采第一类资源中①类资源的矿井的开采许可证有效期为5年，其他类别资源有效期为10年。开采许可证可以延期，但通常总期限不能超过60年，只有在部长委员会批准的情况下期限可以超过60年。

第三类为经营执照。获得该证后，企业拥有了在某块地区的矿山经营权，其有效期与开采许可证的期限一致，在一个开采许可证的规定范围内不同矿产开发需要有不同的经营执照。

3. 矿业权申请及审批

土耳其能源和自然资源部（T.C. Enerji ve Tabii Kaynaklar Bakanligi，ETKB）下属的矿业事务总局（Maden Isleri Genel Mudurlugu，MIGEM）是土耳其国内主要的矿产资源监督管理机构。MIGEM（矿业事务总局）具有勘查许可证和开采许可证的颁发权。土耳其政府于 2010 年对《矿产资源法》进行了修订，进一步授予该机构采矿活动中止权，使其有权中止某些区域的矿物资源开采活动，如商业敏感区域、环境敏感区域。土耳其环境和森林部（The T.C. Cevre ve Orman Bakanligi）于 1983 年颁布了《第 2872 号环保法》，有关环境影响评价条例的相关管理规定于 2008 年 6 月 17 日正式生效。投资单位在进行相关的采矿活动前必须进行环境影响评估（EIA），并向相关机构提交一份符合《环保法》相关规定的环境影响评估报告。

2012 年 6 月，土耳其政府发行的《2012/15 号行政公函》规定：所有涉及国有土地的交易，包括采矿和采石业的交易，均须由总理裁决；企业或个人提出的勘查许可证、开采许可证和经营执照的转让申请均由土耳其矿业事务总局（MIGEM）提交给总理办公室，由总理本人进行最终审批。

4. 矿业税费

土耳其的企业税收制度在经合组织（OECD）国家中具有较强的竞争力。土耳其实行属地税法与属人税法相结合的税收体系。外国投资者与土耳其当地公司和自然人一样同等纳税。土耳其外资企业税收体系如表 6-2 所示，在土耳其，企业营业利润所得税征收的基本税率是 20%。

常驻公司特定款项预扣税率如下：①股息税率为 15%；②常驻公司国库券和债券利息收入的税率为 10%；③常驻公司其他债券利息收入的税率为 10%；④银行存款税率为 15%；⑤银行入股的股利税率为 15%；⑥回购协议税率为 15%。

矿业公司除要缴纳上述税收外，还要以产值为基数向政府缴纳权利金。权利金的费率依据矿种不同而有所差别，第①类和第⑤类矿产的费率为 4%，其他矿产为 2%。

土耳其无外汇管制，居民可以自由持有外币，从银行、授权组织、邮政局和贵重金属经纪机构自由购买外汇，在银行外汇账户上持有外汇，自由使用外币现钞，在土耳其和国外银行进行外汇存款。土耳其居民在土耳其与外国人发生交易时可以直接从非土耳其居民手中接受外汇支付。土耳其居民和非土耳其居民可通过银行将5万美元以下外汇一次性自由转移出土耳其，银行应从转账之日起30天内将外汇转出国外（包括从外汇储蓄账户进行的转账）通报给国家指定的机构。

土耳其有比较发达的证券市场。1985年挂牌成立的伊斯坦布尔证券交易所是目前世界上较大的证券交易所之一，共有上市公司300多家，年交易总额超过15000亿美元。该交易所的运作机制和结构完全符合欧盟标准，使用了世界上最先进的技术装备，为外国投资者提供一个完全自由的环境，信息共享透明，是世界上提供最便宜服务的证券市场之一。土耳其证券市场上的投资大部分为外国投资，外国基金进入土耳其投资股市免收增值税和所得税。

（四）投资环境

土耳其政治经济条件稳定，基础设施建设水平较高，法律金融体系较完善；另外，地质工作程度较高，投资风险较小。世界经济论坛《2016—2017年全球竞争力报告》显示，土耳其在全球最具竞争力的138个国家中排第55位。

表6-2 土耳其外资企业税收体系

税 目	征税性质
企业所得税	土耳其的居民企业应当按其来源于全球收入缴纳企业所得税，企业所得税有效税率为20%。此外，来源于投资的收益可享受较低税率的优惠待遇； 非居民企业就其在土耳其获得的专业服务费，来源于土耳其的商业、农业、工业企业的利润，土耳其的不动产、所有权和动产产生的租金，土耳其的证券收入及其他收入和利润缴纳企业所得税
预提所得税	股息红利税率为15%；利息主要税率为10%（根据不同的收入来源可能适用不同的税率或免税待遇）；特许权使用费税率为20%；分支机构利润汇回税率为15%
增值税	纳税义务人在土耳其商业、工业、农业或独立领域从事销售货物或提供劳务，接受或受益于其他负有纳税义务的个人服务，以及进口货物和劳务需要缴纳增值税，标准税率为18%，低税率为1%和8%
个人所得税	应纳税所得额不超过11000里拉，税率为15%；应纳税所得额为11000～27000里拉，税率为20%；应纳税所得额为27000～97000里拉，税率为27%；应纳税所得额超过97000里拉，税率为35%

第五节

投资环境评价

加拿大 Fraser 研究所 2015 年对全球 112 个国家和地区的矿业投资环境评价结果显示，"一带一路"沿线国家中除泰国排名第 50 位之外，其他国家均在 60 名开外，俄罗斯和蒙古两个国家甚至排到了 100 名左右。总体而言，"一带一路"沿线国家矿业投资环境整体较差，有较大的提升空间。鉴于矿业在"一带一路"沿线国家经济发展中的重要性，在前几年全球矿产品价格快速上涨的背景下，沿线许多国家为了吸引更多的矿业投资，纷纷调整其国内的矿业政策，以进一步扩大开放，规范矿业发展，如表 6-3 所示。

表 6-3 "一带一路"沿线各区域主要国家矿产资源政策调整情况

区 域	国 家	政 策
中亚	哈萨克斯坦	2003 年颁布了新的《投资法》，规定了政府对内、外商投资的管理程序和鼓励办法
	吉尔吉斯斯坦	2003 年颁布《吉尔吉斯斯坦共和国投资法》，规定外国投资者享有国民待遇，提出了永远保护投资者，保证不歧视外国投资者、不没收外国投资
	塔吉克斯坦	实行对外开放战略，建立了自由经济区，对外商投资给予关税优惠和免税，外国投资人可长期租赁塔吉克斯坦土地，投资矿山开采业的外国投资者可享受长租赁期的优惠等
东南亚	菲律宾	2003 年 1 月提出改革政府矿业发展战略，将以往的矿业自由发展转变为政府积极促进。为吸引矿业投资采取了一系列的措施：①环境与自然资源部编制矿业复兴计划；②将矿业确定为优先发展领域；③简化矿业权审批程序；④成立了矿业投资援助中心；⑤向市场开放更多的矿地等
	印度尼西亚	2008 年 12 月 16 日，印度尼西亚议会通过了新的煤炭和矿业法，促进矿业发展；同时也规定 2014 年 7 月后任何金属采矿企业将不允许出口金属矿石，生产的矿石必须在本地区加工
	老挝	2005 年年底，老挝颁布施行《矿产投资标准条例》，吸引外资投资矿业
南亚	印度	2000 年后，印度政府对外资采取了积极吸引的态度，并出台一系列关于矿业对外进一步放开的政策；但私有化进程较慢，绝大部分矿山企业仍然控制在政府手中，地方政府与中央政府在对待外资的态度上有较大差异，存在地方保护主义现象
	巴基斯坦	近几年，巴基斯坦出台了矿权保障及对勘查的鼓励措施，并在已有政策基础上不断进行修订和补充
	阿富汗	2009 年，阿富汗矿业和石油部对矿业法进行了大幅度修订，但不利于国外矿业投资者，矿业投资存在的不稳定因素大增
北亚	俄罗斯	《俄罗斯联邦矿产资源法》不断进行修订，投资环境不断优化，但是仍限制外资进入含有战略矿产的矿业项目
	蒙古	矿业相关法律修改频繁，民族主义倾向严重，不确定因素较大

整体而言，俄罗斯和蒙古两个国家矿业法律及矿业投资政策调整比较频繁；中亚国家投资政策连续性较差，领导人更迭后往往会调整矿业政策；东南亚国家土著居民、社区关系等因素影响较大；南亚及西亚国家矿业投资比较封闭、社会局势不稳定，有较大的政治风险。

从表6-3可以看出，中亚国家吸引外来矿业投资的行动最为积极，其中哈萨克斯坦、吉尔吉斯斯坦均于2003年颁布和修改了《投资法》，为外来企业提供更好的法律保障；东南亚地区的国家也在积极改善投资环境，重点聚焦在加大对矿业产业链下游企业的投资上；北亚地区国家的矿业法修改相对频繁，但投资环境总体向好，程序逐渐规范（唐金荣等，2015）。

本章小结

从本章的分析可以看出，"一带一路"沿线国家矿业投资环境总体欠佳。相对来说，中亚五国的投资环境较好，叙利亚等中东国家和巴基斯坦等南亚国家由于政局动荡和战乱频繁，是"一带一路"沿线国家中投资环境最差的区域。虽然近年来许多国家调整了其国内的矿业政策来吸引更多的矿业投资，使投资环境整体向好，但是中资企业在对沿线国家进行矿业投资之前仍需要三思而后行。

第三篇

"一带一路"资源产业合作

第七章
资源产业合作基础及现状

07 Chapter

中资企业的海外矿业投资经过多年发展，在"一带一路"沿线国家具备了一定的规模，在各国家呈现出不同的特点，但也出现了不少问题。本章阐明了我国与"一带一路"沿线国家在矿产资源领域合作的基础和现状，通过热点国家的总体进展分析和具体案例分析，可以把握该地区投资的特点、学习先行企业的经验教训，为其他中国企业提供启迪。

第一节

中国与"一带一路"沿线国家产业合作基础

一、中国对矿产资源的需求巨大

中国与"一带一路"沿线国家能源资源互补性强，我国急需的部分矿产资源可以通过"一带一路"合作共建得到满足。

中国是世界上最大的矿产资源消费国和进口国，石油、铀、铁、铬、铜、铝、镍、铂族金属、钾盐等重要矿产的对外依存度均超过 50%。未来 10 年我国仍将是第一大能源资源消费大国，预计到 2030 年，我国能源需求总量将超过40 亿吨油当量，石油需求量将达到 7 亿吨左右，天然气需求量将超过 7000亿立方米，钢需求量将在 6 亿吨左右，铜需求量将达到 1300 万吨左右，原铝需求量将达到 2300 万吨左右，铂族、稀土、铌、钽、锂、铍、晶质石墨等新兴战略性矿产需求将快速增长（自然资源部，2015）。"一带一路"沿线国家矿产资源丰富，尤其是石油、天然气、铜、金、镍等，与中国形成明显互补，如表 7-1 所示，矿产资源潜力亟待进一步发掘，中国急需的多数矿产资源基本可以通过"一带一路"互赢合作共建得以满足。

表 7-1 重要金属矿产的进口量及主要进口国

矿 种	进口量（全球）	主要进口国家（"一带一路"沿线）
铁	93269 万吨（2014 年）	伊朗、乌克兰、印度
铬	938.7 万吨（2014 年）	土耳其、伊朗、巴基斯坦、阿尔巴尼亚、阿曼、哈萨克斯坦、菲律宾和印度
铜	481 万吨（2015 年）	印度、土耳其、蒙古
铅	90.6 万吨（2014 年）	俄罗斯
锌	79.4 万吨（2014 年）	印度、哈萨克斯坦
铝	530.61 万吨（2014 年）	俄罗斯、印度尼西亚
镍	3527.5 万吨（2015 年）	印度尼西亚、菲律宾

数据来源：《世界矿产资源年评》，2015。

二、中国富余优质产能亟待输出

经过几十年的开放和发展，中国工业化水平逐步提高，在国际分工中的地位也有了实质性的提升，工业体系逐渐完备，部分产业的国际比较优势突出，但产能过剩及产业转型升级的艰巨任务随之而来；"一带一路"沿线国家能源资源丰富、市场潜力巨大，有着搭乘中国快车、谋求自身发展的强烈意愿。如此一来，在两者强烈且不同的工业诉求引导下，产能合作成为"双赢"的最佳途径。

以钢铁产能为例，除中国之外，"一带一路"沿线国家钢铁产量仅为 3 亿吨，原铝产量仅为 1190 万吨，铜产量仅为 353 万吨。预计到 2030 年，除中国之外，"一带一路"沿线国家的钢铁供应缺口为 5.4 亿吨、铝缺口为 1475 万吨、铜缺口为852万吨；中国钢铁优质产能富余4.7亿吨（中华人民共和国商务部，2015）。中国是传统的矿业大国，具有明显的技术和人才优势，且已步入工业化的中后期，钢铁、铝、铜等矿业加工冶炼产能优质富足，而沿线国家的加工冶炼水平相对落后，产能合作的巨大空间显而易见。

中国本身的工业化优势，以及对64个"一带一路"沿线国家出口范围的局限性、进口商品的特定性，从侧面反映出中国参与"一带一路"产能合作的潜力和目的——进一步开拓国际市场，构建对外开放新格局，让能够充分展示中国创造实力的优势产业"走出去"。

第二节

中国企业投资现状

总体来说，2015年中国企业在"一带一路"沿线国家的矿产资源投资有以下特点。

一、矿产资源投资增长迅猛

中国企业的海外投资近年来迅猛增长，据商务部的最新数据，2014年，中国对外直接投资流量为1231.2亿美元，其中，193.3亿美元直接投资于采矿行业，占比15.7%。根据《中资海外矿产能源投资手册》（孙铁民等，2016）的统计，2014年中国完成投资项目51宗，完成投资金额183.28亿美元；2015年共计宣布和完成中资海外能源投资项目112宗，宣布和完成总金额241.02亿美元。其中，投资额在1亿美元以上的项目有34宗，宣布的项目为目前还在进行的投资或并购项目。2015年全部中资海外矿产资源投资在"一带一路"沿线国家的22宗项目信息如表7-2所示。

二、投资矿种以有色金属为主，投资额度以黑色金属最多

由表7-2可知，中资企业海外矿产投资最活跃的矿种如下：有色金属7宗，贵金属3宗，煤炭5宗，稀有稀土2宗，非金属3宗，黑色金属2宗。

　　有色金属和贵金属项目合计为 10 宗，占比超过 50%，如图 7-1 所示。此外，2015 年有 4 家中资公司宣布或完成海外上市（孙铁民等，2016）。

表 7-2　2015 年中资海外矿产资源投资项目一览

序号	企业名称	项目内容	项目所在国	投资总额	货币单位	投资类别	状态
1	台湾义联集团	义联在印度尼西亚红土镍矿区投入约合 4.8 亿美元	印度尼西亚	48000	美元	有色金属	宣布
2	成都华泽钴镍材料股份有限公司	华泽钴镍与印度尼西亚泛华国际股份有限公司签署《合作框架协议》	印度尼西亚			有色金属	宣布
3	中国黄金集团	中国黄金集团与俄罗斯极地黄金公司签署有关合作发展黄金及有色资源的合作框架协议	俄罗斯			贵金属	宣布
4	中润资源投资股份有限公司	中润资源（000506）拟参加晓明旗下蒙古铁矿企业股权出售	蒙古	1221900	元	黑色金属	宣布
5	中国西南矿业公司	中国西南矿业公司拟投资开发俄马加丹州锑银矿	俄罗斯	800	美元	贵金属	宣布
6	内蒙古霍林河露天煤业股份有限公司	霍林河露天煤业拟投资巴基斯坦的信德安格鲁煤矿公司	巴基斯坦	1000	美元	煤炭	宣布
7	Huafeng 能源开采公司	Huafeng 能源开采公司在俄滨海投 2.7 亿美元开发新煤矿	俄罗斯	27000	美元	煤炭	宣布
8	中国罕王	中国罕王拟 3800 万美元间接收购印度尼西亚镍矿	印度尼西亚	3800	美元	有色金属	宣布
9	未披露	俄企联合中国投资者进行稀土金属开采项目	俄罗斯			稀有金属、稀土金属	宣布
10	鸿宝资源有限公司	鸿宝资源 1.53 亿美元购印度尼西亚地下煤矿 51% 权益	印度尼西亚	15300	美元	煤炭	宣布
11	东方铁塔	东方铁塔 40 亿元收购老挝开元钾矿	老挝	400000	元	非金属	宣布
12	天毕弗资产管理（上海）股份有限公司	天毕弗资产管理（上海）股份有限公司完成对铸金矿业的合作并购获得蒙古铁矿权益	蒙古			黑色金属	完成

续表

序号	企业名称	项目内容	项目所在国	投资总额	货币单位	投资类别	状态
13	中国明达钾盐（泰国）有限公司 隆邦矿业有限公司	中国明达钾盐（泰国）有限公司以及隆邦矿业有限公司获得在泰国勘测钾盐矿的勘测许可	泰国			非金属	完成
14	胜利油田管道控股有限公司	胜利油田管道旗下直接全资附属金苹控股收购Blossom Time 已发行股本的56%	越南	3200	美元	稀有金属、稀土金属	完成
15	恒顺众昇	恒顺众昇全资子公司收购 BMU 公司80% 的股权	印度尼西亚	980	美元	有色金属	完成
16	西藏珠峰工业股份有限公司	西藏珠峰拟以发行股份的方式收购塔中矿业100% 的股权	塔吉克斯坦	315107	元	有色金属	完成
17	坛金矿业	坛金矿业拟收购印度尼西亚 Minex100% 股权	印度尼西亚	2800	美元	贵金属	完成
18	云铝股份	云铝股份收购老挝铝矿	老挝	2805	美元	有色金属	完成
19	鸿宝资源有限公司	鸿宝资源（01131HK）以1.8亿元代价完成增持印度尼西亚煤矿8% 股权	印度尼西亚	18000	港元	煤炭	完成
20	国家联合控股有限公司	国家联合资源控股有限公司终止收购绿松石旗下南戈壁股份	蒙古			煤炭	失败
21	厚朴游资管理有限公司	厚朴基金与 Metallo-invest 中止围绕俄罗斯乌多坎铜矿项目的谈判	俄罗斯			有色金属	失败
22	宝威控股	宝威控股（00024.HK）-0.020（-5.128%）公布，认购澳洲上市公司 KAZ-AKHST AN POTASH CORPORATION「KPC」经扩大后股本16.64%，即1亿股份；代价2000万澳元	哈萨克斯坦	2000	澳元	非金属	完成

中资宣布和完成的总投资额的排序则有所不同，如图 7-2 所示，由大到小依次如下：黑色金属18.32亿美元、有色金属10.28亿美元、非金属6.14亿美元、煤炭4.56亿美元、贵金属0.36亿美元，而稀有、稀土金属仅为0.32亿美元。

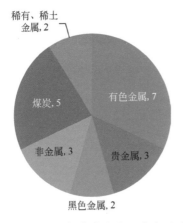

图7-1 2015年中资宣布及完成的海外矿产资源项目统计（单位：宗）

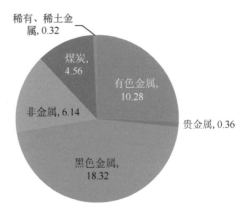

图7-2 2015年中资宣布及完成的海外投资额统计（单位：亿美元）

三、投资区域相对集中，在印度尼西亚、俄罗斯、蒙古三国投资最活跃

在国家政策的引导下，"一带一路"沿线国家矿产资源投资项目相对较多，同时还有大量正在进行的项目都在积极推进中。

从2015年中资宣布和完成的向沿线国家的矿产资源投资项目分布图（见图7-3）看出，中资在印度尼西亚的投资活动最为活跃，为7宗；其次是俄罗斯、蒙古、老挝、越南、泰国、塔吉克斯坦、哈萨克斯坦及巴基斯坦。

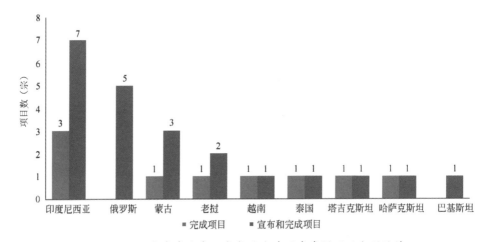

图7-3 2015年中资宣布及完成的海外矿产资源项目分国统计

在投资额方面，2015 年，"一带一路"沿线国家中中资投资额最高的是蒙古，其次是印度尼西亚、老挝、塔吉克斯坦、俄罗斯、越南、哈萨克斯坦、巴基斯坦和泰国，如图 7-4 所示。

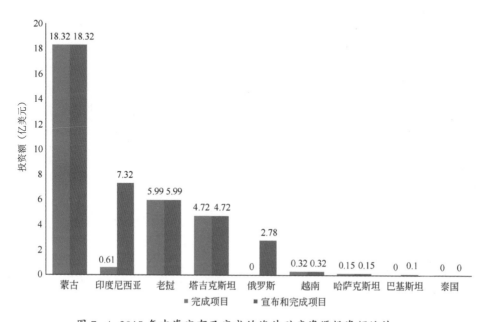

图 7-4 2015 年中资宣布及完成的海外矿产资源投资额统计

四、投资主体转向民企，国企公司投资数量仅占 1/5

目前，全球有 2702 家上市矿业公司，而中资参股控股的海外矿业公司只有 200 多家，在数量上占不到 9%，且多为勘探类型的小公司。2015 年共有 100 余家企业参与海外资源能源投资，具体到"一带一路"沿线国家矿产资源投资的公司有 22 家（其中 1 家未披露名称）（见表 7-2）。可以看出，传统的国企只占 20% 左右，其余为多元化的投资主体，民企表现出了极大的投资活力，大型的矿业基金也开始参与到海外矿业投资中。

在表 7-2 所列的投资项目中，两个项目以失败而告终，一是国家联合资源控股有限公司终止收购绿松石旗下南戈壁股份项目，二是厚朴基金与 Metalloinvest 中止围绕俄罗斯乌多坎铜矿项目的谈判。前者的失败主要归咎于商品价格的下跌和矿产资源量等经济因素的影响（铜价一年下跌了近 20%）；而后者是因为公司纠纷而未能实现。

第三节

热点投资国透视

一、俄罗斯

中国企业对俄罗斯开展固体矿产投资始于 2004 年，黑龙江省矿业集团有限责任公司是最早规模投资俄罗斯矿业的企业，但并未有后续实质合作；此后黑龙江省地质科学研究所在俄罗斯开展了诸多勘查合作，并引入多家国内企业。截至 2014 年年底，中国企业在俄罗斯有矿业项目 95 宗，协议投资额 45.5 亿美元，实际投资额预计 10 亿美元左右；投资矿种包括铅锌、铁、金等，主要项目包括紫金矿业公司的图瓦克兹尔—塔什特克铅锌多金属矿、辽宁西洋集团的别列佐夫铁矿、中国神华能源股份有限公司的奥格贾煤田项目、哈尔滨光宇蓄电池股份有限公司的法索里铅锌矿和扎哈罗夫斯克铅锌矿。

在俄罗斯的矿业项目虽多，但规模项目有限，且多数处于前期准备和投入阶段，最大的投产项目为紫金矿业公司图瓦克兹尔—塔什特克铅锌多金属矿。该矿于 2006 年由黑龙江龙兴集团以 7.425 亿卢布（约合 2.121 亿元）竞得采矿权，2007 年紫金国际以 2.72 亿元收购该矿 70% 的股权。该矿为特大型矿山，矿床金属储量约 160 万吨，其中锌 130 万吨、铅 20 万吨（铅加锌品位合计 10% 左右）、铜 8 万吨，伴生金、银，项目设计规模年处理矿量 100 万吨。经过多年工作和 35 亿元投资，克兹尔—塔什特克铅锌多金属矿项目于 2015年 6 月 25 日正式投产。

二、蒙古

中国企业对蒙古开展固体矿产投资始于 1998 年，已知最早成规模的投资来自中色股份与蒙方合资成立的鑫都矿业有限公司，共同开发敖包锌矿。截至 2014 年年底，中国企业在蒙古矿业项目 123 宗，协议投资额 20.56 亿美元，实际投资额预计在 3 亿美元左右，投资矿种包括铅锌、金、铁、煤炭等，主要项目包括中国有色金属建设股份有限公司的蒙古图木尔廷敖包锌矿、内蒙古二连新龙铭矿业投资有限公司多例铁矿项目、紫金矿业集团股份有限公司的乌力吉苏木金矿。由于地缘优势，投资主体中内蒙古企业占比最大。山东正元地质资源勘查有限责任公司自2004年介入蒙古矿产勘查，带动了一批山东的企业进入蒙古矿产领域。

投资蒙古的项目数量虽然众多，但规模投资有限，且多数处于前期准备和投入阶段，进入规模生产的项目仅有中国有色金属建设股份有限公司图木尔廷敖包锌矿。1998年，中色股份与蒙方成立了合资公司——鑫都矿业有限公司，共同开发敖包锌矿，该公司是蒙古境内最大的中蒙合资矿山企业。该项目总投资3.5亿元，其中，2亿元优惠贷款由中国进出口银行提供，其余1.5亿元由中色股份出资。矿山现场施工从2004年9月开始，2005年8月28日投产。该项目经济效益好，仅用一年的时间就收回了全部固定资产投资和流动资金，实现了当年投产、当年达产、当年盈利。截至2010年7月31日，5年间该矿累计生产锌精矿干重56.25万吨、锌金属量28.59万吨，累计实现销售收入3.84亿美元，累计缴纳各种税费6236万美元，捐赠269.5万美元，成为中国企业对外投资合作最成功的案例之一；2014年鑫都矿业有限公司营业收入4.10亿元，净利润1.64亿元。

三、巴基斯坦

中国企业对巴基斯坦开展固体矿产投资始于2004年，已知最早成规模的投资来自2001年中冶集团租赁经营巴基斯坦山达克铜金矿项目。目前在巴基斯坦的中资矿业项目有9宗，其中主要是中冶集团经营管理的巴基斯坦山达克铜金矿和合作开发的杜达铅锌矿项目。

中冶集团租赁经营的巴基斯坦山达克铜金矿项目坐落于巴基斯坦俾路支省西北边陲，由中冶集团于1991年以交钥匙方式承建，是一个集采、选、冶为一体的大型有色金属联合企业。中冶集团于2001年11月30日与巴基斯坦石油资源部下属的山达克金属公司（SML）签署了山达克租赁经营合同，租赁期为10年。2002年10月，经商务部批准在巴基斯坦注册成立的中冶集团资源开发有限公司正式接收现场，代表集团管理经营该项目。该矿2014全年生产粗铜13122吨，销售粗铜13284吨，实现营业收入7.8亿元，年利润总额0.6亿元，该项目取得了成功。

但是，随后的项目投资则并不顺利。2003年11月3日，巴基斯坦石油资源部下属的巴基斯坦矿业开发公司（PMDC）与中冶集团签署杜达铅锌矿项目开发协议。杜达铅锌矿项目位于巴基斯坦俾路支省南部拉斯贝拉地区的坎拉杰山谷中，在卡拉奇北方 200 千米，该矿资源量（JORC 标准）总共约 1448 万吨，锌平均品位 9.9%，铅平均品位 3.4%。该项目总投资为 7264 万美元，计划年生产品位 55% 的锌精矿 9.72 万吨及品位 67% 的铅精矿 2.2 万吨。2004 年 12 月 29 日，中冶铜锌公司与湖南株洲冶炼厂和黄沙坪铅锌矿三家组成中冶杜达矿业开发有限公司，共同投资开发杜达铅锌矿项目；2005 年 8 月杜达铅锌矿项目施工正式开始，但直到 2014 年 7 月，中国华冶科工集团有限公司才正式接管杜达项目建设现场，项目仍在建设中。

四、土耳其

中国企业对土耳其开展固体矿产投资始于 2006 年，投资矿种主要为铬矿，主要项目为太原钢铁（集团）有限公司参股投资的土耳其 CVK 集团铬铁矿项目。2009 年太钢集团和晋中万邦出资 2 亿美元，受让土耳其 CVK 集团 50% 的股份，三方组建合资公司共同实施矿区扩建工作。据介绍，项目进展并不顺利，目前太原钢铁网站介绍"资源开发"板块时未提到该项目（注：2012 年后无项目投资；资料来源：商务部、企业公开信息、中国香港国际矿业协会）。

五、阿富汗

阿富汗规模最大的投资项目是中冶集团与江铜集团共同持有的阿富汗艾娜克铜矿区开发项目，因为种种原因，目前在这一地区尚无进入生产的规模矿业项目。

阿富汗艾娜克（Aynak）铜矿项目，被授予中国的江西铜业股份有限公司（JCL）。江西铜业股份有限公司是中国冶金科工股份有限公司（MCC）和江西铜业股份有限公司的合资企业——中冶江铜联营公司的小股东。该联营公司建立了中冶江铜艾娜克矿业有限公司（MCC - JCL Aynak Minerals Co. Ltd., MCC - JCL）来监督同艾娜克铜项目相关的合同承诺。该矿区矿石量 4.83 亿吨，铜平均品位为 1.85%，将由矿山（包括露天和地下采矿）、选矿工业场地、冶炼厂、发电厂、机修厂、生活区、水源地等部分组成。项目总投资约为 43.91 亿美元，于 2008 年下半年启动开工建设，由于反叛分子的袭击、排除地雷的需要及在梅斯艾娜克（Mes Aynak）区域存在考古遗址等原因，该项目的铜生产被推迟。梅斯艾娜克区域存在一处包括寺庙和数百座雕塑在内的佛教寺庙综合体，并且在佛教遗址下方可能还存在一处青铜器时代的遗址。在2010—2012年的3年时间内，对重要文物迅速进行了抢救挖掘。2013年1月，阿富汗矿业与石油部对保护工作进行了无限期的延长，并指出考古工作可与铜矿开发同时进行。但是，矿产资源的开发会存在迫使村民搬迁及化学废料处置不当导致地下水污染的可能性。

六、吉尔吉斯斯坦

吉尔吉斯斯坦是中国在中亚矿业投资最为集中的国家，占对中亚矿业投资项目总数的一半以上，投资矿种集中在金矿，主要项目包括紫金矿业公司的左岸金矿、灵宝黄金收购的伊斯坦贝尔德金矿、中色国际矿业股份有限公司合作开发的恰拉特金矿、新疆吉安投资开发有限公司的库姆别利铜金矿和卡拉戈依金矿。具体情况分别如下。

（一）紫金矿业公司左岸金矿

紫金矿业于2011年9月收购吉尔吉斯斯坦奥同克公司60%的股权。奥同克公司拥有Taldy-Bulak Levoberejny Field（塔迪布拉克左岸区域，下称"左岸金矿"）的采矿、生产及相关许可证。该矿为吉尔吉斯斯坦第三大金矿，根据最新采矿许可协议，左岸金矿在吉尔吉斯斯坦资源平衡表内的数据如下：矿石量为890.61万吨，金平均品位为7.23克/吨，金含量64420千克；其中，首期开采储量矿石量为494.98万吨，金平均品位为7.02克/吨，金含量为34754.6千克。2012年1月矿山开始设计优化建设；2012年11月，因不满当地工人比例过低，当地居民与左岸金矿爆发冲突，导致项目暂停施工，此事件后经协商得以解决，人员结构也进行了调整；截至2014年4月底，公司员工397人，其中，当地居民353人，中方员工仅44人。2015年7月，该矿投产，紫金矿业累计投资2亿美元，预计未来项目达产后每年可出产3.5吨黄金。

（二）灵宝黄金收购伊斯坦贝尔德金矿

该合作项目旨在落实中吉两国政府"资源换项目"的相关协定，通过开采和经营吉尔吉斯斯坦境内的伊斯坦贝尔德金矿，为中吉乌公路吉尔吉斯斯坦境内相关路段的修复提供建设资金。伊斯坦贝尔德金矿位于吉尔吉斯斯坦境内，开采面积约1.82平方千米，黄金储备及资源约23.48吨，勘探面积约8平方千米。2005年10月，中国路桥（集团）总公司取得"资源换项目"下的伊斯坦贝尔德金矿勘探许可证，有效期至 2017 年 2 月 6 日。

灵宝黄金 2008 年通过持股 99% 的附属富金矿业向中国路桥工程收购伊斯坦贝尔德金矿开采权，以 2530 万美元作为道路修复费用，将以国家开发银行的贷款支付。2011 年 8 月，约 50 千米的伊尔克什坦至奥什路段竣工。2011 年 3 月，河南灵宝黄金股份有限公司（灵宝黄金）等曾对吉尔吉斯斯坦伊士坦贝尔德金矿增资，此后无后续消息。

2010 年吉尔吉斯斯坦发生政变，巴基耶夫被推翻。2011 年，吉尔吉斯斯坦总统阿坦巴耶夫公开表示，吉尔吉斯斯坦将放弃"资源换项目"融资方式。

（三）新疆吉安投资开发有限公司库姆别利铜金矿、卡拉戈依金矿

吉安公司控股 60% 的库姆别利铜金矿已探明的金属储量如下：金为 11 吨、铜为 4 万吨。2010 年，该项目生产开发建设计划追加投入 500 万美元，于 2010 年 10 月底投产；达产后达到年处理矿石 40 万吨的能力，按不同区域品位分布，可产金 1.5 ～ 2 吨、铜 2000 ～ 4000 吨，年产值为 5 亿～ 6 亿元。

卡拉戈依金矿区为勘探项目。截至 2009 年年底，公司仅对苏鲁萨伊矿段进行了初步勘探，探明金储量 2652 千克。根据 2009 年的物探报告分析及矿石类型，该矿区成矿前景较好。该矿隶属于阳光谷资源有限责任公司，吉安公司参股 35%，但公司经营、项目开发仍以吉安公司为主。2010 年，吉安公司计划投入 100 万美元，大股东中国环球投入同比例资金，对该矿进行大规模勘探，使之提早步入开发阶段，后续不详。

（四）中色国际矿业股份有限公司恰拉特金矿

相比矿业投资，中国有色集团在哈萨克斯坦主要从事矿业项目建设业务。2009 年，中国有色集团控股的中国有色金属建设股份有限公司（简称中色股份）签署吉尔吉斯斯坦巴泽姆恰克黄金选厂建设协议，项目合同总金额 2868 万美元，包括项目全部设计和设备供货，加之此前已与业主签署的两台球磨机的 275 万美元的供货合同，中色股份在巴泽姆恰克金矿项目已签合同额为 3143 万美元。巴泽姆恰克金矿项目将由中色股份作为 EPC 总包商，由中色股份控股的中国瑞林工程技术有限公司完成项目设计。

2014 年 2 月 19 日，中色股份与哈萨克斯坦铜业公司在北京签署《哈萨克斯坦巴夏库铜选厂建安工程承包合同和合作备忘录》，此次签订的合同总金额 4.86 亿美元，是双方继签署吉尔吉斯斯坦巴泽姆恰克黄金选厂项目以来的又一次重大合作。

七、塔吉克斯坦

在塔吉克斯坦的投资项目同样集中在金矿，包括紫金矿业公司的塔吉克斯坦 ZGC 金矿、中色国际矿业股份有限公司的帕鲁特金矿项目。

（一）紫金矿业公司的塔吉克斯坦 ZGC 金矿

紫金矿业于 2007 年收购塔吉克斯坦 ZGC 公司 75% 的股权，其余 25% 的股权为塔吉克斯坦政府拥有。ZGC 金矿及开发项目计划投资 17000 万美元，其中收购资金 5510 万美元，开发建设资金 1 亿美元。ZGC 合资公司拥有吉劳和塔罗两座金矿。黄金资源量约 144 吨（4.63 百万盎司）。1994 年，塔吉克斯坦政府（51%）与加拿大 Nelson 黄金公司（"Nelson"）（49%）成立 ZGC 公司，资本额 2400 万美元，主要经营金矿开采业务。1996—2006 年，ZGC 累计生产黄金近 70 万盎司。在 2007 年紫金矿业收购前，ZGC 公司处于长期亏损状态。紫金矿业收购后，采取有力措施加强管理、更新设备、改进采选工艺，克服了原企业采剥失衡、物流供应不畅等困难，使矿山生产经营逐步转入正轨，成为紫金在海外收购项目中第一个投产项目。从 2009 年 10 月起，ZGC 财务账面累计实现了扭亏为盈，2012 年产黄金 1.5 吨，实现净利润 1.95 亿元。ZGC 2013 年产金 1.6 吨，占塔吉克斯坦年度黄金总产量的 60% 左右。目前正在进行扩建，扩建工程完成后，年产黄金 5 吨。

（二）中色国际矿业股份有限公司帕鲁特金矿项目

2009 年，中国有色集团出资企业中色国际矿业股份有限公司（简称中色国际）与英国科瑞索资源公司在伦敦签署《股权投资协议》。根据协议，中色国际将持有科瑞索公司 29.9% 的股权，成为其第一大股东，双方将共同合作开发位于塔吉克斯坦的帕鲁特金矿项目。科瑞索公司于 2004 年在伦敦证交所挂牌上市，主要勘探和开发在塔吉克斯坦全资拥有的帕鲁特金矿及湖喀什铜镍矿。2012 年 4 月 20 日，由中色国际自行组织施工的帕鲁特金矿建设项目外部道路（金色大道）改造工程正式开工，标志着帕鲁特金矿建设项目正式进入施工建设阶段。2012 年 8 月 24 日，中色国际与中国十五冶签署了帕鲁特金矿采选项目施工合同，采选工程于 2012 年 9 月 23 日开工建设，计划 2014 年 3 月底建成。

八、哈萨克斯坦

在哈萨克斯坦的固体矿投资数量不多，但金额较大，主要项目包括中广核集团投资的 Semizbay 铀矿、新疆吉安投资开发有限公司投资的依里苏铜多金属矿、中国黄金集团公司投资的别斯久别金矿、新疆吉安投资开发有限公司投资的钾盐矿。

（一）中广核集团投资的 Semizbay 铀矿

2008 年 12 月，中广核集团全资子公司中哈铀业公司与哈萨克斯坦国家原子能工业公司合资成立了谢米兹拜伊铀有限责任合伙企业，持有 Semizbay 铀矿权益的 49%，该企业拥有伊尔科利铀矿和谢米兹拜伊铀矿两个生产基地，中哈铀业公司将可包销其位于哈萨克斯坦的两座铀矿年度铀产量的 49%，两座铀矿的平均年产量分别约 711 吨和 508 吨。截至 2012 年年底，两矿采铀量达近 4000 吨。2014 年 5 月中广核集团在港上市子公司中广核矿业，斥资 1.33 亿美元收购北京中哈铀全数股权，即将此资产注入到中广核上市平台。

（二）中国黄金集团承包经营别斯久别金矿

从 2003 年起，中国黄金集团开始向哈萨克斯坦出口黄金开采设备，并通过设备供应促进了相互了解，建立了良好的合作关系。2006 年 7 月，中国黄金集团与哈萨克黄金公司合资成立了中哈矿业有限责任公司，中方持股 51%，该公司负责改扩建和承包经营哈萨克黄金公司所属的别斯久别金矿，承包期限为 10 年，项目投资额约 2600 万美元，中哈双方各出资 50%。项目建设规模为年处理量 33 万吨、年产金锭 884 千克、年产金精矿 2.15 万吨，产品计划全部销往中国。根据规划，项目基建期 2 年、达产期 1 年，即 2010 年达产。目前情况不详。

（三）新疆吉安投资开发有限公司依里苏铜多金属矿

新疆吉安投资开发有限公司成立于 2006 年 3 月，是由新疆生产建设兵团农一师与新疆民企联合成立的从事国际矿产资源开发、合作及风险探矿、相关技术咨询服务的跨国投资的专门性实体公司企业，公司注册资金为 10 亿元。

2010 年 6 月，新疆吉安投资开发有限公司投资哈萨克斯坦依里苏铜多金属矿，矿区位于哈萨克斯坦西姆肯特州秋里库巴斯地区。根据 1963 年依里苏矿的地质报告，依里苏铁矿储量如下：铁矿石为 32700 万吨，铁含量为 49.3%；金为 30.1 吨；银为 603.2 吨；硒为 441.2 吨；碲为 103.7 吨。其中，已探明的 I、IV 号矿带中铁矿石量约为 5330 万吨（品位为 50% 左右）、铜金属量为 35 万吨、硫为 44 万吨、钴为 1.2 万吨、金为 15 吨、银为 83 吨。基建投资：完成一期全部基建工作量，所需投资总额为 20.35 亿元。

该矿属于哈萨克斯坦国家项目，吉安公司竞标该项目已获得哈萨克斯坦国立公司优先认可，计划建设 20000 吨 / 天能力选矿厂，年处理矿石量 600 万吨；达产后年产铁精粉 309.9 万吨（品位为 65.5%），年产生铁 200 万吨，铜精矿 17 万吨。截至 2014 年 9 月，吉安公司已向该项目投入 2560 万美元。

（四）新疆吉安开发有限公司投资钾盐矿

哈萨克斯坦日良钾盐矿和切尔卡尔钾盐矿位于阿克托别市东南 10 千米处。其中，日良钾盐矿探明钾矿山储量约 6.7 亿吨，氧化钾资源储量约为 7200 万吨，项目预计建设投资为 35.89 亿元；切尔卡尔钾盐矿预测矿石量约 60 亿吨，氧化钾资源储量约为 6.9 亿吨，是一个特大型的盐化工原料矿床。

第四节

案例分析

在境外矿业投资过程中，中国企业不断探索、实践，出现了一批有代表性的企业。这些企业"走出去"的过程中并不是一马平川的，也有很多失败的案例和教训。通过分析这些案例，有助于我们深入理解境外投资环境，为将来应对海外投资状况提供参考。

案例 1　西洋集团开发俄罗斯别列佐夫铁矿

西洋集团成立于 1988 年 8 月，总部位于辽宁省海城市，是以耐火材料、肥料、钢铁、煤化工、贸易为五大支柱产业，集科、工、贸于一体的跨地区、跨行业、跨所有制的国家大型企业集团。俄罗斯别列佐夫铁矿位于后贝加尔边疆区涅尔琴斯克—扎沃得区，南距中俄室韦口岸 20 千米（直线距离只有 4 千米），距我国最近的铁路车站（莫尔道嘎）110 千米，矿区面积 220 平方千米，矿体走向南北，最大埋深 300 米，矿山水文地质条件简单，开采条件良好，70% 以上的矿石可以露天开采。已探明储量 4.47 亿吨，远景储量估计在 10 亿吨。该矿矿权由赤塔鲁能矿业公司于 2005 年取得。2007 年 8 月，西洋集团公司与鲁能公司签署了股权重组协议，随后进行了股权变更和工作交接，转让后西洋集团公司持有赤塔鲁能矿业公司 90.9% 的股份。

但是在获取项目后，西洋集团的开发工作并不顺利，直到 2013 年年底，项目仍未能进行大规模开发，这其中既有对关键问题的忽略，也有对矿业规律认识的不足，更有对潜在风险预判的缺失。

第一，俄罗斯政府效率不高。2006 年 5 月，赤塔鲁能矿业公司同伊尔库设计院签署了列佐夫铁矿开采设计合同。完成采矿设计后，公司与伊尔库设计院先后 3 次向俄联邦国家鉴定机关提交了审批所需的资料，但是均未获得肯定的结论。受矿石设计的制约，公司一直无法按计划正常工作，项目进展缓慢，对矿权证的保管带来很大风险。直到 2012 年 3 月 29 日，俄罗斯联邦地下矿产利用部中央委员会终于接受了鲁能矿业公司提交的《别列佐夫铁矿矿山规划设计》。

西洋集团原以为可以通过各种方式将铁矿石运回国内，但由于资源民族主义的蔓延，根据矿权证的要求，铁矿石需要进行深加工后才能出口，公司不得不投资建设钢铁联合企业以就地消化。但由于俄罗斯政府办事效率低下，手续烦琐，年产 100 万吨的钢铁企业需要漫长的建设周期，给企业资金周转带来巨大的压力。西洋集团原计划 2011 年 4 月开始建设 400 万吨规模的钢铁厂，一期总投资 33 亿元，2012 年末全部完工；但是直到 2013 年年底，钢铁厂建设仍然没有消息。

第二，对运输问题缺乏详细考虑。别列佐夫铁矿的设计开采量是每年 1000 万吨，运输是一大难题。别列佐夫铁矿的矿石产品要先通过汽车经奥洛奇—室韦口岸运输到中国境内，但奥洛奇口岸通关能力有限，目前只能允许货物通关；并且奥洛奇口岸没有办理一次性进口货物的权限，只能办理临时过货。而且由于长期没有货物通关，俄方拟关闭奥洛奇口岸。

第三，对矿业行业不熟悉。进入选矿实验环节，西洋集团发现了更加致命的问题，已结束的选矿试验结果不理想，选出的铁精粉无法满足传统钢铁冶炼需要，需要设计特殊的冶炼高炉，采用最新的冶炼工艺来使用这种矿石。而新工业、新设备将带来较大的风险和成本

案例 2　紫金矿业开发塔吉克斯坦金矿

紫金矿业集团是中国最大的黄金生产商。2006 年 10 月，紫金山金铜矿所属的铜矿湿法厂清污分流涵洞发生严重的渗漏问题。2010 年 7 月，该厂污

水池含铜酸性废水两次渗漏流入汀江，造成下游水体污染和养殖鱼类大量死亡的重大环境污染事故，上杭县城区部分自来水厂停止供水 1 天。此次事件造成的停产、赔偿、限产等，共造成紫金矿业 8.57 亿～ 9.57 亿元的经济损失，而事件对企业品牌的不良影响更是无法估计。

经历过污染事件后，紫金矿业明显加强了对本土化问题和安全环保问题的重视，这在 ZGC 项目成功运作的经验和做法中得到了体现。

ZGC 公司项目位于塔吉克斯坦西北部索格德州（Sogdiyskaya）彭吉肯特市（Penjikent）索格吉安娜镇（Sogdiana）。ZGC 公司拥有吉劳（Jilau）、塔罗（Taror）、霍悉纳（Khirskhona）、奥林匹克（Olympic）4 个矿点的开采权，拥有黄金资源量 / 储量 171 吨、铜 9.06 万吨、银 177.8 吨。

2007 年，紫金矿业的全资子公司西北有限公司收购了英国 CBML 公司，并接管 CBML 公司持有的英塔合资企业 ZGC 公司 75% 的股权。收购完成后，紫金矿业集团西北公司与塔吉克斯坦政府共同组建了泽拉夫尚有限责任公司。ZGC 金矿及开发项目计划投资 17000 万美元，其中，收购资金 5510 万美元，开发建设资金 1 亿美元。在 2007 年紫金矿业收购前，ZGC 公司处于长期亏损状态。紫金矿业收购后，采取有力措施加强管理、更新设备、改进采选工艺，克服了原企业采剥失衡、物流供应不畅等困难，使矿山生产经营逐步转入正轨，成为紫金在海外收购项目中第一个投产项目。

5 年来，ZGC 公司不断完善管理体系，在基建、科技攻关、团队管理、物流等各方面积累了宝贵的国际化经验，为紫金海外企业的管理提供了有价值的参考。ZGC 公司目前是塔吉克斯坦最大的黄金生产商，是项目所在地区最大的纳税人，公司与当地民众的关系良好。紫金公司在塔吉克斯坦 ZGC 项目上的成功，离不开安定和谐的社会环境和持续的安全生产，而这些取决于对员工本土化、安全环保、企业形象的特别关注。

紫金的案例给我们启示如下。

第一，为当地提供更多的就业机会。截至 2012 年年底，ZGC 公司用工总数近 2000 人，塔方员工多人任公司管理层、各厂矿领导，中塔员工共同组建了一个团结、融合、高效的国际化团队。通过建立健全人资管理体系，强化劳动人事管理，精简冗员，在进一步优化中方管理人员的同时，加强对当地员工的培养和发展，大胆发现和启用德才兼备的塔方优秀的管理、技术人才。

　　第二，在安全环保问题上严格规定，规范管理。ZGC 公司规定，紫金矿业公司一定级别以上领导轮流到塔罗矿带班下井，及时发现安全隐患，以确保采矿安全。公司每月组织一次全面安全生产大检查，加强安全隐患排查力度，切实保障安全生产；建立应急救援组织及应急救援设备的配置，开展应急救援预案的演练、培训工作；重视井下通风、电气安全状况，加强掘进、支护重点危险源的监控；编制尾矿库安全管理规范，加强排查力度。

（资料来源：紫金矿业官网）

本章小结

　　中国作为世界上最大的矿产资源消费国和进口国，许多重要矿产对外依存度较高，同时，以钢铁冶炼、有色金属冶炼为代表的重工业产能严重过剩，产业转型升级任务艰巨。中国企业在"一带一路"国家的矿业投资历史较短，并未进入收获期，投资矿种与资源禀赋不匹配，目标国主要局限于接壤国家，在资源丰富的中亚地区合作潜力较大，且与对外工程承包交织在一起。中国企业在俄罗斯、蒙古等重点国家的矿业项目数量众多，但规模投资有限，且多数处于前期准备和投入阶段，进入规模生产的项目较少；在中亚地区投资项目数量较少，但成熟度并不低，出现了一些有代表性的投资。中资企业在投资的过程中，由于不熟悉当地的政策等原因，遭遇了一些挫折，但还是有一批企业在此过程中总结经验，扎根发芽，取得了进展和成果。

第八章 中国企业海外投资启示

> 以往中国企业在投资中积累了宝贵的经验，本章分析了中国企业在"一带一路"沿线国家的矿业投资特点，剖析了企业自身在能力方面的不足和认识方面的误区，并总结了投资成功的经验和失败的教训，以帮助企业合理自我定位，把握外部形势，成功高效地做好境外投资。

第一节

中国企业投资特点

一、投资整体上未进入收获期

中国企业投资"一带一路"沿线地区的项目数量虽然众多，但规模投资有限，且多数处于前期准备和投入阶段，进入规模生产的项目仅有中国有色金属建设股份有限公司图木尔廷敖包锌矿、紫金矿业公司图瓦克兹尔—塔什特克铅锌多金属矿、中冶集团租赁经营的巴基斯坦山达克铜金矿项目、紫金矿业ZGC金矿、中广核集团Semizbay铀矿等少数项目。

二、投资重点矿种突出，但与其资源禀赋不匹配

中国企业在"丝绸之路经济带"进行过的固体矿产投资的主要矿种依次

是铁矿、金矿、铜矿、煤炭、铬矿、铅锌矿、钾盐，其中，在俄罗斯和蒙古的投资集中在铁矿和煤炭，在中亚的投资集中在金矿，在土耳其的投资集中在铬矿，在巴基斯坦的投资主要是铜矿。

中亚的优势矿产缺乏中企的投资。铁、铜、煤炭、铬矿均为中亚大宗矿产品，严重依赖交通条件等基础设施，中亚国家尤其是哈萨克斯坦是原料供应基地，而适应中国需求的基础设施水平较低，加上距离较远，降低了对中国投资者的吸引力。虽然金矿开发对于基础设施依赖相对较小，但哈萨克斯坦的金矿矿石坚硬，需要采用特别的设备和加工工艺，因而中国企业投资较少。

三、投资目的国集中于接壤国家

中国的海外矿业投资集中于俄罗斯、蒙古、吉尔吉斯斯坦、塔吉克斯坦、哈萨克斯坦等国家。这些国家的共同特点在于与中国接壤，距离中国较近，便于机器设备的运输。

四、中企在中亚的投资比例较低

目前中企在中亚矿业投资项目仅 50 宗，协议投资额约 22 亿美元，在中国对外矿业投资中比例较小，与中亚丰富的资源状况不对应。造成这种状况的主要原因是中亚外商矿业投资环境较差，根据弗雷泽报告，作为中亚典型代表的哈萨克斯坦、吉尔吉斯斯坦的投资吸引力指数在 112 个被调查国家中均排名靠后，分别为第 67 名和第 105 名；其中法律制度和法律法规的不确定性、监管水平、政策指数、贸易壁垒等方面尤其评分较低，由此可知中亚国家政策法规体系是影响外商矿业投资的主要障碍之一。有企业反映，在中亚矿业开发的成本很高，并且在土地权使用问题上，很难与当地政府打交道，矿业开采许可证被吊销的比例也非常高，很多矿山所处的地区交通不便，且中亚政局不稳、政策多变，政治风险较大。由于历史渊源，目前在中亚投资的矿业公司主要来自欧洲，如 Glencore、荷兰 Floodgate Holding B.V 公司等，以及习惯于冒险的艾芬豪矿业公司，北美及澳洲矿业公司介入少。中亚的储量标准与中国、西方都不同，也对外商投资产生不利影响。

五、投资主体集中

由于地缘优势，投资主体中内蒙古企业占比最大。在蒙古投资的中国企业地域来源集中，山东正元地质资源勘查有限责任公司自 2004 年介入蒙古矿产勘查，带动了一批国内企业进入蒙古矿产领域，尤其是来自山东的企业。对俄罗斯的投资数量最多的企业来自黑龙江省，对中亚的投资主要来自几大有色和黄金企业。

六、在中亚的投资以老矿改造为主

目前在中亚投资采用的方式主要包括收购和改造老矿山、承包经营（BOT）、合作开发新矿、基建换资源、绿地勘查等，而入股母公司、并购剥离资产、产品包销融资、收购整合等方式使用较少。这显示出在中亚的投资停留在项目合作层面，且存在大量老矿重开的情况，也显示出独立开发的难度。

七、工程承包与矿业投资相互交织

中国企业最早凭借工程承包进入"一带一路"国家，逐步介入一些矿业项目的股权投资。但与非洲的"资源换项目"模式大量开展不同，该模式在该地区未能广泛推行，因而进行投资的企业主要来自矿山企业。

总体来说，企业的成长和成熟，不可能不犯错，只有不断吸取教训、持续改进，才能成长为受人尊重的国际化企业。历史上的国际矿业巨头多数经历过类似的不光彩事件，作为后发者，中国企业应该从国际同行的历史和国内同行的遭遇中尽快地成熟起来，学习和适应国际矿业规则，做负责任的国际矿业公司才能实现长远和可持续的国际化发展。

第二节

中国企业投资存在的问题

一、企业能力问题

中国企业国际化运作经验和能力不足，企业境外投资时机把握不理想，政府在管理和服务体系方面的政策滞后性较为明显，国内市场配套体系不完善及与国际标准的不匹配，共同造成了境外勘探开发的结果不理想，需要各方总结和改进。

（一）时机把握不准，获得项目质量欠佳

当前，境外矿业投资在快速发展，但是中国企业走出去布局较日本和韩国晚，例如，印度尼西亚加里曼丹岛海岸 30 千米以内的矿业项目已经基本为其他企业所占据。

境外项目矿权获取被普遍重视，但矿权质量不高。中国勘查单位大部分申请国家补助资金进行境外勘查，缺乏对后续发展及开发的考虑，顶层设计存在缺陷，而且获得的境外项目太杂太乱、质量参差不齐，难以做到可持续发展，大的突破不多。另外，由于供需双方信息不对称，资金与项目衔接不充分；勘查程度与企业需求差异较大，企业需要成熟项目，地勘单位资金实力决定的勘查程度与矿山企业需求之间存在差距；受"重视资源不重视找矿经济性"这一思想的影响，勘查时对经济因素考虑少，重"资源量"轻"储量"，对矿种选择、杂质含量、选冶实验、水文地质、工程地质等方面重视不足，导致一些成果实际上是不适应市场需求、无经济开发价值的呆矿。

（二）国际运营能力欠缺，前期调查分析不足

大量的跨行业企业介入境外矿业投资，在技术能力和行业经验方面存在明显不足，导致项目投资质量不高，甚至无法开发。以老挝钾盐为例，由于大量尾矿无法处理，在当地经营多年的中国企业的实际产能远未达到设计水平。一些勘查单位境外矿业投资缺乏长远规划，致使境外勘查无法集中突破，后续资金也没有市场融资渠道。

勘查企业境外商业运作能力尤其欠佳。我国的地勘单位对地质找矿一般不存在太大的问题，有割舍不了的地质情结，把完成任务和提交地质报告作为勘查项目结束的标志；但是，对国际惯例了解不多，缺乏商业经验，独立进行融资、矿业权谈判等方面的经验不足，对目标国的整体情况、法律制度、工作环境、政治风险考虑不充分，筛选项目能力欠缺。

部分企业境外投资前期的调查和可行性分析不到位。由于很多企业，尤其是央企的资金主要来源于银行，对于投资的危机感和责任心不足。有些企业对境外矿业项目不认真，对于某些明显不可行的项目仍然进行投资。很多海外投资项目未做详细的调查和周密的可行性分析，使投资面临很大风险。

（三）融资渠道单一，保险制度缺位

境外投资资金来源结构不均衡，缺乏除自有资金和银行贷款外的其他融资渠道。国家开发银行等国家政策性银行对民企境外矿业项目融资方面支持力度仍然较小。在当前的会计和财务制度下，企业的境外资产和矿权难以作为抵押，投资境外矿业项目主要通过"内保外贷"的方式获得贷款，增加了国内实体的负担，不利于国内企业的发展。

具有技术实力的企业和地勘单位除申请地勘基金外，缺乏其他商业融资渠道，导致开发规模有限。此外，一些转型企业和中小企业因为缺乏资金及技术支撑，境外矿业投资缺乏可持续发展能力。问卷调查显示，1/3 的企业表示其境外矿业投资项目后续资金不足。

目前，我国还没有建立健全矿业境外投资保险方面的法律政策体系，仅中国出口信用保险公司一家政策性保险公司有此方面的职能，然而限于没有矿业海外投资方面的政策定位和保障，亦没有一部海外投资法作为法律依据，其在矿业海外投资领域承办的保险金额和数量均较为有限，且门槛较高。因此，境外矿业投资项目，尤其是在亚非等投资环境较差的发展中国家的项目投保困难。

（四）国际化人才储备不足

鉴于我国矿业"走出去"历史较短，企业普遍缺乏熟悉国外矿产资源勘查开发运作规则、具有跨国经营能力的专业队伍和人才队伍，在一些小语种国家尤其缺乏相关语言人才。作为国际化运营的矿业公司，吸引和留住具有海外运营矿山资质和经验的高素质人才对于企业的发展至关重要。我国矿业企业目前正处于快速发展时期，海外并购并建立公司的海外生产基地，需要一大批复合型国际化人才的支持，但现有机制缺乏激励，难以留住高端人才。

（五）政治风险防范意识和防范能力弱

近年来，中国大规模对境外资源行业投资导致了外界的种种猜测和担心，在当前形势下，政治风险可能上升并演化为海外并购企业的主要风险。因为，政治风险属于系统性风险，随意性大且不可预测，是企业所不能把握的。

（六）科学的国际化评价体系亟须建立

随着中国矿业国际化不断走向深入，评价标准多元化的要求提高，而多数企业为首次境外投资，国际运营能力和经验仍然不足，对境外投资涉及的当地劳工、社区、环保体系陌生，没有考虑或区分开不同国别的工程成本、劳动力成本、环保成本、运输成本等因素，一些中国企业以国内标准衡量国外矿产

资源价值，导致呆矿的出现。大量的跨行业、跨矿种的企业介入境外矿业投资，在技术能力和行业经验方面存在不足，加之信息不畅，导致项目选择出现偏差。

二、企业认识误区

受到国际经验不足等因素的影响，一些中国企业境外投资心态不成熟，以自己的方式在国际上行事，尤其在风险认识、价值评估、利益相关者平衡方面，普遍存在一些认识和观念上的误区。

（一）关于风险认识

一些中国企业认为"境外矿业投资一本万利，出去就能挣钱"。

据相关机构研究，境外矿业投资成功率不足30%；但很多专家认为，投资失败率在80%以上，甚至90%以上。也就是说，多数境外矿业并购和投资是不成功的；即使成功并购，并购后的整合和运营难度也很大。

（二）关于价值评估

（1）认为"获得大面积探矿权，境外矿业投资就取得了重大成果"。招拍挂是中国特色，而世界上多数国家对于矿权采取"先到先得"的原则，获取矿权费用低廉，尤其是矿业发达的澳大利亚、加拿大等国，但是维护成本高，有些国家要求很高的最低投入，有些国家要求若干年内必须开发，否则矿权就有被收回的风险。因此，在这些国家，尽管获取矿权成本不高，但是维护成本高，过大的矿权面积是不经济的。

（2）认为"在国外找到了资源就是找到了有经济价值的矿"。澳洲、智利等国小矿难开、成本太高，相关资源不是"矿"；一些条件很差的地区，如气候恶劣的北极圈地区，高品位的资源仍然不是矿；基础设施条件差的刚果（金）等地区，部分铜矿的边界品位高达1%，中低品位矿无经济价值。

（3）强调"提高资源保障，实现资源回运"。中国公司"走出去"的一大误区，即过多强调直接占有资源和权益产品，而忽视了矿业公司的贸易能力。随着国际化的深入，越来越多的人意识到，不能将资源保障简单地理解为资源回运。中国企业"走出去"已不再是简单地直接获取资源，而是以国际矿产品供应商的身份深度参与全球矿业分工和资源治理。有些资源在当地销售更有效益，而且间接增加了对国内的供应。以经济效益为中心是境外矿业投资可持续发展的关键之一。

（三）关于利益相关者平衡

（1）认为"发展中国家经济发展落后，加加班、生产条件差点算不了什么"。

亚洲的很多发展中国家，虽然经济发展水平不高，但殖民时代留下了完备的法律。很多国家对法律、劳工权利的重视远超中国，而且这些国家民主化程度高于中国，工人权利意识强。

吉尔吉斯斯坦的左岸金矿、缅甸的莱比锡铜矿，都曾发生工人与中企的大规模冲突，造成人员伤亡和财产损失，成为双方关系上永远的伤疤。

（2）认为"为了安全要将国外的矿区封闭起来；中国工人既可靠又高效，尽量少用当地人"。

中国企业习惯走高层路线，不与当地百姓打交道，用围墙把矿区围起来，不与当地社区来往，对当地居民唯恐避之不及，更谈不上相互合作。隔离导致矛盾，自我封闭带来多重负面效应，既无法充分利用当地资源，更隔绝了相互理解。矿业这种对环境有较大影响的产业，在彼此没有信任的情况下，很容易引起冲突。例如，缅甸达贡山镍矿不借电、不借医院，与当地关系恶化；紫金矿业的吉尔吉斯斯坦左岸金矿因当地人比例不足而引发与当地人冲突。"走出去"不要过多考虑"带动其他输出"，在境外矿山运作的时候适当考虑工人本土化是利大于弊的。

第三节

经验与教训

一、把握行业周期，抢抓战略机遇

企业并购必须与宏观经济的周期性变化有机结合起来；海外并购尤其要清醒地分析形势，掌握规律，瞄准经济周期性变化中最佳有利时机，果断出击，才能取得最佳收购效果。

二、与利益相关方提前充分沟通

在进行目标项目选择时，一方面要尽量避开所在国敏感的矿种和项目，提高项目审批成功率；另一方面要注重与被收购方股东、管理层、员工、政府、环保组织、社区、舆论等利益相关方提前沟通，加强信息透明度和与利益相关者的协商，获取理解和支持。

三、重视国际化人才的储备

作为国际化运营的矿业公司，多数并购项目在整合过程中，都遇到政治、经济和文化上的差异带来的障碍，这些障碍最终会影响境外投资项目的成败。

吸引和留住具有海外运营矿山资质和经验的高素质人才对于企业的发展至关重要，从当地挖掘和聘用熟悉所在地环境的职业经理人来管理当地投资项目，对于境外投资项目并购完成后的成功整合有重要帮助。

四、严格决策流程，多举措降低风险

科学的决策体系是把握投资机会、回避投资风险的重要条件。在以技术支撑体系、谈判支撑体系和融资支撑体系为内容的敏捷型决策体系的帮助下，要坚持按照项目筛选、实地考察、专家论证、技术经济评价、尽职调查等决策流程进行集体决策。

五、增强政治风险防范意识

数年的矿业繁荣使得企业普遍忽视了风险控制，想当然地将在国内开发的信心带入境外矿业投资领域。事实上，据相关机构研究，境外矿业投资成功率不足30%，也就是说，多数境外矿业并购和投资是不成功的；即使成功并购，并购后的整合和运营难度也很大。

投资境外矿产，要认真研究所在国的政治环境、法律法规，了解风土人情，做好实地调查，制订完整的投资计划，规避风险。

六、以学习心态不断积累经验

纵观中资境外铁矿，取得较好效果的几乎都是中方投入资金、外方负责开发运营的项目，如中钢与力拓合资的恰那铁矿。唯一由中方主导运营的较为成功的项目——首钢秘铁，则在经历了多达十年以上的经验积累后方取得了积极成果。由于中资企业"走出去"经验尚少，暂不具备独立开发能力，因而利用好原有团队和平台，是控制风险、快速见效的必要手段。

七、勿按照国内标准评价国际项目

随着中国矿业国际化不断走向深入，评价标准多元化的要求提高，而多数企业为首次境外投资，国际运营能力和经验仍然不足，对境外投资涉及的当地劳工、社区、环保体系陌生，没有考虑或区分开不同国别的工程成本、劳动力成本、环保成本、运输成本等因素，一些中国企业以国内标准衡量国外矿产资源价值，导致呆矿的出现。大量的跨行业、跨矿种的企业介入境外矿业投资，在技术能力和行业经验方面存在不足，加之信息不畅，导致项目选择出现偏差，如中国投资的主要境外铁矿项目中仅有三成左右取得较好效益，而新收购项目多数尚未见效益。

八、逆周期发展，采取"中方资本、西方管理"的模式

成功的项目往往是 20 世纪八九十年代的投资项目，参与较早，战略性较强，获得的资源质量高。

"中方资本、西方管理"的模式目前来看较为成功。在这种模式下，往往收购或与国际巨头合作投资成熟项目，并由外方具体运营，特点在于充分利用西方管理团队，开发风险小、见效快，能保证生产的运行，甚至马上可以得到矿产品且供应稳定。

九、重视环境与社会责任

中国企业只有强化战略合作、共赢发展的宗旨，积极承担企业的社会责任和环境责任，才能既帮助所在国促进就业和经济发展，又保障项目顺利运营，同时树立负责任的企业形象，为项目在当地的运营提供良好的外部环境。

十、充分利用资本市场

通过资本市场直接融资，成为众多企业破解境外资产难以在国内抵押贷

款的融资困境的选择。国内的资本市场成为境外矿业直接融资的主要平台。国内上市公司在全部投资企业中开始占据重要地位，如 2013 年全部境外固体矿产投资额的 43.9% 来自国内上市公司，同时越来越多的境外中资矿业企业在中国香港上市融资，一些勘查企业利用国外风险资本市场实现了关键融资。

本章小结

中国企业在境外投资中积累了丰富的经验，包括把握行业周期、抢抓战略机遇等。与此同时，由于中国企业国际化运作能力不足，加上受到国际经验欠缺等因素的影响，企业境外投资时机把握不理想，政府在管理和服务体系方面的政策滞后性较为明显，国内市场配套体系不完善、与国际标准不匹配，一些中国企业境外投资心态不成熟，用自己的方式在国际上行事，在风险认识、价值评估、利益相关者平衡方面普遍存在一些认识和观念上的误区，这些因素共同造成了境外勘探开发的结果不理想。"走出去"过程中失败的教训值得后来者引以为戒。

第九章
资源产业合作前景及建议

09 Chapter

资源潜力和投资风险是影响矿业投资的关键因素，以往投资的经验教训是今后投资的借鉴和指南。本章旨在综合分析资源产业当前机遇及投资风险，针对以往投资的实例总结，推荐"一带一路"沿线的矿业投资目标国，并为企业提供投资策略、信息沟通、组织建设、人才培养、平台建设等方面的建议。

第一节

挑战与机遇并存

2013 年以来，受世界经济持续低迷、增速放缓影响，全球矿业呈持续调整态势，影响了中国企业投资的热情，但国际矿业资产的缩水带来了更多的投资机会和有利的外部环境；与此同时，中国企业"走出去"仍处于积累经验的阶段，国际化水平和外部配套服务有待提高和增强。总体而言，矿业"走出去"在发展向好，机遇大于挑战。

一、面临挑战

（一）全球矿业进入深度调整期，企业现金流紧张

近年来，全球大宗矿产品需求持续疲软，2013 年伦敦金属交易所 6 种有色金属价格指数已降至 2004—2005 年的水平，石油、铁矿石、煤炭、黄金价格均出现了大幅下挫，而在需求疲软、新增产能释放等因素叠加影响下，主要矿种供需矛盾趋于缓解，去库存化、去产能化或将继续主导全球矿业中短期走势。

矿产品价格的下行导致众多矿业企业资产缩水、营收下降、利润下滑、负债率攀升，导致企业融资难度陡增、融资成本攀升，进行境外并购和投资的资金紧张，无力把握并购机遇。例如，中国铝业 2014 年营业收入下降 18%，净亏损 162 亿元，资产负债率上升 6.35 个百分点至 79.43%；中金黄金 2014 年净利润大幅下滑 87.1%，负债率由 57.4% 上升到 64.1%；开滦股份 2014 年营业收入减少 16.77%，净利润下滑 60.7%；中国石油 2014 年净利润下滑 17.3%，负债增加 210 亿元。

（二）"一带一路"国家外商投资环境总体不够理想

中亚地区市场经济体系有待完善、西亚国家安全局势严峻、蒙古矿业投资政策多变等，均给中国企业投资带来诸多挑战。

东盟等地区不断提高的可持续发展的要求，给中国企业带来了巨大挑战。印度尼西亚的原矿出口限制政策打乱了很多企业的发展规划。老挝修改的《矿业法》中增加了"可持续发展"的内容和理念，按照总统令，2015 年前暂停新的采矿项目审批，先进行企业"能力建设"；出口政策方面的原则是避免出口原材料，鼓励在国内消费矿产，尤其是煤炭。

（三）中资企业后发劣势影响仍在

国际跨国矿业企业之间兼并整合浪潮迭起，形成了规模更大、实力更强的矿业巨头，进一步控制了全球优质资源储量、产能和市场份额。由于最优质的资源已经掌握在国际矿业巨头手中，中国企业获得的项目往往质量一般或不佳，有的矿石品质差，有的基础设施条件不好，有的自然气候恶劣。与此同时，印度、巴西等新兴国家的加入使中国的境外矿业合作面临更大的竞争压力。

（四）缺乏集中高效的监管及后续跟踪

境外矿业投资涉及的国内审核批准、外汇管理、市场准入、人员出入境

手续及设备通关等相关程序尤为烦琐、复杂。各部门管理存在分工不明确、职能交叉、步调不协调等多种不利因素，在一定程度上影响了我国矿业国际化的进程。

对已经申报审核批准的项目，普遍缺乏了解并掌握项目后续执行、运营及项目成果进展等相关情况的有效手段，亦缺少对现行相关政策反馈信息的跟踪了解。

（五）国内矿产勘查标准与国际标准脱节

我国矿产资源开发"走出去"多采用国内储量评价标准、矿业权价值评估标准、勘查标准、经费核算标准等，难以直接与国外矿产勘查开发规范标准相衔接，无法得到国际相关权威机构认可，致使中国"走出去"企业难以在国外上市或获取境外银行抵押贷款。

（六）反腐和追责风潮下的谨慎

矿业形势深度调整及决策不科学导致部分境外资产价值严重缩水，作为监管薄弱环节的境外投资成为腐败易发区，随着对国企境外投资的审计，以及对投资失败的追责，国企进行相关投资时变得更加慎重。

二、面临机遇

（一）矿业政策和公司市值变化为境外投资提供了契机

随着矿业低迷，一些国家和地区出台矿业刺激政策，放松对外国矿业投资的管制，降低了"走出去"的政策风险。例如，俄罗斯对外商投资矿业的限制进一步放宽，规定外资控股比重由 10% 提高到 25%；蒙古修订了《投资稳定法》；西方矿产企业不断剥离非核心资产、减少资本支出。这些为中国企业以较低成本获取优质矿业资产提供了机遇。

（二）国内产业结构调整为"走出去"提供了新的动力

党的十八大以来，中国转变发展方式和调整经济结构为矿产资源企业"走出去"提供了新的动力。今后一段时期，将是中国参与国际产业链分工、深化国际资源开发与加工互利合作、完成产业转移和升级、实现资源产业全球化的重要时期。

（三）资本市场在境外矿业投资中作用增强

中国上市公司的国内直接融资成为境外矿业投资的又一重要资金来源。

2013 年，中国企业境外直接投资额的 43.9% 来自国内上市公司，在中国香港上市或打算上市的矿业公司也在增多。通过资本市场直接融资，企业拓宽了境外投资的融资渠道、降低了融资成本。

（四）境外开发成本下降

随着全球经济放缓，尤其是矿业投资热潮退却，在全球宽松货币政策环境下，国际矿业开发的原材料、能源、金融成本降低，有利于正处于从并购阶段向开发阶段发展的中国企业以较低成本进行境外矿业的开发运营。

（五）境外投资便利化程度不断加强

随着简政放权不断深化，政府在对外投资领域的管理不断简化行政审批、核准。根据国务院相关文件，矿业对外投资项目已全部采用备案制，政府更多地由事前管理转向事后监测，企业境外投资所需时间和行政成本降低，获得外汇更加便捷，对于市场机遇的反应更加快速。

第二节

资源产业投资建议

一、对投资矿种及目标国的建议

"一带一路"沿线国家投资风险具有 3 个特点：①沿线国家投资风险较低、风险一般、风险较高的国家各占 1/3；②从国家来看，阿联酋投资风险最低，马来西亚、印度尼西亚紧跟其后，阿富汗投资风险最高；③从地区看，中亚地区投资环境相对较好，中东地区投资风险较高（陈喜峰等，2016）。

结合"一带一路"沿线国家的资源潜力、投资环境和投资风险，将沿线国家划分为 3 类，如表 9-1 所示，其中，重要矿产资源潜力大、投资风险较低的国家有俄罗斯、哈萨克斯坦、吉尔吉斯斯坦、印度尼西亚、蒙古、波兰、乌兹别克斯坦、马来西亚 8 个国家。

表 9-1 沿线国家的矿产资源潜力和投资风险综合分析分类

分 类	类别意义	国 家	国家数量（个）
1	矿产资源潜力大，投资风险低	俄罗斯、哈萨克斯坦、吉尔吉斯斯坦、印度尼西亚、蒙古、波兰、乌兹别克斯坦、马来西亚	8
2	矿产资源潜力大，投资风险高	土耳其、乌克兰、约旦、叙利亚、伊朗、埃及、沙特阿拉伯、阿富汗、巴基斯坦	9
3	矿产资源匮乏	捷克、拉脱维亚、立陶宛、匈牙利、新加坡、不丹、摩尔多瓦、马尔代夫等	8

    根据 SNL 及 Infomine 数据库的统计，迄今为止中国企业在"一带一路"沿线的矿业投资项目涉及 11 个国家，基于上述对沿线国家的矿产资源潜力和投资风险综合分析，结合地缘政治等多重因素，建议中资海外矿产资源投资的目标国如表 9-2 所示。将具备资源合作潜力的国家分为 3 类：一是优先合作国家，包括俄罗斯、蒙古、印度尼西亚、哈萨克斯坦、老挝和塔吉克斯坦；二是重点合作国，包括乌兹别克斯坦和菲律宾；三是候选合作国，包括波兰、白罗斯和印度。

二、对投资策略的建议

    "一带一路"倡议的实施不仅为中国企业提供机遇也充满了挑战，需要我们有一定的风险意识，未雨绸缪。为确保境外矿业合作安全高效地开展，助力中国矿业企业"走出去"，除增强风险意识外，更需要在投资策略、信息沟通、组织建设、人才培养、平台建设等方面打好基础。

    自 1999 年以来，中国政府就一直鼓励企业"走出去"。中国企业最初的投资大多集中在一些全球贫穷国家的资源开采项目上。近年来，随着国内经济实力的不断增强，中国对外投资首次超过了外资流入，对外投资也被引导到发展中经济体和发达经济体中更为引人瞩目的项目上。五六年前，中国"走出去"模式基本上围绕着大宗商品；现在开始在一些实行竞标机制的国家承建基础设施项目。中国企业进行境外矿产资源投资应该以如下三点为基础。

    首先，"一带一路"沿线的大部分发展中国家还是比较愿意接受中国的投资，但由于其中一些国家政局并不是十分稳定，不同党派之间的理念差别很大，一旦一个党派下台，就会改变过去的对外政策，这必将给我国在这些国家的投资带来巨大风险。因此，在具体实施"一带一路"倡议时必须对这些国家的政治格局、法律环境等进行仔细研究，在投资之前做好风险应对的预案，将投资的风险降到最低。

其次，"一带一路"倡议实施中的任何创新其实都会有潜在的风险，尤其以金融为主的虚拟经济创新蕴含的风险，需要我们时时刻刻保持高度警觉。

表9-2 "一带一路"沿线主要国家矿业合作建议汇总

序　号	目标国	类别	优选矿种	有利条件	不利条件
1	俄罗斯	优先合作国	天然气、石油、煤炭、铀、金、铁矿石、铜、镍、钾盐、钴	能源和重要矿产资源极其丰富	政策法规多变、不完善、不稳定，社会安全问题突出，外来投资易受治安问题干扰
2	蒙古		铜、金、煤炭	重要矿产资源丰富，与中国互补性强，有地缘政治优势	政治稳定性差，社会安全存在隐患，基础设施落后，对外籍劳工限制较多
3	印度尼西亚		铝土矿、铜、煤炭、锡、天然气、镍、金	能源和重要矿产资源丰富，与中国较友好，有地缘政治优势	印度尼西亚对华人存有一定戒备心理，基础设施较为落后，矿业政策多变
4	哈萨克斯坦		铀、铬、煤炭、铁矿石、锌、铜	重要矿产资源潜力较大	政治存在不稳定因素，民族问题隐患多，存在"颜色革命"风险，周边政治环境也不稳
5	老挝		钾盐、铝土矿、铜、金	重要矿产资源较丰富，与中国较友好，有地缘政治优势	基础设施较落后
6	塔吉克斯坦		锑、金、铅锌	重要矿产资源较丰富，有地缘政治优势	基础设施较落后
7	乌兹别克斯坦	重点合作国	金、铀、钼	金矿资源较丰富	政权存在不稳定因素，可能引发乌兹别克斯坦国内政局动荡，存在极端宗教势力，基础设施较落后
8	菲律宾		铜、镍、钴	重要矿产资源较丰富	国外形式紧张，国内政治动乱，与中国关系紧张，社会治安差，基础设施较落后
9	波兰	候选合作国	铼、铅	投资环境总体较好	基础设施较落后
10	白罗斯		钾盐	钾盐与中国互补性较强	政府对外来投资限制严格，法律体系不健全
11	印度		铁矿石、铝土矿、铬	重要矿产资源丰富	外商投资门槛较高，审批程序复杂，行政效率低下，社会安全存在隐患，基础设施较落后

最后，实施"一带一路"倡议必须要与国内经济状况相适应。我们要看到，中国的产能过剩是相对的；实际上，国内在基础设施建设方面仍有很大空间，大有可为。如果我们不顾及国内的这些实际需求而一味向国外投资和转移产业，有可能会产生对国内投资的挤出效应和产业的"空洞化"。对于这一可能状况我们要提高警惕。

矿产品具有极强的商品属性，应进一步发挥市场在资源配置中的作用，政府的作用应由管投资到培育市场服务体系转变，各类企业应坚持以经济效益为核心，合理控制风险，并以国际标准运营国际资产，实现共赢发展。

基于以上分析，对中国企业的境外矿产资源投资提出以下五点建议。

（一）立足自身优势，准确定位布局

"走出去"矿业投资应结合自身优势，选择熟悉矿种，以符合企业战略发展的合作模式或投资方式，在擅长的阶段介入，合理布局，做到技术和管理风险的有效控制。注意防范操之过急的心态，一定要有长期作战的思想准备，避免因准备不足导致的收购代价不合理、合作伙伴选择不当等情况的发生。做好项目尽职调查，注意资产的质量，注意矿产品价格波动风险，秉持审慎、理性、耐心的态度扎实走好每一步，掌控好每一环节。

（二）优化投资结构，丰富投资方式

国际并购格局的改变，为中国企业以较低成本获得较高质量资产提供了有利条件，应抓住机遇，优化投资结构，更多地通过并购国外上市矿业公司，获取风险更小、投产周期更短、质量较高的成熟项目。

中国企业还应增加在低政治风险国家的收购，适当降低在高风险国家的投资占比。另外，要谨慎投资铁、钾盐等耗资大、周期长、价格波动大的矿种。

中国企业要对拟投资目的国的政治、经济、宗教信仰、民族风俗、基础设施、环保、法律等方面做全面透彻的分析和研判，不能套用国内做法，需要根据当地运作模式，做出合理的投资方案，对可能存在的风险做详尽调查。在进行目标项目选择时尽量避开所在国敏感的矿种或敏感的项目，提高项目审批成功率。投资发达国家上市公司时，在股权比例上尽量不要谋求控股，以便充分利用原有的人才管理和资金融通力量；在发展中国家与当地企业合作从事矿产资源勘查开发时宜掌握控股权，防范商业道德风险。

改变单一的"收购和拥有"模式，采取"吸引"策略，以小股东身份用长期协议和贷款来吸引其他国家和公司提高产能，以便降低风险，充分利用国际经验，降低学习成本，快速融入国际并取得效果。

另外，要注意把握行业周期，重点考虑国际矿业公司剥离的优质资产，等待时机低成本介入。

（三）规范运营管理，强化互利共赢

严格遵守境外矿产投资相关法律、税务、出口、劳工及保险、矿山安全等方面的规定，做到从矿权并购到后续的投资相关报批手续齐全，并严格核实项目地质资料的可靠性，可行性研究应达到国际通用标准和要求。坚持走属地化道路，遵守所在国法律法规，注意处理好与当地政府的关系，积极去适应所在国的营商环境，履行投资承诺，与本地劳工组织建立良好的沟通渠道，避免劳资纠纷。此外，要对环保问题格外予以重视，加大环保投入力度，遵守环保相关法律法规。

在资源民族主义趋势抬头的国际背景下，中国企业应该充分考虑项目投资的政治影响因素及其带来的风险，在收购过程中应与当地政府充分沟通，获取对方理解，做到事前预防，最大程度化解政治风险可能带来的影响。

同时，在收购过程中要强化战略合作、共赢发展的宗旨，既提供技术服务，又提供资金支持。注重加强与东道国政府、社区、教会的交流，通过投身公益事业、修建学校等方式，与当地公共机构保持良好关系，树立负责任的企业形象，融入当地社区。

（四）加强自律建设，建立企业联盟

以行业自律组织为纽带，加强企业之间的沟通与合作，建立企业联盟，共享信息、共御风险，促进各类企业通过合作发挥各自优势。加强信息互通，维护境外矿业投资秩序，避免恶性竞争。关注中小型境外项目在劳资关系、环境保护、安全生产方面的问题，提前做好排查，准备应急预案。引导大型项目参照国际最佳实践改进和提高在信息透明度、社会责任、本土化等方面的工作标准，防范风险。

（五）加强投资服务，共建合作平台

境外矿业投资服务体系需要进一步完善，尤其是信息和技术咨询服务亟须加强。需要通过聚合专家资源，为"走出去"企业，尤其是缺乏经验的企业，

提供咨询和引导，提高合作项目质量，加强决策科学性，减少企业投资的盲目性。积极关注矿业投资政策变化情况，提醒中资公司编制风险应对预案，做好政治风险和政策变动风险的防控。鼓励民营企业在境外投资中发挥更加重要的作用；发挥具有融资优势的国内上市公司的资金优势，引导私募基金在内的跨行业投资者在矿业资产收购中扮演更重要角色。鼓励成熟项目在中国香港和国内直接融资，鼓励探索风险勘查项目直接融资，引导私募投资基金参与境外矿业投资。

同时，对于我国企业走出国门进行境外矿产资源产业投资的问题，还应该注重加强顶层设计，从国家层面制定资源国际合作战略，加快政府政策与国际接轨的进度，加强国际化人才的引进和培养。

本章小结

"一带一路"倡议的实施不仅存在机遇也充满了挑战，需要我们有一定的风险意识，未雨绸缪。关于投资目的地的选择，在综合分析矿产资源潜力和投资风险的基础上，建议优先与俄罗斯、蒙古、印度尼西亚、哈萨克斯坦、老挝和塔吉克斯坦开展合作；其次为乌兹别克斯坦和菲律宾；最后为波兰、白罗斯和印度。

为确保境外矿业合作安全高效地开展，中国矿业企业在"走出去"过程中，除要增强风险意识外，更需要在投资策略、信息沟通、组织建设、人才培养、平台建设等方面打好基础。

参考文献

[1] 曹新，李宝强，洪俊，等. 吉尔吉斯斯坦金属矿产资源现状及投资建议 [J]. 西北地质，2013，46（1）：162-167.

[2] 常兴国，中企投资境外铁矿隐忧：存贫矿多品位低等问题 [N]. 中国经济周刊，2014-07-21.

[3] 常兴国. 中国矿业走出去历程、现状、总结、启示 [M]. 北京：地质出版社. 2015.

[4] 巢新蕊. 中铝矿业香港上市基石投资者战略抱团 [N]. 经济观察报，2013-01-25.

[5] 陈超，陈正，金玺. 吉尔吉斯斯坦共和国主要矿产资源及矿业投资环境分析 [J]. 资源与产业，2012，14（1）：37-42.

[6] 陈喜峰，等. "一带一路"沿线国家能源和重要矿产资源潜力与投资风险评估报告 [R]. 2016，内部资料.

[7] 陈喜峰，向运川，叶锦华，等. 东南亚中南半岛锡矿带成矿特征 [J]. 地质通报，2015b，34（4）：734-745.

[8] 陈喜峰，叶锦华. 印度矿产资源开发现状与启示 [J]. 资源与产业，2015a，17（6）：73-81.

[9] 陈正，蒋峥. 中亚五国优势矿产资源分布及开发现状 [J]. 中国国土资源经济，2012（5）：34-39.

[10] 陈正. 应对全球化：全球矿产资源信息系统数据库建设之十五：俄罗斯 [R]. 2009，内部报告.

[11] 杜雪明，张寿庭，陈其慎. 从矿产资源方面浅谈中国与"一带一路"沿线国家的战略合作 [J]. 中国矿业，2015（24）：174-181.

[12] 公丕萍，宋周莺，刘卫东. 中国与"一带一路"沿线国家贸易的商品格局 [J]. 地理科学进展，2015，34（5）：571-580.

[13] 自然资源部信息中心. 世界矿产资源年评 [M]. 北京：地质出版社，2015.

[14] 哈维尔·布拉斯. 矿产企业迎来换帅潮 [N]. 金融时报，2013-02-22.

[15] 韩久曦，连长云，元春华，等. 蒙古国地质矿产与矿业开发 [M]. 北京：地质出版社，2013.

[16] 韩久曦. 蒙古国地质矿产与矿业开发 [M]. 北京：地质出版社，2013.

[17] 蒋博. "一带一路"矿业资源与中国矿业企业"走出去" [J]. 中国外资，2015（9）70-72.

[18] 李宝强. 应对全球化：全球矿产资源信息系统数据库建设之十四：吉尔吉斯斯坦 [R]. 2009，内部报告.

[19] 李华，杨恺. 俄罗斯矿产资源现状及开发 [J]. 中国煤炭地质，2012，24（12）：69-72

[20] 李恒海，邱瑞照，谭永杰，等. 中亚五国矿产资源勘查开发指南 [M]. 武汉：中国地质大学出版社，2010.

[21] 李靖宇，雷杨. 蒙古国矿产资源分布与中蒙两国合作开发前景论证 [J]. 世界地理研究，2010，19（1）：138-146.

[22] 李尚林，计文化，马伯永，等. 印度优势矿产资源地质特征 [J]. 地球科学进展（S1），491-493.

[23] 吕志成. 国内外铅锌矿床成矿理论与找矿方法 [R]. 2013，内部资料.

[24] 梅燕雄，裴荣富，杨德凤，等. 全球成矿域和成矿区带 [J]. 矿床地质，2009，28（4）：383-389.

[25] 邱瑞照，韩久曦，等. 朝鲜、蒙古、俄罗斯矿产资源投资指南 [R]. 2012，内部报告.

[26] 邱瑞照，等. 中亚五国矿产资源勘查开发指南编制研究成果报告 [R]. 2009，内部报告.

[27] 商务部对外投资和经济合作司. 对外投资合作国别（地区）指南——哈萨克斯坦 [R]. 2015，2016.

[28] 商务部对外投资和经济合作司. 对外投资合作国别（地区）指南——土库曼斯坦 [R]. 2015，2016.

[29] 商务部对外投资和经济合作司. 对外投资合作国别（地区）指南——塔吉克斯坦 [R]. 2015，2016.

[30] 商务部对外投资和经济合作司. 对外投资合作国别（地区）指南——乌兹别克斯坦 [R]. 2015，2016.

[31] 商务部对外投资和经济合作司. 对外投资合作国别（地区）指南——吉尔吉斯斯坦 [R]. 2015，2016.

[32] 商务部对外投资和经济合作司. 对外投资合作国别（地区）指南——俄罗斯 [R]. 2015，2016.

[33] 商务部对外投资和经济合作司. 对外投资合作国别（地区）指南——蒙古 [R]. 2015，2016.

[34] 商务部对外投资和经济合作司. 对外投资合作国别（地区）指南——老挝 [R]. 2015，2016.

[35] 商务部对外投资和经济合作司. 对外投资合作国别（地区）指南——土耳其 [R]. 2015，2016.

[36] 盛斌，黎峰. "一带一路"倡议的国际政治经济分析 [J]. 南开学报，2016（1）：52-64.

[37] 施俊法，李友枝，金庆华，等. 世界矿情（亚洲卷）[M]. 北京：地质出版社，2006：1-514.

[38] 施美凤，林方成，范文玉，等．泰国西部比劳克（Pilok）锡钨矿区 SHRIMP 锆石 U-Pb 年龄及其地质意义［J］．地质通报，2015，34（4）：769-779.

[39] 宋国明．哈萨克斯坦矿业投资环境分析［J］．国土资源情报，2013（3）：2-8.

[40] 孙铁民，等．中资海外矿产能源投资手册［R］．2016，内部报告.

[41] 唐金荣，张涛，周平，等．"一带一路"矿产资源分布与投资环境［J］．地质通报，2015，34（10）：1918-1928.

[42] 王宏，林方成，施美凤，等．滇缅腾冲—毛淡棉构造岩浆岩带钨锡成矿系统与典型矿床研究［J］．地质与勘探，2013，49（1）：89-98.

[43] 王安建，王高尚，陈其慎，等．矿产资源需求理论与模型预测［J］．地球学报，2010，31（2）：137-147.

[44] 王秋舒，等．锂矿全球资源分布与潜力分析［M］．北京：地质出版社，2016.

[45] 吴良士．巴基斯坦伊斯兰共和国矿产资源及其地质特征［J］．矿床地质，2010（2）：379-380.

[46] 吴良士．缅甸区域成矿地质特征及其矿产资源（一）［J］．矿床地质，2011，30（1）176-176.

[47] 张秀杰．规范企业投资蒙古矿业的思路与对策［J］．黑龙江社会科学，2007（3）：43-46.

[48] 张永生，郑绵平，齐文，等．对土库曼斯坦钾盐资源及开发利用的考察［J］．矿床地质，2005，24（6）：692-696.

[49] 张志东，王晓民．伊朗金属矿产工业现状与开发前景［J］．世界有色金属，2012（4）.

[50] 中国出口信用保险公司．国家风险分析报告——"一带一路"沿线国家（2015）［M］．北京：时事出版社，2015.

[51] 中国地质调查局发展研究中心．应对全球化——全球矿产资源信息系统数据库建设之三十九，哈萨克斯坦［R］．2007，内部报告.

[52] 中国地质调查局发展研究中心．应对全球化——全球矿产资源信息系统数据库建设之三十九，老挝［R］．2009，内部报告.

[53] 中国地质调查局发展研究中心．应对全球化——全球矿产资源信息系统数据库建设之三十九，缅甸［R］．2006，内部报告.

[54] 中国地质调查局发展研究中心．应对全球化——全球矿产资源信息系统数据库建设之三十九，泰国［R］．2010，内部报告.

[55] 中国地质调查局发展研究中心．应对全球化——全球矿产资源信息系统数据库建设之三十九，土耳其［R］．2015，内部报告.

[56] 中国地质调查局发展研究中心．应对全球化——全球矿产资源信息系统数据库建设之三十九，越南［R］．2009，内部报告.

[57] 中国地质调查局发展研究中心．应对全球化——全球主要矿产资源研究系列报告，钾盐卷［R］．2015，内部报告.

[58] 中国地质调查局发展研究中心．应对全球化——全球主要矿产资源研究系列报告，金矿卷［R］．2015，内部报告.

［59］中国地质调查局发展研究中心. 应对全球化——全球主要矿产资源研究系列报告，铁矿卷［R］. 2015，内部报告.

［60］中国地质调查局发展研究中心. 应对全球化——全球主要矿产资源研究系列报告，铜矿卷［R］. 2015，内部报告.

［61］中国地质调查局发展研究中心. 应对全球化——全球主要矿产资源研究系列报告，锡矿卷［R］. 2015，内部报告.

［62］中国社会科学院工业经济研究所课题组. 工业化蓝皮书："一带一路"沿线国家工业化进程报告［M］. 北京：社会科学院文献出版社，2016.

［63］中华人民共和国商务部. 中国对外投资合作发展报告［R］. 2015.

［64］邹嘉龄，刘春腊，尹国庆，等. 中国与"一带一路"沿线国家贸易格局及其经济贡献［J］. 地理科学进展，2015，34（5）：598-605.

［65］朱隽. 2016，http://www.abchina.com/cn/AboutABC/nonghzx/NewsCenter/201609/t20160907_924461.htm.

［66］2013 Minerals Yearbook，AFGHANISTAN. USGS，2015.

［67］2013 Minerals Yearbook，PAKISTAN. USGS，2015.

［68］Klaus Schwab. The Global Competitiveness Report 2016-2017. World Economic Forum.

［69］Jaskula B W. Mineral Commodity Summaries［R］. USA：U.S.Geological Survey，2015.

［70］SNL Financial LC. SNL：Commodity Profile Lithium［EB/OL］. https://www.snl.com/SNLWebPlatform/Content/Commodities/Mining/CommodityProfile.aspx，2014-12-31 2015-01-15.

［71］Taylor Jackson & Kenneth P. Green. FRASER INSTITUTE ANNUAL. Survey of Mining Company，2016.

［72］World Bank Group. Doing Business 2017，Equal Opportunity for All.

内 容 简 介

　　本书聚焦"一带一路"沿线地区和国家的矿产资源产业，分地区和国家阐述了矿产资源的分布、产业发展布局及资源潜力等情况，分析了各国的投资环境及与我国的产业合作基础，并结合我国企业在沿线国家投资的经验和教训进行热点透视和案例分析，探讨了我国与沿线国家在矿产资源产业领域的合作前景，并对优先合作国家及其矿种提出了建议。另外，本书也对土地、森林等其他自然资源的情况做了简要介绍。

　　本书可为计划在"一带一路"沿线地区和国家从事矿产资源勘查开发的单位和个人提供参考。

图书在版编目（CIP）数据

"一带一路"工业文明. 资源融通 / 李娜等编著. — 北京：电子工业出版社，2018.9
ISBN 978-7-121-30511-5

Ⅰ．①一… Ⅱ．①李… Ⅲ．①资源产业 – 区域经济合作 – 国际合作 – 研究 – 中国
Ⅳ．①F125.5

中国版本图书馆 CIP 数据核字 (2016) 第 288008 号

策划编辑：李　敏

责任编辑：李　敏　　特约编辑：刘广钦　刘红涛

印　　刷：北京捷迅佳彩印刷有限公司

装　　订：北京捷迅佳彩印刷有限公司

出版发行：电子工业出版社

　　　　　北京市海淀区万寿路 173 信箱　邮编：100036

开　　本：720×1000　1/16　印张：18.75　字数：345 千字

版　　次：2018 年 9 月第 1 版

印　　次：2018 年 9 月第 1 次印刷

定　　价：79.00 元

凡所购买电子工业出版社图书有缺损问题，请向购买书店调换。若书店售缺，请与本社发行部联系，联系及邮购电话：（010）88254888，88258888。

质量投诉请发邮件至 zlts@phei.com.cn，盗版侵权举报请发邮件至 dbqq@phei.com.cn。

本书咨询联系方式：limin@phei.com.cn 或（010）88254753。